国家社科基金重大招标项目"中国土司制度通史（多卷本）"（项目编号：18ZDA173）资助

本书获贵州医科大学马克思主义理论重点学科资助

中国土司遗址研究

张振兴　张登巧　编著

九州出版社
JIUZHOUPRESS

图书在版编目（CIP）数据

　　中国土司遗址研究／张振兴，张登巧编著 . -- 北京：
九州出版社，2023.12
　　ISBN 978 - 7 - 5225 - 2241 - 8

　　Ⅰ.①中… Ⅱ.①张… ②张… Ⅲ.①土司—古城遗
址（考古）—研究—中国 Ⅳ.①K878.34

　　中国国家版本馆 CIP 数据核字（2023）第 190440 号

中国土司遗址研究

作　　者	张振兴　张登巧　编著	
责任编辑	周红斌	
出版发行	九州出版社	
地　　址	北京市西城区阜外大街甲 35 号（100037）	
发行电话	（010）68992190/3/5/6	
网　　址	www.jiuzhoupress.com	
印　　刷	唐山才智印刷有限公司	
开　　本	710 毫米×1000 毫米　16 开	
印　　张	16	
字　　数	245 千字	
版　　次	2024 年 4 月第 1 版	
印　　次	2024 年 4 月第 1 次印刷	
书　　号	ISBN 978 - 7 - 5225 - 2241 - 8	
定　　价	95.00 元	

目　录
CONTENTS

绪　论 ···························· 1

一、土司制度的发展演变 ···················· 1

二、土司遗址及其分布、类型和特征 ··············· 9

三、世界文化遗产与土司遗址申遗 ··············· 31

第一章　湖南土司遗址 ···················· **46**

一、永顺土司遗址 ······················ 46

二、龙山土司遗址 ······················ 71

三、古丈土司遗址 ······················ 72

四、保靖土司遗址 ······················ 76

五、桑植土司遗址 ······················ 83

六、大庸土司遗址 ······················ 88

第二章　湖北土司遗址 ···················· **90**

一、唐崖土司遗址 ······················ 90

二、鹤峰容美土司遗址 ···················· 101

三、其他土司遗址 ······················ 109

第三章　贵州土司遗址 ···················· **113**

一、遵义海龙屯遗址 ····················· 113

二、遵义播州土司墓葬遗址 ……………………………………… 125

三、贵阳土司遗址 ………………………………………………… 140

四、毕节土司遗址 ………………………………………………… 147

五、黔东南土司遗址 ……………………………………………… 160

六、铜仁土司遗址 ………………………………………………… 164

七、黔南土司遗址 ………………………………………………… 167

第四章 云南土司遗址 ………………………………………… **170**

一、普洱土司遗址 ………………………………………………… 170

二、德宏土司遗址 ………………………………………………… 175

三、文山土司遗址 ………………………………………………… 186

四、怒江土司遗址 ………………………………………………… 188

五、迪庆、丽江土司遗址 ………………………………………… 190

六、红河、玉溪土司遗址 ………………………………………… 193

七、楚雄武定万德土司遗址 ……………………………………… 194

八、曲靖、宣威土司遗址 ………………………………………… 198

九、保山、红河、昭通土司遗址 ………………………………… 198

第五章 广西土司遗址 ………………………………………… **201**

一、忻城莫氏土司遗址 …………………………………………… 201

二、西林岑氏土司遗址 …………………………………………… 206

三、靖西土司遗址 ………………………………………………… 208

第六章 四川、重庆、甘肃土司遗址 …………………………… **212**

一、马尔康土司遗址 ……………………………………………… 212

二、巴底土司遗址 ………………………………………………… 215

三、沃日土司遗址 ………………………………………………… 216

四、汶川瓦寺土司遗址 …………………………………………… 218

五、甘孜白利土司遗址 …………………………………………… 223

六、金川土司遗址 ·· 224

七、昭觉科且土司遗址 ·· 227

八、重庆酉阳土司遗址 ·· 228

九、甘肃永登鲁土司遗址 ······································ 232

参考文献 ··· **240**

绪　　论

中国西南和西北的多民族聚居地区保存有一系列典型的土司城寨、官署、宗祠、庄园（行宫）、墓葬等建筑遗存，它们建造和使用于中央政权在这些地区推行"土司制度"时期（13—20世纪初），曾是中央委任、世袭管理当地族群的首领"土司"的行政和生活中心。

这些土司遗址大多格局完整、遗存丰富、特征突出，它们或分散在云贵高原东北边缘地区，或分散在西北青藏高原东部边缘区。这些区域是中国西南、西北山区与中央政权核心地区在地理和文化上的最前沿交汇地带，都是土司制度实施的典型地区（即土司区）。中国土司遗址无论是在历史时段、地理环境、族群属性，还是行政级别、功能构成、聚落形态、建筑风格等方面，显著地表现出土司遗存特有的共性特征和内在关联，是该历史时期土司制度管理智慧及人类价值观交流的代表性物证。至今，这些遗址所在地的居民仍传承着各自典型的民族习俗与文化传统。

土司系列遗产具有鲜明的民族地区文化特色，并表现出象征土司统治权力和吸收中央官式文化的共性特征。它们展现了中央政权与地方族群在民族文化传承和国家认同方面的人类价值观交流；见证了古代中国作为统一多民族国家，对边疆民族地区独特的"齐政修教、因俗而治"管理智慧。这一管理智慧促进了民族地区的持续发展，有助于国家的长期统一，并在维护民族文化多样性传承方面具有突出的意义。

一、土司制度的发展演变

土司制度形成于元代（13世纪），是中国在统一国家发展过程中逐渐积累、探索而形成的。作为特定历史阶段的政治制度，土司制度的产生有着深厚的历史渊源。自秦汉时期（公元前 3 世纪至 3 世纪）以来，中国对少数民族聚居地区先后施行了秦代（公元前 3 世纪）的"道"、两汉（公元前 3 世纪至 3 世纪）的"属国""边郡"、东晋南朝时期（3—6 世纪）的"左郡""左县"以及唐宋时期（7—13 世纪）的"羁縻府州"等行政建置和管理制度。这些管理制度均表现为在中央监管下，委派各地方民族首领自主管理其辖境，"其道在于羁縻"①，因此可统称为"羁縻政策"②；但在中央监管的力度，管理的制度化、规范化等方面，随着时代推进呈现出愈加严格、规范的特征。这些以地方民族首领自主管理辖境的制度，最大限度地保护了少数民族的文化多样性，秉承中国古代"齐政修教、因俗而治"的多民族治理文化传统，促进了少数民族地区的社会经济发展。

土司制度在"羁縻政策"的基础上，建立规范的制度体系，对土司的职官及其管辖执行更为严格的控制。与此前的民族管理政策相比，土司制度更为制度化、规范化，对民族地区的管理更为严格，是中华民族政策发展成熟阶段的产物。

（一）土司制度的历史渊源

秦代实行郡县制，在边疆少数民族聚居区设置县级行政机构——道，由当地少数民族首领自行管理、独立发展，对其首领仍保留"王""长"的称号。汉代，对边疆少数民族降服、归附者设置"属国"，相当于郡级行政机构，仍由少数民族首领自行管理，封"王""侯"，王朝派遣军事校尉监护，又用和亲、朝贡、互市等方法笼络。汉代在西南地区设置"初郡""边郡"，郡长官由中央委派的流官充任，郡之下则以原居民部落为单位，令部落首领"王""侯"等自行管理辖境。秦汉时期在少数民族地区扶持和发展农业，实行移民实边，兴办屯田，兴修水利，发展商品交换，推行"和亲"政策，推动了少数民族地区社会经济的发展。

三国时期封赐边疆少数民族首领为"王""侯""蛮夷君长"等封号。

---

① 张廷玉等：《明史》，北京：中华书局，2005 年，第 7981 页。
② 李世愉：《清代土司制度论考》，北京：中国社会科学出版社，1998 年，第 1 页。

蜀国发展为对首领授予官职，如"辅汉将军""御史中丞"等。中央给少数民族首领封赐的不再仅仅是王号，而是和直属官员相同的官职。

东晋南朝在边疆设置左、僚、俚郡，由少数民族首领自行管理，中央驻军钳护。左、僚、俚郡的设置为唐宋时期羁縻府州制的实施奠定了基础。

唐代继承隋代以来的政策，在边疆地区广设羁縻府州县，即其部落列置州县，以少数民族首领统之，授予都督、刺史等官职，允许世袭，并以军民兼管的都护府、都督府统领。据《新唐书·地理志》记载，唐代羁縻府州共856个，实际远超这一数目①。唐代的羁縻府州制度既是对少数民族的统治，又是对边疆地区的统治，将各民族首领及其辖地同时纳入了中央的职官体系和行政区划，②但在管理上较中央直接管理的地区更松散。羁縻府州的贡赋、土地和人口多不呈报户部，实行轻徭薄赋，对其贡赋没有明确规定。唐代积极开发边疆少数民族地区，广泛设置军屯，在解决边防军粮的同时促进了少数民族地区农业经济的发展。唐代还与边疆民族聚居区实行互市，建立平等互利、互通有无的交换关系，促进了边疆地区经济发展及与内地的经济联系。此外，唐代还积极推动与边疆地区各民族文化的广泛交流，国子学、地方学校均招收边疆民族子弟入学，在科学技术、艺术、宗教等方面与边疆民族地区开展广泛的交流，促进了中原及各民族地区文化的共同繁荣。

宋承唐制，在边疆少数民族地区设羁縻州、县、峒，主要分布在西南地区的湘鄂西、川、黔、桂一带，以少数民族酋长间接统治，任命为刺史、蕃落使或知州、知县、知峒等，并派军事性"砦"监视和管制。据《宋史·地理志》统计，宋代共建约263个羁縻州。宋代对羁縻州县的设置和管理较唐更为严格，对土官的承袭、进贡等都形成了一套较完整的规定，在制度体系方面为元明清时期土司制度的产生奠定了基础。③

唐宋及以前对少数民族地区实施的"羁縻政策"，加强了少数民族地区与中原民族地区的联系，促进了少数民族地区社会经济和文化的发展，为元

---

①　马大正：《中国边疆经略史》，武汉：武汉大学出版社，2013年，第202页。

②　方铁：《西南通史》，郑州：中州古籍出版社，2003年，第311页。

③　徐杰舜：《关于中国民族政策史的若干问题》，《黑龙江民族丛刊》1998年2期，第16—25页。

明清时期土司制度的实施奠定了重要基础。

（二）元明清土司制度发展演变

1. 土司制度初步形成期——元代（13—14 世纪）

元代是土司制度初步形成时期。元朝疆域空间广大，为便于中央的有效管辖，元代在地方实行行省制。针对疆域内为数众多的少数民族，元代在民族地区设置符合该地区民族特点的管理机构：在吐蕃地区设置政教合一的宣政院，在畏兀尔地区设置北庭都护府、提刑按察司等机构。特别是在云南行省、四川行省、湖广行省中地处边远地区的民族，任用少数民族首领充当地方官。在各民族地区设置的宣慰、宣抚等司与路、府、州、县等地方行政机构管辖地域之内，除从内地派来的官吏外，大量就地任命当地各族中上层首领充当长官，称"土官"（后亦称"土司"）。土官是中央职官体系下的合法任职类型。土官分文、武职，元代建立土官授职、承袭、升迁、奖惩规范，订立朝贡纳赋、应召用兵等制度。土官直隶于行省，由行省分派的宣慰司、都元帅府或管军万户府节制管辖。元朝虽有土官，但没有单纯为土官设置的官职，如宣慰司等既可由土官担任，也可由流官担任。

2. 土司制度完备、兴盛期——明代（14—17 世纪）

明代以管理行政和财政的布政使司、管理军事的都指挥使司和管理刑法的按察使司构成国家第一级行政区划。对于民族地区的管理，在元代土官管理的基础上继续发展，形成了完整的制度体系，呈现制度化、规范化的管理形式。由于明代中后期出现了"土司"一词，除指土官衙门外，又泛指各级土官，且"土司"一词使用极为普遍，故这一民族管理政策被现代学者称为"土司制度"（亦可称"土官制度"）。明代土司制度完备，在云南、贵州、广西、四川、湖广（今湖南、湖北）五省共设文、武职土司各 800 余家，分布广泛、数量众多，土司制度成为明代地方行政制度的重要组成部分。[①] 在广设土司的同时，对土司承袭、贡赋、征调、奖罚等各项制度进行了严格的规定，制度规范较元代更为严格，衔品、隶属、信物等更为规范。文、武土司分别由布、都两司管束。

---

① 龚荫：《中国土司制度》，昆明：云南民族出版社，1992 年，第57—63 页。

明代对流、土官的职衔做出了区分，宣慰使、宣抚使、安抚使等职衔专为土司所设。凡府、州、县各级职官由土司充任者，均称土知府、土知州、土知县等，与流官相区别。土司职衔的确立是土司制度成熟的标志，从此作为一项严格的制度，土司制度正式列入正史的《职官志》与《地理志》中，而且从《明史》起，始设《土司传》。①

明代中后期始，中央对地方的控制力进一步加强，对部分不接受中央管控的土司逐步实施"改土归流"，将这些土司的统治地区直接纳入中央王朝行政体系的管理，土司制度逐渐被更为严格的流官行政管理所取代。明末发动了一系列对大土司的战争，分散、削弱了土司势力。明末这些举措为清代大规模"改土归流"奠定了基础。

3. 土司制度变革期——清代（17—20 世纪）

清朝建立之初，统治者仍沿用元明时期的土司制度。清代统治稳固后，着手解决明末以来土司地区的问题，于雍正时期（18 世纪）实施大规模"改土归流"，改设与中原地区相同的府、厅、州、县等行政建置。雍正大规模"改土归流"是土司制度发展史上一次重大变化。雍正以后土司制度仍在沿用，除元明时期施行土司制度的云南、贵州、广西、四川、湖广（今湖北、湖南）等地，清代在甘肃、青海、西藏的部分地区也施行了土司制度。清代土司制度较元明时期又有新的发展，乾隆时期已形成一整套对土司严格控制和管理的制度，较元、明时期更有针对性，更有利于对土司的控制和管理。② 这一封建王朝设立的制度于 20 世纪初伴随中国封建时代的结束而终止，但直至民国时期，尚有少量土司残存。

（三）土司制度的制度体系

元代的土司制度已具雏形，至明代，中央王朝对土司的制度规范非常严格，涉及层面广泛，对土司的职责、义务及行为准则做出了明确的规定，形成了完备的制度体系。主要包含以下内容。③

---

① 李世愉：《清代土司制度论考》，北京：中国社会科学出版社，1998 年，第 13 页。
② 李世愉：《清代土司制度论考》，北京：中国社会科学出版社，1998 年，第 169 页。
③ 龚荫：《中国土司制度》，昆明：云南民族出版社，1992 年，第 23—52 页。

1. 土司授职

明初，对元代保留之土司的授职主要是"用原官授之"，即按照土司原有的官职授职。明代土司，特别是各地的大土司，基本都是元朝归附的原官而授职。对新归附的少数民族首领，按其辖地大小、人口多少而授予不同级别的官职。通过对土司授职的控制，中央对各民族地区的管理更加严格。

2. 土司职衔

土司的职衔包括职称和衔品。职称分武土司和文土司。武土司包括宣慰使、宣抚使、安抚使、招讨使和长官等；文土司包括土知府、土知州、土知县等。土司的衔品具有与流官类似的品级设置。武职土司中，宣慰使从三品，宣抚使为从四品，安抚使为从五品，招讨使为从五品，长官为正六品。文土司中，土知府为正四品，土知州为从五品，土知县为正七品。此外，对各级土司下设的各级官职的职称和衔品也有明确的规定。

3. 土司领地

土司的领地为其族群原所占辖地，土司间不允许相互侵占地盘，违者要受到朝廷惩罚。

4. 土司属民

土司管辖的属民为其原有部落的民众，靠近汉族的地区常编有户籍，缴纳税赋。边远地区则不编户籍，按民族自身传统由土司统领。

5. 土司隶属

宣慰使、宣抚使、安抚使、招讨使和长官等武职土司隶属于中央兵部，受一级行政区划中都指挥使司的管辖。土知府、土知州、土知县等文职土司隶属于中央吏部，受一级行政区划中布政使司的管辖。文武土司完全纳入国家的职官体系中。

6. 土司承袭

凡老土司亡故，其承袭人必须亲赴朝廷请袭。对继承人也有规定：一般为父死子继，嫡子继承，但按照民族自身的习惯，族属、妻女、亲戚等均可袭职，次序是先嫡后庶，先亲后疏。土司承袭既要有当地官员的查核和作保，又要有土司的"宗支图本"，否则不许承袭。为防止土司族属争袭，还建立了预定承袭人的制度。若有土司作乱、不服从中央王朝管教则被禁止承袭。

7. 土司信物

土司一经授予，朝廷即赐予诰敕、印信、冠带、符牌等信物，作为朝廷命官的凭证。诰敕是朝廷授予土司的任命书，分为诰命和敕命两个等级，五品及以上品级的土司授予诰命，六至九品授予敕命。印信是朝廷授予土司权力的象征，三品以上官员赐银印，从三品以下官员赐予铜印，因此文武土司多为铜印。冠带即土司用以表明身份的服饰，土司与文、武流官同样按品级高低授予规格不一的冠带。符牌为朝廷颁给边疆土司的联系证件与凭证，通过授予土司符、牌的办法，密切了中央与边疆土司的联系，加强了中央对土司的控制。

8. 土司升迁

明代土司升迁，主要因军功，也有一些土司多年忠于职守，奉旨给予升迁，如安抚使升宣抚使，宣抚使升宣慰使之类。此外，纳米、进献等取悦朝廷的举措也可得到升迁。土司有功还有恩赏，如赐予参政等流官名号以及加封将军、大夫等虚衔。

9. 土司惩罚

明代土司有罪，与流官一样也要受到刑罚。违法的土司要裁革或降职。一些有罪的土司会被迁徙到其他地方安置，以削其势力。对反叛朝廷的土司惩罚最为严格，予以消灭或"改流"。但同时，对于罪轻且认罪态度较好的土司一般采用宽宥和赎罪两种方法，给予从轻处罚。

10. 土司进贡

明代土司是否交纳贡赋是其是否忠于朝廷的标志。明代土司进贡之物一般为本地特产，贡期一般为三年，对入贡的人数也有限制。王朝往往还通过回赐笼络土司。对入贡逾期、贡数不足的土司，要给予处罚。

11. 土司纳赋

土司地区还需向朝廷缴纳税赋，朝廷对邻近汉族地区的少数民族进行编户，有编户者需缴纳税赋，边远地区未编户的"生僮""生苗"等则不用缴纳税赋。税额按部落整体量定，较内地汉族地区轻。遇灾害或有军功，则免除其税赋以示仁政或恩宠。税赋允许以其他物品折纳，一定程度减少了人民的税赋负担。

12. 土司征调

土司以其少数民族壮丁组建了大量土兵，并受中央王朝管控和调遣。土兵主要用来维护本地区的社会秩序，在王朝兵力不足的地区加强驻防。当王朝有重大战事，都征调土兵参加，遇土司叛乱也征调他处土兵前往平叛。

13. 土司文教

王朝接受土司子弟进国子监读书，学习中原地区文化。土司地区也设立儒学。王朝强制土司应袭子弟入学，不入学则不准承袭。此外，还奖励土民子弟入学，在土司地区开科取士。土司地区文教的兴起和发展对地区社会经济文化的发展具有积极的推动作用。

（四）与前代少数民族管理政策的区别

土司制度在前述"羁縻政策"的基础上，建立了规范的制度体系，对土司的官职及其辖境执行更为严格的管控。与此前的民族管理政策相比，土司制度更为制度化、规范化，对民族地区的管理更为严格，是中华民族管理政策发展成熟阶段的产物。

1. 土司制度的制度化、规范化

《明史》的《职官志》《地理志》《土司传》等内容明确记录了土司及中央政府双方的关系，表明中央王朝对有关土司授职、职衔、领地、属民、隶属、承袭、信物、升迁、惩罚、进贡、纳赋、用兵、文教等方面的事项做了严格的制度规定，形成了完善的制度体系。特别是明代为土司设置了专属的职衔，出现了"土司"的称谓，标志着土司制度体系的成熟。土司的制度为西南少数民族聚居区的一项规范化的民族和地方管理政策，为元明清历代沿用。

2. 土司制度有较强的管控力

元明清时期各类各级土司全部纳入中央官制体系，其辖地纳入全国行政区划进行整齐划一的有效管理。明代土司从属于第一级行政区划下，武职土司隶属中央兵部，受一级行政区划中都指挥使司的管辖，文职土司隶属中央吏部，受一级行政区划中布政使司的管辖。土司下安插有朝廷委任的流官进行辅佐和监督，土司地区还有卫所等军事建制相制衡。土司的承袭必须亲赴朝廷请求袭职，朝廷视其功过决定对土司的升迁或惩罚。除缴纳贡物外，有编户的土司还需缴纳税赋。对土兵的调遣也有严格的规定。王朝还强制土司应袭子弟入学，学习中原仪轨以加强对土司的管控，不入学则不准承袭。

二、土司遗址及其分布、类型和特征

（一）土司遗址的界定

土司遗址是指元明清时期中央王朝设置的土司，他们在其辖地或治所修筑的治城、官寨、庄园、衙署、庙宇、宗祠等综合性建筑群，以及牌坊、碑刻、石雕、墓群等单独性建筑物。①

在中国西南少数民族聚居区，以土司城寨及官署建筑为主要代表的土司相关遗存是各民族的重要文化遗产。这些遗产随着土司制度的推行，自元代（13—14 世纪）起在中国西南地区广泛营建，现存主要为明、清时期（14—20 世纪初）的遗存。明代晚期以后，特别是清代初年（17—18 世纪）大规模"改土归流"时期，部分土司相关遗存伴随当地土司的消亡而废弃，以遗址状态保存。距离中央王朝核心地区较近的西南地区的北缘、东缘的湘西、鄂西及黔北地区"改土归流"较为彻底，这一地区的土司相关遗存现多以遗址状态保存。清代大规模"改土归流"后，云南、贵州、广西、四川等地仍有部分地区继续施行土司制度，青海、西藏、甘肃等局部地区也开始推行土司制度，这些地区的土司城寨、衙署、庄园等土司相关遗存得以继续营建和使用。随着 20 世纪初各地土司制度的逐步终结，土司相关遗存成为当地少数民族的重要文化遗产，受到当地民众及土司后裔的保护，部分地上建筑、建筑群仍完好保存至今。

土司遗址由于综合性建筑群规模一般较大且复杂，现今多俗称为"土司城"或"司城"。这类建筑群大多数是土司统治时期的权力中心，为土司衙署的设立之处，具行政、军事等各项政治功能，同时也是土司及直系亲属们的日常生活地和族群聚落中心，兼具着经济、文教等各项社会功能。因而该

---

① 这里采用了罗中和罗维庆在《土司遗址：历史封存与文化传承》种对"土司遗址"的界定，特此说明。罗中，罗维庆：《土司遗址：历史封存与文化传承》，《三峡论坛》，2016 年第 3 期，第 72—78 页。

处所保留的时代信息遗存十分丰富，可较为完整地直接反映出土司统治时期的社会面貌，间接地反映出土司制度具体实施的一些基本概况。单独性建筑物相对综合性建筑群而言要小且单一，它不是族群生存必需的建筑，是土司为了纪念某些战功、升迁、盟誓等重要事件，褒奖功臣、节妇等特定人物，埋葬土司及父母、妻子等主要直系亲属而修建的。这类建筑物虽保留的时代信息遗存单纯，大多局限于一事或一人，涉及面较为狭窄，但因其修建的目的是弘扬道德、引导思想、维护制度、仰抑风尚等，其建筑均庄严而精致，建筑物本身就能充分体现出土司统治时期的民族特色、建筑风格、工艺水平、审美观念等。其上如有铭文，所镌刻的事件始末、人物传记等，反映出的土司时期局部信息则较为详细，史实的真实性和可信性强，能补方志及家谱记载之不足，是弥足珍贵的文物史料。①

土司遗址在历史时段、地理环境、族群属性、行政级别、功能构成、聚落形态、建筑风格等各方面表现了中国历史与文化特征，是历史时期土司制度管理智慧及人类价值观交流的代表性物证。

（二）土司遗址的分布

目前中国境内的土司遗址，除已经被联合国教科文组织列为世界文化遗产的湖南永顺老司城土司遗址、湖北唐崖土司城址遗址、贵州遵义播州土司海龙屯遗址外，还包括众多的国家级、省市级等各级土司遗址。根据《中国各级文物保护单位名录中与土司相关的遗产名录》记载，纳入国家、省市级文物保护单位的土司遗址共101处。见下表：

表1　中国各级文物保护单位名录中土司遗产名录表②

序号	名　称	位　置	遗存年代	民族属性	土司职级	保护级别	功能类型
1	老司城遗址	湖南省永顺县	明—清	土家族	宣慰司	国家级	城址官寨

① 罗中，罗维庆：《土司遗址：历史封存与文化传承》，《三峡论坛》，2016年第3期，第72—78页。

② 本表引用自李敏，王敏，傅晶等：《土司系列遗产的国内外同类遗产对比分析》，《中国文化遗产》2014年第6期，第22—31页。

序号	名　称	位　置	遗存年代	民族属性	土司职级	保护级别	功能类型
2	新司城	湖南省永顺县	清	土家族	宣慰司	其他	城址官寨
3	腊惹洞长官司官署遗址	湖南省永顺县	明	土家族	长官司	其他	城址官寨
4	土知州城堡	湖南省永顺县	明—清	土家族	土知州	其他	城址官寨
5	白岩洞遗址	湖南省龙山县	明—清	土家族	长官司	其他	城址官寨
6	洛浦土司故城遗址	湖南省保靖县	明—清	土家族	宣慰司	省级	城址官寨
7	唐崖土司遗址	湖南省咸丰县	明—清	土家族	长官司	国家级	城址官寨
8	容美土司遗址	湖北省鹤峰县	明—清	土家族	宣抚司	国家级	城址官寨
9	利川沙溪土司遗址	湖北省利川市	明—清	土家族	宣慰司	其他	衙署庄园
10	施南宣抚司土司皇城	湖北省宣恩县花园镇水田坝	明—清	土家族	宣抚司	省级	衙署庄园
11	东阳湾墓群	湖北省鹤峰县	明—清	土家族	宣抚司	其他	墓葬
12	官坟园墓地	湖北省鹤峰县	明—清	土家族	宣抚司	其他	墓葬
13	猫儿堡土司墓葬	湖北省宣恩县	明—清	土家族	宣抚司	其他	墓葬
14	屏山向氏墓群	湖北省鹤峰县	明—清	土家族	宣抚司	其他	墓葬
15	来凤宣抚堡散毛土司遗址	湖北省来凤县	明—清	土家族	宣抚司	其他	衙署庄园

续　表

序号	名　称	位　置	遗存年代	民族属性	土司职级	保护级别	功能类型
16	大旺安抚司遗址	湖北省来凤县	明—清	土家族	宣抚司	其他	衙署庄园
17	金峒安抚司遗址	湖北省咸丰县	明—清	土家族	安抚司	其他	衙署庄园
18	忠孝土司遗址	湖北省利川市	明—清	土家族	安抚司	其他	衙署庄园
19	百户司土官墓	湖北省来凤县	清	土家族	安抚司	其他	墓葬
20	覃峒长墓	湖北省来凤县	清	土家族	安抚司	其他	墓葬
21	向金銮墓	湖北省来凤县	清	土家族	长官司	其他	墓葬
22	海龙屯	贵州省遵义市	明	仡佬族	宣慰司	国家级	城址官寨
23	奢香夫人墓	贵州省毕节市	明—清	彝族	宣慰司	国家级	墓葬
24	大屯土司庄园	贵州省毕节市	清—民国	彝族	宣抚司	国家级	衙署庄园
25	开阳马头寨古建筑群	贵州省贵阳市开阳县	明—清	布依族	土目	国家级	城址官寨
26	岑巩木召庄园遗址	贵州省岑巩县	明	土家族	宣慰司	省级	衙署庄园
27	田氏土司衙院	贵州省岑巩县	清	土家族	宣慰司	其他	衙署庄园
28	水西宣慰府遗址	贵州省纳雍县	明—清	彝族	宣慰司	省级	衙署庄园
29	九层衙门遗址	贵州省大方县	明	彝族	宣慰司	省级	衙署庄园
30	杨辉墓	贵州省遵义市	明	仡佬族	宣慰司	省级	墓葬

续 表

序号	名 称	位 置	遗存年代	民族属性	土司职级	保护级别	功能类型
31	杨烈墓	贵州省遵义市	明	仡佬族	宣慰司	省级	墓葬
32	高坪杨氏墓葬	贵州省遵义市	元—明	苗族	宣慰司	省级	墓葬
33	千岁衢及摩崖石刻	贵州省大方县	明	彝族	宣慰司	省级	其他
34	宋氏别业	贵州省贵阳市	明	彝族	宣慰司	其他	其他
35	新业任氏土司衙门	贵州省印江县	清	汉族	长官司	其他	衙署庄园
36	盘石田氏土司衙门	贵州省印江县	清	土家族	长官司	其他	衙署庄园
37	朗溪蛮夷长官司遗址	贵州省印江县	明—清	土家族	长官司	其他	衙署庄园
38	思南苗民长官司衙署	贵州省思南县	明—清	苗族	长官司	其他	衙署庄园
.39	喇平宣抚司治所遗址	贵州省贵阳市	宋—清	苗族	长官司	其他	衙署庄园
40	贵定大平伐长官司衙署	贵州省贵定县	明—清	苗族	长官司	其他	衙署庄园
41	贵定新添长官司衙署	贵州省贵定县	明—清	苗族	长官司	其他	衙署庄园
42	贵定小平伐长官司衙署	贵州省贵定县	明—清	苗族	长官司	其他	衙署庄园
43	福泉杨义长官司衙门	贵州省福泉市	明—清	苗族	长官司	其他	衙署庄园

续 表

序号	名 称	位 置	遗存年代	民族属性	土司职级	保护级别	功能类型
44	道真明真安州城垣	贵州省道真县	明	土家族	长官司	省级	单独建筑
45	黄平岩门司城垣	贵州省黄平县	明	汉族	长官司	省级	单独建筑
46	花溪中曹长官司土司庄园	贵州省贵阳市	明—清	汉族	长官司	其他	衙署庄园
47	省溪司土司衙门	贵州省江口县	明—清	汉族	长官司	其他	衙署庄园
48	池坝土司衙署明古建筑	贵州省印江县	明	汉族	副长官司	其他	衙署庄园
49	榕江略土司衙门	贵州省榕江县	清	不详	不详	其他	衙署庄园
50	威宁土司府署	贵州省威宁县	清	不详	不详	其他	衙署庄园
51	牛棚土目庄园	贵州省威宁县	清	彝族	土目	其他	衙署庄园
52	金沙契默土司庄园	贵州省金沙县	清	彝族	土目	其他	衙署庄园
53	镰刀湾土司庄园	贵州省毕节市	清	彝族	土目	其他	衙署庄园
54	侬氏土司衙署	云南省文山壮族苗族自治州广南县	明—清	壮族	宣抚司	国家级	城址官寨
55	孟连宣抚司署	云南省孟连傣族拉祜族佤族自治县	清	傣族	宣抚司	国家级	城址官寨
56	南甸宣抚司署	云南省梁河县	清—民国	傣族	宣抚司	国家级	衙署庄园

序号	名　称	位　置	遗存年代	民族属性	土司职级	保护级别	功能类型
57	兔峨土司衙署	云南省怒江州兰坪县	民国	白族	土知州	国家级	衙署庄园
58	叶枝土司衙署	云南省迪庆藏族自治州维西县	民国	纳西族	土都司	国家级	衙署庄园
59	纳楼长官司署	云南省建水县	清	彝族	长官司	国家级	衙署庄园
60	陇西世族庄园	与男生玉溪市新平县	1938年	彝族	土把总	国家级	衙署庄园
61	景东卫城遗址	云南省景东县	明	傣族	土知府	省级	城址官寨
62	万德土司遗址片区	云南省楚雄彝族自治州武定县	清	彝族	土知府	其他	城址官寨
63	邦角山官衙署	云南省陇川县	1935年	景颇族	抚夷司	省级	衙署庄园
64	陇川宣抚司署	云南省陇川县	清	景颇族	宣抚司	其他	衙署庄园
65	芒市安抚司护印府遗址	云南省德宏州潞西市	明—清	傣族	宣抚司	其他	衙署庄园
66	干崖宣抚司护理府	云南省德宏州盈江县	明—民国	傣族	宣抚司	其他	衙署庄园
67	沾益州土州衙署	云南省宣威市	清	彝族	土知州	其他	衙署庄园
68	宣威倘可巡检衙署	云南省宣威市	清	彝族	土巡检	省级	衙署庄园

序号	名　称	位　置	遗存年代	民族属性	土司职级	保护级别	功能类型
69	沈土司衙署旧址	云南省富宁县	清	壮族	土知州	其他	衙署庄园
70	沈明通墓	云南省富宁县	清	壮族	土知州	其他	墓葬
71	刀安仁故居	云南省德宏州盈江县	清	傣族	宣抚司	其他	其他
72	刀安仁墓	云南省德宏州盈江县	民国	傣族	宣抚司	省级	墓葬
73	遮放多氏土司墓群	云南省德宏州芒市	清—民国	傣族	宣抚司	其他	墓葬
74	盏达副宣抚司刀思氏墓	与男生德宏州盈江县	清	傣族	宣抚司	其他	墓葬
75	刀如玉墓	云南省德宏州盈江县	清	傣族	宣抚司	其他	墓葬
76	刀盈廷夫妻墓	云南省德宏州盈江县	清	傣族	宣抚司	其他	墓葬
77	干崖宣抚司刀氏墓群	云南省德宏州盈江县	清	傣族	宣抚司	其他	墓葬
78	永宁土司衙门	云南省丽江市宁蒗县	明—清	普米族	土政府	其他	衙署庄园
79	潞江安抚司憩娱楼	云南省保山市坝湾乡	民国初年	傣族	安抚司	其他	单独建筑
80	老窝土司衙门	云南省泸水县	明—清	白族	土千总	其他	衙署庄园

序号	名　称	位　置	遗存年代	民族属性	土司职级	保护级别	功能类型
81	六库土司衙门	云南省泸水县	明—清	白族	土千总	其他	衙署庄园
82	那土司衙门	云南省武定县	清	彝族	土千户	其他	衙署庄园
83	那德洪墓	云南省武定县	清	彝族	土千户	其他	墓葬
84	盏西孟氏土目墓	云南省德宏州盈江县	清	不详	土目	其他	墓葬
85	元阳勐弄司署	云南省元阳县	民国	哈尼	土寨长	其他	衙署庄园
86	宗瓦寨土司掌寨衙门	云南省元阳县	民国	彝族	土寨长	其他	衙署庄园
87	安土司墓	云南省永善县	清	彝族	土千户	其他	墓葬
88	莫土司衙署	广西壮族自治区忻城县	明—清	壮族	土县令	国家级	衙署庄园
89	岑氏土司古建筑群	广西壮族自治区西林县	明—清	壮族	长官司	省级	衙署庄园
90	旧州岑氏土司墓群	广西壮族自治区靖西县	明—清	壮族	不详	省级	墓葬
91	瓦氏夫人墓	广西壮族自治区靖西县	明	壮族	不详	省级	墓葬
92	卓克基土司官寨	四川省马尔康市	清	藏族	长官司	国家级	城址官寨

序号	名 称	位 置	遗存年代	民族属性	土司职级	保护级别	功能类型
93	巴底土司官寨	四川省甘孜藏族自治州丹巴县	清	藏族	安抚司	省级	城址官寨
94	沃日土司官寨经楼与碉楼	四川省阿坝州小金县	清	藏族	安抚司	国家级	单独建筑
95	直波碉楼	四川省马尔康市	清	藏族	长官司	国家级	单独建筑
96	瓦寺宣慰司官寨	四川省汶川县	明—清	藏族	长官司	其他	城址官寨
97	白利土司官寨遗址	四川省甘孜州	明—清	藏族	长官司	其他	城址官寨
98	绰斯甲土司官寨经堂	四川省阿坝州金川县	清	藏族	宣抚司	其他	单独建筑
99	昭觉科且土司衙门遗址	四川省昭觉县	明—清	彝族	土目	其他	衙署庄园
100	西阳土司衙署	重庆市西阳	明—清	土家族	宣慰司	其他	衙署庄园
101	鲁土司衙门旧址	甘肃省永登县	明—清	蒙古族	土指挥使	国家级	城址官寨

上表显示的是我国土司遗址的基本情况，其中包括遗址名称、所在区域、遗存年代、民族属性、土司职级、文物保护单位级别以及遗址类型。这些土司遗址分布范围遍布全国，但主要集中于西南云贵高原和青藏高原东部边缘地带，是明清土司制度执行时期主要的历史遗存，涉及的民族种类包括土家族、苗族、仡佬族、彝族、壮族、傣族、白族、藏族等少数民族。这些遗址包括了土司城址、官寨、衙署、庄园、墓葬及其他单独建筑，类型十分丰富。土司遗址作为国家与地方文物保护单位，根据其级别分别由国务院、省级政府、市县级政府划定保护范围，设立文物保护标志及说明，建立记录

档案，并根据土司文化保护单位的具体情况分别设置专门机构或专人负责管理。

（三）土司遗址分类

土司遗存的功能类型主要包括土司城、土司官寨、土司衙署建筑群、土司庄园、土司墓葬（群）以及石刻、城垣、经堂等其他单一功能的土司建筑。这些遗存中，土司城、土司官寨、土司衙署建筑群、土司庄园等均是土司统治地区的行政和生活中心遗存，遗存规模一般较大，并且具有生活、行政、军事、文化、经济等综合性功能，遗存信息丰富，可较为全面地反映土司统治地区的社会面貌。相比较而言，土司墓葬（群）等规模小、功能单一的土司遗存较为琐碎，仅能反映土司制度及土司统治社会的局部信息。根据以上土司遗址的基本情况，我们从遗址功能类型入手，将遗址划分为综合类土司遗址、衙署庄园类土司遗址、墓葬类土司遗址、单独建筑及其他类型土司遗址。

1. 综合类土司遗址

我国现存的土司遗址中，土司治所所在城址、衙署、官寨是各地土司政权统治当地老百姓的行政中心和生活中心，建筑规模一般较大，并且兼具行政、军事、经济、文化及生活等综合性功能。这类土司遗址，较为全面地反映了土司权力结构、治下区域的社会经济状况和土司区各民族文化面貌。这一类的土司遗址共计19处。

表2　中国各级文物保护单位名录：土司城址/官寨类遗址名录表

序号	名　称	位　置	遗存年代	民族属性	土司职级	保护级别
1	老司城遗址	湖南省永顺县	明—清	土家族	宣慰司	国家级
2	唐崖土司遗址	湖北咸丰县	明—清	土家族	长官司	国家级
3	容美土司遗址	湖北省鹤峰县	明—清	土家族	宣抚司	国家级
4	海龙屯	贵州省遵义市	明	仡佬族	宣慰司	国家级
5	开阳马头寨古建筑群	贵州省开阳县	明—清	布依族	土目	国家级
6	侬氏土司衙署	云南省广南县	明—清	壮族	宣抚司	国家级

序号	名　称	位　置	遗存年代	民族属性	土司职级	保护级别
7	孟连宣抚司署	云南省孟连县娜允镇	清	傣族	宣抚司	国家级
8	卓克基土司官寨	四川省马尔康市	清	藏族	长官司	国家级
9	鲁土司衙门旧址	甘肃省永登县	明—清	蒙古族	土指挥使	国家级
10	洛浦土司故城遗址	湖南省保靖县	明—清	土家族	宣慰司	省级
11	景东卫城遗址	云南省景东县	明	傣族	土知府	省级
12	巴底土司官寨	四川省丹巴县	清	藏族	安抚司	省级
13	新司城	湖南省永顺县	清	土家族	宣慰司	其他
14	腊惹洞长官司官署遗址	湖南省永顺县	明	土家族	长官司	其他
15	土知州城堡	湖南省永顺县	明—清	土家族	土知州	其他
16	白岩洞遗址	湖南省龙山县	明—清	土家族	长官司	其他
17	万德土司遗址片区	云南省武定县	清	彝族	土知府	其他
18	瓦寺宣慰司官寨	四川省汶川县	明—清	藏族	宣慰司	其他
19	白利土司官寨遗址	四川省甘孜州生康乡	明—清	藏族	长官司	其他

从文化保护单位的级别来看，综合类土司遗址中国家级文化保护单位共有9处，省级3处，区县级7处；从所处省份看，湖南6处，湖北2处，贵州2处，云南4处，四川4处，甘肃1处；从遗存年代看，全部是明清时期；从民族归属看，土家族8处，彝族3处，傣族和藏族各2处，仡佬族、布依族、蒙古族和壮族各1处；从土司职级看，宣慰司5个，安抚司4个，长官司4个，土知府2个，土知州1个，土指挥使1个，土目1个。如位于湖北省咸丰县尖山乡的唐崖土司城，总面积约74万平方米，是武陵山地区保存最完好的土司城遗址。该土司城在明末时辟有3街18巷36院，主要包括衙

署区、宗庙区、军事区以及书院、花园、养马场、狩猎场等，占地 100 多公顷。迄今为止，虽然衙署早已不见踪影，然而街道墙垣依旧清晰可辨，明熹宗御赐授书的"荆南雄镇"石牌坊依然矗立，土王墓葬、夫妻杉等数十处遗迹仍然保存完好。其他土司城址或官寨均有一定数量的遗存。

2. 衙署庄园类土司遗址

衙署建筑群、庄园等土司遗址被列入土司文物保护单位的共计 50 处。从文物保护单位的级别看，国家级 7 处，省级 7 处，区县级 36 处；从所处省份看，湖北 6 处，贵州 22 处，云南 16 处，四川 1 处，重庆 1 处；从遗存年代看，上起明代下讫民国时期；从民族归属看，涉及 10 多个民族，其中彝族 12 处，土家族 11 处，苗族 6 处，傣族 4 处，汉族 4 处，壮族和白族各 3 处，景颇族 2 处，纳西族、普米族和哈尼族各 1 处，民族归属不详的 2 处；从土司职级看，至少有 15 种以上，其中宣慰司 5 个，宣抚司 8 个，安抚司 4 个，抚夷司 1 个，长官司和副长官司 14 个，土知州 3 个，土都司、土把总、土县令、土千户、土巡检各 1 个，土目 4 个，土千总和土寨长各 2 个，职级不详的 2 个。位于广西忻城县翠屏山麓具有"壮乡故宫"之称的莫土司衙署，是一个规模宏大的土司衙署建筑群，主要由土司衙门、莫氏祠堂、土司官邸、大夫第、三界庙等主要建筑组成，是全国现存规模最大、保存最完好的土司遗址建筑群。

表 3　中国各级文物保护单位名录：衙署/庄园类遗址名录表

序号	名　称	位　置	遗存年代	民族属性	土司职级	保护级别
1	南甸宣抚司署	云南省梁河县	清—民国	傣族	宣抚司	国家级
2	兔峨土司衙署	云南省兰坪县	民国	白族	土知州	国家级
3	叶枝土司衙署	云南省维西县	清	纳西族	土都司	国家级
4	纳楼长官司署	云南省建水县	清	彝族	长官司	国家级
5	大屯土司庄园	贵州省毕节市	清—民国	彝族	宣抚司	国家级
6	陇西世族庄园	云南省新平县	民国	彝族	土把总	国家级
7	莫土司衙署	广西壮族自治区忻城县	明—清	壮族	土县令	国家级

序号	名 称	位 置	遗存年代	民族属性	土司职级	保护级别
8	施南宣抚司土司皇城	湖北省宣恩花园镇	明—清	土家族	宣抚司	省级
9	岑巩木召庄园遗址	贵州省岑巩县大有乡木召村	明	土家族	宣慰司	省级
10	水西宣慰府遗址	贵州省纳雍县	明—清	彝族	宣慰司	省级
11	九层衙门遗址	贵州省大方县	明	彝族	宣慰司	省级
12	邦角山官衙署	云南省陇川县	民国	景颇族	抚夷官	省级
13	宣威倘可巡检司衙署	云南宣威市倘塘村	清	彝族	土巡检	省级
14	岑氏土司古建筑群	广西壮族自治区西林县	明—清	壮族	长官司	省级
15	利川沙溪土司遗址	湖北省利川市	明—清	土家族	宣慰司	其他
16	来凤宣抚堡散毛土司遗址	湖北省来凤县	明—清	土家族	安抚司	其他
17	大旺安抚司遗址	湖北省来凤县	明—清	土家族	安抚司	其他
18	金峒安抚司遗址	湖北省咸丰县	明—清	土家族	安抚司	其他
19	忠孝土司遗址	湖北省来凤县	明—清	土家族	安抚司	其他
20	田氏土司衙院	贵州省岑巩县注溪乡	清	土家族	宣慰司	其他
21	新业任氏土司衙门	贵州省印江县	清	汉族	长官司	其他
22	盘石田氏土司衙门	贵州省印江县	清	土家族	长官司	其他
23	朗溪蛮夷长官司遗址	贵州省印江县	明—清	土家族	长官司	其他
24	思南苗民长官司衙署	贵州省思南县	明—清	苗族	长官司	其他

续 表

序号	名 称	位 置	遗存年代	民族属性	土司职级	保护级别
25	喇平宣抚司治所遗址	贵州省贵阳市乌当区	宋—清	苗族	长官司	其他
26	贵定大平伐长官司衙署	贵州省贵定县	明—清	苗族	长官司	其他
27	贵定新添长官司衙署	贵州省贵定县	明—清	苗族	长官司	其他
28	贵定小平伐长官司衙署	贵州省贵定县	明—清	苗族	长官司	其他
29	福泉杨义长官司衙门	贵州省福泉市	明—清	苗族	长官司	其他
30	花溪中曹司土司庄园	贵州省贵阳市花溪区	明—清	汉族	长官司	其他
31	省溪司土司衙门	贵州省江口县	明—清	汉族	长官司	其他
32	池坝土司衙署明古建筑	贵州省印江县	明	汉族	副长官司	其他
33	榕江因略土司衙门	贵州省榕江县	清	不详	不详	其他
34	威宁土司府署	贵州省威宁县	明—清	不详	不详	其他
35	牛棚土目庄园	贵州省威宁县	清	彝族	土目	其他
36	金沙契默土司庄园	贵州省金沙县	清	彝族	土目	其他
37	镰刀湾土司庄园	贵州省毕节市	清	彝族	土目	其他
38	陇川宣抚司署	云南省陇川县城子镇	清	景颇族	宣抚司	其他
39	芒市安抚司护印府旧址	云南省潞西市	明—清	傣族	宣抚司	其他
40	干崖宣抚司护理府	云南盈江县	明—民国	傣族	宣抚司	其他

序号	名 称	位 置	遗存年代	民族属性	土司职级	保护级别
41	沾益州土州衙署	云南省宣威市河东营村	清	彝族	土知州	其他
42	沈土司衙署旧址	云南省富宁县	清	壮族	土知州	其他
43	永宁土司衙署	云南省宁蒗县	明—清	普米族	宣抚司	其他
44	老窝土司衙门	云南省泸水县	明—清	白族	土千总	其他
45	六库土司衙署	云南省泸水县	明—清	白族	土千总	其他
46	那土司遗址	云南省武定县	明—清	傣族	土千总	其他
47	元阳勐弄司署	云南省元阳攀枝花乡	民国	哈尼族	土寨长	其他
48	宗瓦寨土司掌寨衙门	云南省元阳县	民国	彝族	土寨长	其他
49	昭觉科且土司衙门遗址	四川省昭觉县	明—清	彝族	土目	其他
50	酉阳土司衙署	重庆市酉阳县	明—清	土家族	宣慰司	其他

3. 墓葬类土司遗址

墓葬土司墓葬、土司单独建筑等文物保护单位，与综合性功能的文物保护单位相比，不仅规模较小，较为琐碎，而且功能单一，它仅能反映元明清及民国时期土司制度及土司政权统治辖区社会的局部信息。

在传统中国，"墓"与"葬"是既有联系又有区别的两种事物。"墓"是指放置尸体的固定设施，"葬"是指安放尸体的方式。在考古学上，"墓"与"葬"常被合称为"墓葬"。自古以来，由于人们受"祖先崇拜"以及"事死如生"等传统观念的影响，包括各土司在内的各民族对丧葬十分重视，因此，土司墓葬资料所提供的不仅是埋葬土司的习俗和墓葬制度本身，它往往在一定程度上反映出元明清时期土司辖区社会政治、经济、生产、生活、风俗、宗教、观念等方面的情况。所以，土司墓葬包含土司地区表葬习俗与表葬制度，是当时当地社会的一个缩影。

表4　中国各级文物保护单位名录：墓葬类土司遗址名录表

序号	名　称	位　置	遗存年代	民族属性	土司职级	保护级别
1	奢香夫人墓	贵州省毕节市	明—清	彝族	宣慰司	国家级
2	猫儿堡土司墓群	湖北省宣恩县	明—清	土家族	宣抚司	省级
3	杨辉墓	贵州省遵义市播州区	明	仡佬族	宣慰司	省级
4	杨烈墓	贵州省遵义市播州区	明	仡佬族	宣慰司	省级
5	高坪杨氏墓群	贵州省遵义市汇川区高坪镇	元—明	苗族	宣慰司	省级
6	刀安仁墓	云南省盈江县	民国	傣族	宣抚司	省级
7	旧州岑氏土司墓群	广西壮族自治区靖西县	明—清	壮族	不详	省级
8	瓦氏夫人墓	广西壮族自治区靖西县	明	壮族	不详	省级
9	东阳湾墓群	湖北省鹤峰县	明—清	土家族	宣抚司	其他
10	官坟园墓地	湖北省鹤峰县	明—清	土家族	宣抚司	其他
11	屏山向氏墓群	湖北省鹤峰县	明—清	土家族	宣抚司	其他
12	百户司土官墓	湖北省来凤县	清	土家族	安抚司	其他
13	覃峒长墓	湖北省来凤县	清	土家族	安抚司	其他
14	向金銮墓	湖北省来凤县	清	土家族	长官司	其他
15	沈明通墓	云南省富宁县	明	壮族	土知州	其他
16	遮放多氏土司墓群	云南省芒市	清—民国	傣族	宣抚司	其他
17	盏达副宣抚司刀思氏墓	云南省盈江县	清	傣族	宣抚司	其他
18	刀如玉墓	云南省盈江县	清	傣族	宣抚司	其他
19	刀盈廷夫妻墓	云南省盈江县	清	傣族	宣抚司	其他
20	干崖宣抚司刀氏墓群	云南省盈江县	清	傣族	宣抚司	其他
21	那德洪墓	云南省武定县	清	傣族	土千户	其他

续 表

序号	名 称	位 置	遗存年代	民族属性	土司职级	保护级别
22	盏西孟氏土木墓	云南省盈江县	清	不详	土目	其他
23	安土司墓	云南省永善县	清	彝族	土千户	其他

  土司墓葬计23处，从文化保护单位的级别看，国家级有1处，省级7处，区县级15处；从所处省份看，湖北7处，贵州4处，云南10处；从遗存年代看，上起元明时期，下讫民国时期，主要在明清两代；从民族属性看，主要涉及彝族、土家族、仡佬族、苗族、傣族、壮族等；从土司职级看，至少有宣慰司、宣抚司、安抚司、长官司、土知州、土千户、土目7种。

  4. 单独建筑及其他类型土司遗址

  现存土司遗址中，土司单独建筑遗址较少，按照《中国各级文化保护单位名录中与土司相关遗产名录》的统计，主要有碉楼、经楼、经堂、城垣、憩娱楼、千岁衢、摩崖石刻、土司故居等。

表5 中国各级文物保护单位名录：墓葬类土司遗址名录表

序号	名 称	位 置	遗存年代	民族属性	土司职级	保护级别
1	直波碉楼	四川省马尔康市	清	藏族	长官司	国家级
2	沃日土司官寨经楼与碉楼	四川省小金县	清	藏族	安抚司	国家级
3	道真明真安州城垣	贵州省道真县旧城镇	明	土家族	长官司	省级
4	黄平岩门司城城垣	贵州省黄平县山凯乡	明	汉族	长官司	省级
5	潞江安抚司憩娱楼	云南省保山市坝湾乡	民国	傣族	安抚司	其他
6	绰斯甲土司官寨经堂	四川省金川县	清	藏族	宣抚司	其他
7	千岁衢及摩崖石刻	贵州省大方县	明	彝族	宣慰司	省级

序号	名　称	位　置	遗存年代	民族属性	土司职级	保护级别
8	宋氏别业	贵州省贵阳市乌当区	明	彝族	宣慰司	其他
9	刀安仁故居	云南省盈江县	清	傣族	宣抚司	其他

（四）土司遗址的特征

土司遗址的特征根植于中国传统土司制度，其因土司制度的实质与内涵而具有鲜明普遍的价值主题，具有特定的历史阶段，典型的地理环境，传统的小型族群，系统的行政级别，综合的功能构成，独特的聚落形态，鲜明的建筑风格等特征。

1. 普遍的价值主题

土司遗址普遍的价值主题体现在中央政权与地方政权间在民族文化传承和国家认同方面的人类价值观交流，统一多民族国家中"齐政修教、因俗而治"的民族地区管理智慧。

土司城寨和官署建筑群是"土司制度"在中国西南多民族地区推行时期的特殊产物。"土司制度"是13至20世纪中国元、明、清中央王朝在西南少数民族地区委任当地首领担任"土司"，世袭统治当地人民的一种行政管理制度。该制度于元代（13世纪）初步形成，至明代（14—17世纪）发展完备，清代（17—20世纪）沿用。主要推行地区为中国西南少数民族聚居地区，即云贵高原以及青藏高原的东、北边缘山地，涉及今云南、贵州、广西、四川、湖北、湖南，后期还扩展到今青海、西藏的局部。

土司制度秉承了古代中国延续两千余年的"齐政修教、因俗而治"的多民族地区管理传统理念，该理念强调充分关注各民族的自身特征，对各民族进行教化而不改变其旧有文化、习俗，保持国家政令统一而不改变其适宜的生存基础。土司制度是古代中国作为多民族统一国家，在多民族地区管理模式发展成熟阶段形成的极为系统和规范的管理制度，是"齐政修教、因俗而治"管理智慧的制度化体现，有效保障了该历史时期中央政府与西南少数民族间的利益平衡、共同发展，以及国家的稳定与统一。

2. 特定的历史时段

土司遗址是土司制度在特定历史时段执行的物质留存和见证。

土司制度的推行时期为 13—20 世纪（元明清时期），这一时期中央政权具备了稳固的社会经济基础和强大的文化、政治、军事实力，国家处于长期统一、稳定发展的阶段，具有深化管理西南少数民族地区、促进各民族共同发展的社会基础和政治需要。

土司制度得以推行的中国西南少数民族地区，自 13 世纪起逐步稳定地处于统一帝国版图内，其自身内部社会发展已达到一定的成熟程度，社会组织方式基本已由部落阶段进入封建领主或奴隶制时期，生产模式主要为农业和畜牧业，具备进一步发展的社会条件和需求。

土司遗址是其土司在设立的时期逐渐修建与完善，是土司制度建立、完善和广泛推行的历史见证与物质留存。土司遗址所处的区域具有显著的土司制度推行的特点，其兴废背景与土司制度产生、盛行、废止的不同阶段可以相互对应，在时代特征和历史文化内涵方面具有突出的代表性，整体反映了中央政权土司制度对西南少数民族地区进行有效管理的完整时间序列。

3. 典型的地理环境

土司遗址大多位于群山密布、交通不便的中国西南地区的云贵高原，以及青藏高原的东、北边缘山地。这一地区是环绕中国内陆平原西南部边缘的广大山区，直至西南边境，属于中央政权的边缘地带。

中国西南山区位于北纬 20—30 度之间，大部分地区属亚热带气候，以云贵高原为主体，还包括青藏高原的东、北边缘山地，是世界上最大的岩溶地貌分布地区之一，有着形态破碎、千沟万壑的总体地貌特征，其地形地势基本处于中国三级阶梯中的第二级，即从第一级的青藏高原向第三级的平原地带过渡，地势由西北向东南倾斜。山地在总面积中占有很大比例，崇山峻岭连绵分布、河流纵横、交通不便，同时，在高山深沟之间又分布着许多适合人类生存的小型盆地或平川。这种独特的地理环境特征，一方面使得西南地区自古以来就形成了许多的小型族群，成为多民族聚居地；另外一方面相比于中央王朝对平原地区或其他交通便捷地区直接有效的管理，西南地区因地理的阻隔、交通的不便使中央政权直接统治的成本过大。因此，土司制度这一以民族首领进行间接统治并由中央统一监管的管理方法在中国西南地区得以普遍施行。

土司遗址集中分布的武陵山、大娄山区，是云贵高原东北边缘分布面积达 10 万平方千米的广大山区。这里是中国西部高原与东部丘陵平原区的过渡地带，山系整体为东北—西南走向，自云贵高原主体向东北延伸，像伸入两湖平原的"桥梁"。武陵山区是典型的岩溶地貌带，平均海拔 1000 米以上，群山绵延、河溪纵横，地形复杂、交通不便，但该地区气候温和、雨量丰富、森林发育茂盛，具有良好的生存环境条件，自古为众多小型族群聚居地。

土司遗址所在的武陵山区、大娄山区反映了土司制度推行地区典型的地理环境特征，同时位于西南山区地理和文化接近核心地区的地带，历史上属西南地区社会发展程度较高的地区，代表了实施土司制度的典型自然和社会条件，是土司城功能类型、聚落形态、建筑特色形成的基础条件。

4. 传统小型族群聚居

土司系列遗址分布的中国西南地区因其独特的地理环境，自古以来就形成了众多相对独立发展的小型族群，成为世界罕见的多民族高密度聚居地。中国传统史籍文献记载的族群已有滇、靡莫、劳浸、僰、嶲、昆明、邛、徙、笮都、冉駹、白马、摩沙、夜郎、且兰、句町、漏卧、滇越、哀牢、濮、僚、乌浒、骆越、山越等，包括了今天的土家族、彝族、白族、哈尼族、傣族、傈僳族、佤族、纳西族、景颇族、普米族、怒族、德昂族、拉祜族、独龙族、基诺族、苗族、布依族、侗族、水族、壮族、瑶族、仡佬族、毛南族等。这些族群的典型风俗和文化传统至今保存，如土家族摆手舞、茅古斯舞、织锦技艺"西兰卡普"、吊脚楼建筑技艺，苗族银饰、蜡染技艺等，整体反映了中央政权通过推行土司制度这一独特的多民族地区管理方式，实现民族地区持续发展和文化多样性传承。

5. 系统的行政级别

土司制度所设置的土司均是中央官制体系的组成部分，明代土司包括武职土司和文职土司。武职土司包括宣慰司、宣抚司、安抚司、招讨司、长官司等，隶属于中央兵部，受一级行政区划中都指挥使司的管辖。文职土司包括土知府、土知州、土知县等，隶属于中央吏部，受一级行政区划中布政使司的管辖。土司按照中央官制体系的规定具有相应的品级，皆赐予诰敕、印章、冠带等信物，作为朝廷命官的凭证和权力的象征。分散在全国各地的土司遗址，是土司职级体系的典型物证，反映了在中央官制体系框架下设定的规范的土司职官体系，体现了国家行政管理模式在西南地区的推行以及土司对中央授予统治身份的认同。

6. 综合的功能构成

土司城寨及官署建筑群是土司在其统治地区建设的行政管理和社会生活中心，一般具有行政、军事、生活、文化、经济等综合功能，是土司由中央授权的统治身份和地位的标志，是土司统治地区管理模式、社会形态和文化特征的代表。

正是因为土司遗址包括综合治所和战备军事防御城堡等不同的功能类型，作为土司制度的系列典型物质遗存，完整地体现了土司制度的系统性、发展历程以及土司管理机构的管理内容和运行模式。如入选世界文化遗产名录的永顺老司城、唐崖土司城、海龙屯。

永顺老司城是明清时期湖广地区永顺宣慰司治所。永顺宣慰司属湖广土司体系中的最高职级机构之一，统辖溪州地区，土司为彭氏家族，属民以土家族、苗族为主，该城址主要功能体现为集行政、生活、经济、文化、军事中心于一体。

唐崖土司城是明清时期湖广地区唐崖长官司治所。唐崖长官司属湖广地区土司体系中较低的职级机构之一，统辖施州西南部地区，土司为覃氏家族为主，属民以土家族为主，该城址主要功能为行政、生活、经济、文化、军事中心。

海龙屯是明代四川（现属贵州）地区播州宣慰司杨氏土司专用的山地防御城堡，与播州宣慰司治所穆家川土司城配合使用，是战争时期播州土司的行政中心，于1596年至1600年集中重建。播州宣慰司辖川、黔、湖广交界要地，势力强大，属民以仡佬族、苗族为主。该城址主要功能为行政和军事中心。

7. 独特的聚落形态

在少数民族地区的聚落中，土司城寨及官署建筑群作为该时期的土司行政和生活中心，体现在山地民族聚落形态基础、土司权力象征和国家认同的独特的聚落形态特征上。

要言之，即在本土传统聚落的形态基础上，其规模大、布局集中且整体性强、功能构成综合，均建有作为权力象征的大型行政建筑或建筑群，鲜明地体现出土司统治地区在本土原有的社会文化基础上，因土司制度管理而强化的社会秩序和组织管理模式，是少数民族地区树立国家认同的标志。

广泛分布在中国西南的土司遗址，大多数均为综合性土司统治中心城址。这些遗址在聚落整体格局上主要呈现出云贵高原山地民族聚落因地制宜、随形就势的特征，同时，在核心区域均建有区别于一般性聚落的、土司统治时期特有的衙署区。该区与城内的其他功能区相比，具有格局严整、建筑体量突出、规格高级的特征，是土司拥有中央授权的统治身份的象征。

8. 鲜明的建筑风格

土司遗址遗存作为民族地区实施土司管理制度的特殊物证，建筑风格以地方性特征为主，部分建筑物增添了具有中央官方规制和文化特征的元素，体现出在土司制度作用下，土司统治地区在本土原有的社会文化基础上对中央官方文化和制度的选择性吸收。

三、世界文化遗产与土司遗址申遗

（一）作为世界文化遗产的土司遗址

中国土司系列遗址是 13 至 20 世纪中央王朝在多民族聚居的西南地区推行"土司制度"时期，少数民族首领"土司"用于行政管理和生活起居的城寨和建筑遗存，见证了中国作为统一多民族国家，对西南山地多民族聚居地区"齐政修教、因俗而治"的独特管理智慧。老司城土司遗址、唐崖土司遗址、海龙屯土司遗址作为中国土司遗址的代表，于 2015 年成功申报成为世界文化遗产。围绕土司遗址文化遗产的价值主题，与全球范围内及同一地理文化区域内类似的遗产进行对比，我们认为：

1. 土司遗址与《世界文化遗产名录》中的部族首领聚落文化遗产比较，这些部族首领聚落以小型族群自身的生存与发展为价值主题，不涉及与国家管理智慧的关系，也不涉及人类价值观交流。

2. 土司遗址与世界范围内多民族统一国家中的少数民族地区统治中心文化遗产相比，其不同的遗存特征，反映了不同的管理智慧，展现了不同的人类价值观交流方式。

3. 土司遗址与《世界文化遗产名录》及《预备名单》中的中国西南地区少数民族文化遗产比较，这些少数民族文化遗产的聚落形态和建筑特点具有鲜明的当地族群特征，土司系列遗产在当地族群特征的基础上还具有作为土司权力象征及体现中央官方规制的显著特征要素，凸显出土司制度管理智慧作用下国家认同的树立、社会秩序的加强及地方社会的发展。

老司城土司遗址、唐崖土司遗址、海龙屯土司遗址是中国现存的百余处土司遗存中，在价值主题、时空分布、族群属性、行政级别、功能构成、聚落形态、建筑特色等诸多方面具有突出的价值代表性的遗址，并在真实性、完整性、保护管理状况方面具有显著的优越性，故而成为中国土司遗址代表申报联合国教科文组织的世界文化遗产，是中国土司遗址的独特价值和地位获得世界认可的体现。

中国土司遗址独特价值和地位之所以能够获得世界范围内专家学者认可，是因为他们在与国内外同类遗产比较中，具有其自身特殊的意义。

（二）土司系列遗产的国内外同类遗产对比

1. 《世界遗产名录》中类似的部族首领聚落文化遗产比较

《世界遗产名录》中与土司遗产类似的部族首领统治与生活中心的文化遗产，如马塔王酋长领地、苏库尔文化景观等，其遗存特征较单纯地显示出该族群部落的内部聚落特征、社会结构和文化面貌等，以小型族群自身的生存与发展为价值主题，不涉及与国家管理智慧的关系。而土司遗产是统一多民族国家中的民族地区文化遗产，其遗存特征反映了在土司制度管理智慧的作用下，中央政权与地方民族间的人类价值观交流，以及民族地区在保持文化传承的同时形成的国家认同，在遗存特征及价值主题上存在明显不同。

表6　部族首领领地文化遗产表①

序号	遗产名称	入选时间	所属国家	所在地区	遗址简介
1	马塔王酋长领地	2008年	瓦努阿图	亚太	马塔王酋长部落是瓦努阿图列入《世界遗产名录》的第一处遗址。它包括公元17世纪初建于埃法特岛（Efate Island）、勒勒帕岛（Lelepa Island）和阿尔托克岛（Artok Island）的3处遗址点，与今瓦努阿图中心最后一位至高无上的酋长马塔王的生死有关。遗产包括了马塔王的住所、他死去的地方以及马塔王群葬区。它与那些与酋长有关的口述传统（注：以口述方式流传下来）和他所倡导的道德价值紧密相关。此遗址体现了口述传统与考古发掘的融合，见证马塔王推行社会改革和解决冲突的历程。时至今日，这种历程仍影响着当地人民
2	苏库尔文化景观	1999年	尼日利亚	非洲	苏库尔文化景观包括建在小山上俯瞰下方村庄的酋长宫殿、平坦的场地和神圣的图腾，以及曾经繁荣的铁器工业的大量遗迹。这一景观完整地体现了社会原貌，反映了它的精神文明和物质文明

2. 与世界范围内多民族统一国家中的少数民族地区统治中心文化遗产比较

世界范围内历史上曾存在的多民族统一国家都普遍面临对少数民族统治管理的问题，并都建立各自不同的行政管理制度以实现各民族在统一国家中

---

① 本表根据《土司系列遗产的国内外同类遗产对比分析》而成。李敏，王敏，傅晶，等：《土司系列遗产的国内外同类遗产对比分析》，《中国文化遗产》2014年第6期，第22—31页。

的共同发展。以古印加帝国、古罗马帝国、俄罗斯帝国、中国历代中央王朝为例，古印加帝国的库拉卡制度与中国历代中央王朝的土司制度具有类似的谋求少数民族与中央政权间利益平衡和共同发展的文化传统，但目前《世界遗产名录》中尚无可反映库拉卡制度价值特征的文化遗产。而中国土司制度实施时间最长（近700年），留存有大量完整的土司遗产物证，可为这一文化传统提供独特的见证。古罗马帝国的行省制度在政治、经济、文化上更多地追求一致性，在《世界遗产名录》中开列较多的相关遗产，反映了罗马文化的强大影响力和帝国范围内文化、风格的趋同。俄罗斯帝国具有民族自治的传统，各民族地区的文化遗产显示出强烈的本民族特征。而土司遗产则反映了中国作为统一多民族国家，在西南民族地区的管理中实现的国家认同和文化多样性传承间的平衡。

（1）古印加帝国

古印加帝国（11—16世纪）为多民族统一国家，境内主要有克丘亚人（库斯科以北）、艾马拉人（库斯科以南）、云卡人、阿塔卡玛人（沿海）和安第斯人（山区）等众多的民族或族群。古印加帝国对于不同的民族或族群，采取了委任当地民族首领、在认可印加王统治及帝国统一法律的前提下由民族首领进行自治的库拉卡（当地首领）制度。这一传统及其制度与中国的土司制度及其所代表的理念较为相似，但目前尚未发现可反映库拉卡制度价值特征的文化遗产。

（2）古罗马帝国

古罗马帝国（公元前27年—公元395年）作为人类历史上伟大的多民族统一国家，是建立在军事征服的基础上的。其境内除罗马人外，还有迦太基人、希腊人、伊特鲁利亚人、意大利人、凯尔特人、利古里亚人、亚美尼亚人、色雷斯人等众多的民族。罗马帝国对于被征服民族和地区的管理基于另外一种传统和理念：在军事征服和驻军威慑的基础上，由来自中央的总督去对异族人居住的"外省"进行管理，在政治、经济、文化上更多的是追求全国的一致性。这些"外省"地区现存古罗马时代的遗存，以其鲜明、一致的罗马风格反映了罗马文化的强大影响力，见证了古罗马对整个地中海与西欧地区推动社会发展、形成统一的文化区的特殊贡献，例如，位于法国的

"阿尔勒城的古罗马建筑""奥朗日古罗马剧场和凯旋门"，位于西班牙的
"塔拉科考古遗址"，北非突尼斯的"杰姆的圆形竞技场""迦太基遗址"，
利比亚的"莱波蒂斯考古遗址"等。因此，古罗马帝国采取了不同的少数民
族管理方式，"外省"地区统治中心相关遗存鲜明、一致的罗马风格与土司
遗产体现的"传承文化多样性"的价值主题明显不同。

表7　《世界遗产名录》古罗马帝国地方统治中心文化遗产表①

序号	遗产名称	入选时间	所属国家	所在地区	遗址简介
1	阿尔勒城的古罗马建筑	1981年	法国	欧洲	阿尔勒是古代城市适应欧洲中世纪文明的一个范例。城中有许多令人难忘的罗马古迹，其中最早的竞技场、古罗马剧场和古罗马地道（地下通道）可追溯到公元前1世纪。阿尔勒经历了公元4世纪第二个黄金时代，君士坦丁浴场（the baths of Constantine）和阿利斯堪普斯墓地（the necropolis of Alyscamps）就是这一时期的见证。11至12世纪期间，阿尔勒再一次成为地中海地区最具魅力的城市，城内的圣特罗菲姆教堂（Saint-Trophime）是普罗旺斯地区众多的罗马式古迹之一
2	朗日古剧场和凯旋门	1981年	法国	欧洲	朗日古剧场坐落在隆河河谷（Rhone valley），正面长103米，是所有古罗马剧场中保存最完好的剧场之一。罗马凯旋门建造于公元10至25年，是从奥古斯都统治时期保存下来的外省凯旋门中最精美、最有意义的一个，上面刻有浅浮雕，用以纪念罗马帝国统治下的和平与繁荣

①　本表根据《土司系列遗产的国内外同类遗产对比分析》而成。

序号	遗产名称	入选时间	所属国家	所在地区	遗址简介
3	塔拉科考古遗址	2000 年	西班牙	欧洲	塔拉科现称塔拉戈纳，原来是罗马帝国统治时期西班牙的政治和商业中心，同时也是伊比利亚岛各省的宗教中心。城中有许多精美的建筑，通过不断挖掘，这些古老的建筑一件件出现在人们的面前。尽管许多建筑只剩下残破的碎片，或者被深埋在现有建筑物之下，但它们仍然向世人展示着这一古代罗马帝国外省首府的风貌
4	杰姆圆形竞技场	1979 年	突尼斯	非洲	杰姆圆形竞技场遗址是北非最大的竞技场遗址，其规模令人叹为观止。该竞技场坐落在一个叫杰姆的小村子里，能够同时容纳 35000 名观众。这座始建于 3 世纪的建筑展示了罗马帝国的庄严和庞大
5	迦太基遗址	1979 年	突尼斯	非洲	迦太基遗址毗邻突尼斯湾，始建于公元前 9 世纪。自公元 6 世纪起，迦太基逐步发展成为一个强大的贸易帝国，也创造了一段辉煌的文明。其领土曾扩展到地中海大部分地区。在漫长的布匿战争中，迦太基占领了罗马的领土，但最终于公元前 146 年被罗马打败。第二个罗马迦太基城建立在古迦太基的废墟之上
6	莱波蒂斯考古遗址	1982 年	利比亚	非洲	莱波蒂斯是由塞普蒂斯乌斯·塞韦罗扩建并设计装饰的。他出生在那里并成为那里的国王。莱波蒂斯以其壮丽的公共纪念碑、人工港、市场、仓库、商店、居住区成为罗马帝国最美丽的城市之一

（3）俄罗斯国家：基辅罗斯及沙皇俄国

罗斯人在 9 世纪建立的基辅罗斯国（882—1242 年），作为统一的多民族国家，境内有着楚德人、斯拉夫人、克里维奇人、维亚季奇人、波洛恰内人和维斯人等众多的民族，境内实行封建领主制度，有诸多的部落首领、地方贵族和公国，封建领主享有高度自治权。在经历蒙古人的进攻之后，15世纪莫斯科公国建立，同样发展成一个多民族的统一国家，之后扩展为领土面积更为辽阔、民族更多的俄罗斯帝国。其境内在东欧文化较为发达、原斯拉夫人各民族居住地区一直实行封建领主制度，各公国或封建领主享有高度的自治权，其文化遗产显示出明显的东欧地区民族风格，如位于今白俄罗斯境内的"米尔城堡群""涅斯维日的拉济维乌家族城堡建筑群"等遗产。在俄国东扩的亚洲北部、西伯利亚地区，生活着奥斯季亚克人、埃文克人、雅库特人、楚科奇人等民族，大多以游牧或渔猎为主，沙皇俄国采取了封建领主制度与附庸国（部落）相结合的办法，著名的附庸国有布哈拉汗国、希瓦汗国等，这些民族与地区保持了较高的自治权和本民族的生活方式，因此文化遗产是典型的本民族和地区风格，如乌兹别克斯坦境内的撒马尔罕历史城区。因此，俄罗斯帝国具有民族自治的传统，各民族地区的文化遗产显示出强烈的本民族特征。

表8　《世界遗产名录》古俄罗斯帝国地方统治中心文化遗产表①

序号	遗产名称	入选时间	所属国家	所在地区	遗址简介
1	米尔城堡群遗址	2000年	白俄罗斯	欧洲	米尔城堡群于15世纪末动工建设，属于哥特式风格，后来在文艺复兴时期及其后的巴洛克风格盛行时期得到不断扩建和重建。城堡曾被遗弃了近一个世纪，后又在拿破仑一世时期受到严重破坏，但最终于19世纪末得到修复。在修复过程中，加入了许多其他要素，美化了周边景观，建成了一个公园。如今的面貌是其历经沧桑动荡的历史写照

---

①　本表根据《土司系列遗产的国内外同类遗产对比分析》而成。

序号	遗产名称	入选时间	所属国家	所在地区	遗址简介
2	涅斯维日拉济维乌家族城堡建筑群	2005 年	白俄罗斯	欧洲	涅斯维日的拉济维乌家族城堡建筑群位于白俄罗斯中部，由拉济维乌王朝（the Radziwill dynasty）从 16 世纪开始建造，到 1939 年完工。拉济维乌王朝诞生了许多欧洲历史和文化领域的重要人物，由于他们的努力，涅斯维日在科学、艺术、工艺和建筑方面产生了巨大影响。建筑群包括寝宫、基督圣体教堂及相应的环境景观，宫殿内有 10 座相连的建筑，形成一个六边形庭院建筑体系。宫殿和基督圣体教堂这样意义非凡的建筑原型，显示了整个欧洲中部和俄罗斯的建筑发展
3	撒马尔罕历史城区遗址	2001 年	乌兹别克斯坦	亚洲	撒马尔罕历史名城是世界多元文化交汇的大熔炉，建于公元前 7 世纪，在公元 14 世纪至 15 世纪的帖木儿王朝时期得到了重要发展。撒马尔罕拥有众多著名的古代建筑，如列吉斯坦伊斯兰教神学院、比比·哈内姆大清真寺、贴木尔家族陵墓和兀鲁伯天文台等

（4）中国历代中央王朝

古代中国（公元前 3 世纪—20 世纪初）作为持续两千余年的多民族统一国家，具有在遵循中央规制的前提下保持各少数民族的民族传统和自主管理，维护国家统一、树立国家认同、实现文化多样性传承的生存与管理智慧。土司遗产就是这一智慧下产生的"土司制度"的特殊物证。土司制度的实施时间近 700 年，中国留存至今的国家、省、市、县各级文物保护单位中与土司相关的文化遗产达百余处，主要包括城址、衙署古建筑（群）、墓葬等类型，这些丰富的遗存反映了中国作为统一多民族国家在西南民族地区的管理中实现的国家认同和文化多样性传承间的平衡。

3. 与《世界遗产名录》及《预备名单》中的中国西南地区（土司制度推行地区）少数民族文化遗产比较

在中国的世界文化遗产及《预备名单》中，共有 7 处位于中国西南地区的少数民族文化遗产，与土司遗产位于相同的地理文化区域。除土司遗产外，其余 6 处全部为各当地族群的聚落、城市或生产遗迹，反映了该族群的生产、生活状况。虽然这些遗址所在地历史上大都施行过土司制度，但遗产本身不是土司专用的城寨或建筑群，更多反映的是当地族群自身的发展历史和社会文化特征，不涉及土司制度管理智慧和国家认同等价值主题，与土司遗址在遗存特征及价值主题存在明显不同。

丽江古城的价值主题是西南地区贸易枢纽及纳西族的城市建造智慧，虽然该城曾经是丽江地区木氏土司的治所所在，但今土司时期遗迹多不复存在，现城墙为"改土归流"之后雍正二年（1724 年）流官所建，土司衙署也不复存在。

哈尼梯田文化景观的价值主题是当地梯田灌溉的土地利用方式和人与环境的和谐关系，遗产类型为文化景观，价值载体以梯田及相关村落为主。遗产区内包括的两处土司衙署建筑，是土司制度施行晚期（19 世纪）的物质遗存，遗存规模较小，不具备典型性。详见下表。

表9　《世界遗产名录》中国西南地区少数民族文化遗产①

序号	遗产名称	所属民族	遗址类型	遗址简介
1	古城丽江遗址	纳西族	历史城镇	古城丽江遗址是中国西南地区将经济和战略重地与崎岖的地势巧妙地融合在一起，真实、完美地保存和再现了古朴风貌的古城遗址。古城的建筑因历经数个世纪的洗礼，融汇了各个民族的文化特色而声名远扬。丽江古城还拥有古老的供水系统，这一系统纵横交错、精巧独特，至今仍在有效地发挥着作用

① 本表根据《土司系列遗产的国内外同类遗产对比分析》而成。

序号	遗产名称	所属民族	遗址类型	遗址简介
2	红河哈尼梯田文化景观	哈尼族	农业遗产文化景观	红河哈尼梯田位于云南省南部红河南岸，依附哀牢山高耸陡峭的山势绵延而下。古代哈尼族人由西北部迁徙至此，他们在过去1300多年里从茂密的森林中开垦出这片广袤的梯田。梯田灌溉后用于水稻种植，规模宏大，气势磅礴，形成独特的壮丽景观。除梯田以外，遗产还包括草木丛生的山峰和八十二个村寨。大多数村民生活在传统民居——"蘑菇房"中。此处人文景观体现了复杂的山地水文系统，这个系统将山顶收集的水源分配到各个梯田。同时它也折射出支持该地区主要作物——红米生产的综合统一的农业系统，包括水牛、牧牛、鸭、鱼以及鳗鱼等。支撑这个系统的是历史悠久的传统社会和宗教体系，即个人与集体、人与神之间的二元存在，两者相互补充，协调统一。总体来看，梯田是极富生命力的传统土地管理制度的有力见证，一方面充分利用社会及环境资源，另一方面则展现人与环境在生态和视觉方面无与伦比的和谐统一

藏羌碉楼与村寨以当地的藏、羌民族村寨建造技术与艺术体现的山地民族生存智慧和文化传统为价值主题，遗产类型为文化景观，价值载体以村寨及民间防御设施为主。

侗族村寨、苗族村寨等遗产，属于当地族群的传统村落，其价值主题侧重当地民族的生存智慧和文化特征，不涉及人类价值交流和土司制度的管理智慧内容。在聚落形态、建筑特色等方面，土司遗产具有鲜明的地方性特征，作为土司权力象征的大型行政建筑族群，体现出独特的国家认同意义，而各族群村寨则依照自身传统和地域特征，主要反映出本族群特征。虽然村寨中也有鼓楼、风雨桥等较大型的中心性建筑，但其性质多为公共建筑，不具备权力象征和国家认同的意义。

普洱景迈山古茶园是以千年的人工驯化—栽培型古茶园为核心的农业遗

产，其价值主题为当地族群的茶文化与生存智慧，体现了人与自然的和谐共存。详见下表。

表 10 《世界文化遗产预备名单》中国西南地区少数民族文化遗产概况表①

序号	遗产名称	所属民族	简 介
1	侗族村寨	侗族	侗族村寨位于贵州高原东南部的侗族南部方言区，为侗族最为集中的区域，保存了独特的侗族村落文化景观。千百年来，侗族人在苗岭山脉和湘桂丘陵一带，开垦梯田，修建吊脚楼，创造了丰富多彩的侗族文化。侗族村寨是侗族乡土建筑遗产和侗文化的典型代表，村落文化景观的典型代表，文化人类学的活态遗产，不同类型村寨构成的系列遗产
2	藏羌碉楼与村寨	羌族、藏族	川西藏羌碉楼与村寨留存有与深山峡谷自然环境紧密结合的传统村落、独特的建筑类型以及较完整和丰富的民族语言、传统信仰，生产生活习俗等无形文化遗产，具有突出的历史、社会与艺术价值，可为羌族这一古老民族的文明与文化的传承、为嘉绒藏族这一农区藏民的文化传统提供特有的见证。在世界范围内具有独特和突出的民族文化价值。与此同时，川西藏羌碉楼与村寨还因人工与自然的共同作用而形成了绝美的、独一无二的文化景观
3	苗族村寨	苗族	苗族村寨是历史悠久古老、多灾多难的苗族艰难发展的历史文化的见证，是苗族先民以智慧和意志不断克服自然、社会环境的严峻挑战的结果。苗族村寨是中国西南少数族群村落文化景观的典型代表，苗族村寨人与自然的完美结合，集中地体现苗族族群顺应自然以求生存与发展的和谐关系，也是有机进化的和具有延续性的典型文化景观。苗族村寨具有典型的活态遗产属性，文化人类学价值突出。在内容上是苗族传统文化各方面的缩影，在时间上是对苗族主要族群演变过程的生动反映，在空间上同时展现了不同地区苗族特色文化，完整地反映了苗族的文化特征

① 本表根据《土司系列遗产的国内外同类遗产对比分析》而成。

续　表

序号	遗产名称	所属民族	简　介
4	普洱景迈山古茶园	布朗族等	普洱景迈山古茶园是以千年的人工驯化—栽培型古茶园为核心，包含了"人—地—茶—林"四要素相互影响形成的文化景观。该文化景观是世界上面积最大的人工栽培型古茶园，展现了人民尊重自然、善用自然的创造精神，是人类与自然共同创造的杰作，见证了中华民族对茶产业开拓发展做出的重要贡献。世居少数族群基于"茶"的共同价值观而和谐共融，并形成独特的茶文化

（三）土司遗址申请成为世界文化遗产

2015 年 3 月，国家文物局确定湖北唐崖土司城遗址、湖南永顺老司城遗址、贵州播州海龙屯遗址，共同联合申报世界文化遗产，并于 2015 年 7 月 4 日在德国波恩召开的联合国第 39 届世界遗产大会上，成功被列入《世界遗产名录》。

三处遗址分布于多民族聚居的湘鄂黔交界地区，是现存具有大型规模、完整格局、丰富遗存的土司遗址，包括土司城遗址、土司军事城址、土司官寨、土司衙署建筑群、土司庄园、土司家族墓葬群等。此三处土司遗址均是土司制度鼎盛时期的遗存，位于土司地区与中央政权主体地区地理和文化最前沿的交汇地带，属典型的多族群文化复合区域，是中国土司遗产中的代表。

土司遗产的系列遗存，反映了中国土司制度历史、土司社会的生活方式和文化特征，见证了多民族统一国家"齐政修教、因俗而治"的传统理念。而和以往申遗项目不同的是，土司遗产是以文化和制度遗产为主体提出的申请，和过去的自然或者文化遗产项目有很大的区别。这些散落在西南苍山碧水间的古建筑群落是我国古代西南地区人民超凡的智慧和技艺的见证，也是先进民族文化和融洽民族关系的见证。

1. 湖南永顺老司城遗址

老司城遗址位于湖南省湘西土家族苗族自治州永顺县灵溪镇司城村，距县城 19.5 千米。这里是永顺彭氏土司历代中心司城所在，从南宋绍兴五年

（1135 年）起，直到清雍正二年（1724 年）另迁他处为止，历时 600 多年。遗产区由老司城的山水环境、中心城址、外围遗迹构成，总面积 25 平方千米，核心城区面积 0.25 万平方千米，是中国目前经过大规模考古发掘后全面揭示的土司城堡遗址。

其中心城址依山傍水，后有四面山脊为屏障，前有灵溪河为湟濠。城内沿河而下分布着宫殿区、衙署区、居民区、教育区、墓葬区和宗教祭祀区，这些区域既相对独立，又通过街巷、道路和河流彼此串联、随形就势，构成了布局合理、功能完善、景色宜人的山地城市。城址中的彭氏宗祠、玉皇阁、文昌阁、子孙永享牌坊等古建筑保存完好，古城墙、古街道、排水沟渠、土司墓葬群等仍然可见。老司城中心城址是中国西南山水城市的优秀范例。

其外围遗址主要以城址为中心沿灵溪河分布，共 23 处，主要有休闲遗址、军事遗址、宗教建筑和宗教遗址，以及连接这些遗址的古道路。休闲遗址有碧花山庄、钓鱼石台、石刻题记等，军事遗址有钦监湾遗址、查老院遗址、谢圃公署等，宗教建筑有祖师殿和玉皇阁，宗教遗址有观音阁和八大神庙等。这些外围遗址连同山水环境，烘托着中心城址，体现了政治与军事、人文与自然的统一与和谐。

2. 湖北唐崖土司城遗址

联合申报的三处土司遗址中，湖北唐崖土司尤其彰显出其显赫的历史地位和"三街十八巷三十六院"的庞大气势。更为难能可贵的是，遗址除了中央"衙署区"，其他部分并未进行大规模考古发掘，几乎就是原址保护。历经近四百年沧桑巨变，能有如此完好的呈现，更显弥足珍贵。

唐崖土司城遗址位于湖北省恩施土家族苗族自治州咸丰县尖山乡唐崖司村。自元至正六年（1346 年）覃氏始祖被封为安抚司后，一直到清雍正十三年（1735 年）被废除前，唐崖土司 16 代 389 年的司城都在这里。城址西面倚靠玄武山，东临唐崖河，东西长 1200 余米，南北宽 600 余米，总面积约75 万平方米。地势西高东低，以东西向的中轴线依地形对称分布。城址从外至内分为三重，分别为外城、内城和宫城。城内功能分区比较明显，街巷纵横，既构成完备的交通网络，也是城内各区和各个院落的边界标志，形成了

"三街十八巷三十六院落"的总体格局。

唐崖土司城遗址年代为明代中后期至清初，占地规模约80公顷，为土家族唐崖覃氏土司治所，管辖周围约600平方千米的领地。该地区山岭相叠，沟壑纵横。历史上主要依靠水路交通方式与外界沟通。土司城建在天然近三角形并呈缓坡的独立台地上，背靠陡峭的玄武山，前临奔腾的唐崖河，三面环水，周围陡峭的河沟与山体形成天然的防御体系。整座城池坐西朝东，最大的东城门轮廓仍然十分清晰。

唐崖土司城遗址目前考古已发现的遗存类型较为丰富，包括城防设施，也就是城门、城墙等，交通设施，道路、桥梁、码头等，建筑基址、墓葬、采石场等多种类型，出土遗物主要有金银器、瓷器、印章、砖石质建筑构件等，其考古学年代判定主要集中于明代中后期。在绿树掩映间，这一大片坐落在缓坡上的遗址，绝大部分的地面建筑已经在历史中消亡了。唯有几处石质的遗迹得以保存。镇守在城址东门一侧的石人石马当属唐崖土司城的标志性遗迹之一。

唐崖土司城的第十二代土司覃鼎骁勇善战，战功赫赫，得到当时朝廷的表彰，在明朝天启四年（1624年）为其设立了"荆南雄镇"的牌坊。这也是唐崖土司城遗址中最具标志性的建筑遗存，是衙署区建筑群的起始。牌坊为砂石仿木结构，高7.15米，通宽8.04米，三开间。横额中两面分别书写"荆南雄镇"和"楚蜀屏翰"八个大字，彰显着此处曾经的辉煌。唐崖土司荆南雄镇坊就是一部土司制度史，也是其作为土司遗产申报世界文化遗产最突出的普遍价值。

3. 贵州播州海龙屯遗址

海龙屯遗址位于贵州省遵义市汇川区及红花岗区。遵义古称播州，自唐僖宗乾符三年（876年）杨氏土司始祖杨端入主播州，开始杨氏统治播州的历史，至明万历二十八年（1600年）明王朝平定播州杨氏土司叛乱，废除播州土司为止，杨氏土司共传27代30位土司725年。播州是唐末至明末播州杨氏土司统治的中心区域，留下了丰富的土司文化遗存。海龙屯遗址包括了杨氏土司遗产的核心组成部分，即海龙屯遗址、养马城遗址及杨氏土司墓群。

　　海龙屯遗址是播州杨氏土司的夏季治所和战时军事中心，位于遵义市汇川区高坪镇海龙屯村，距主城区 28 千米。遗址的中心城址海龙屯雄踞于巍峨的大娄山脉东支的龙岩山上，地势险要，早在宋代杨氏土司时这里就修建堡寨，其后又不断扩建，至明代晚期已经是一座规模宏大、防御体系完备的山城。城址本身分为内外二城，内城构筑于山上，利用峰顶周围的天然陡坡和悬崖，加筑石构城墙而成。城前有飞龙、朝天、飞凤三关门，后有万安、西关、后关三关门，城内有新老衙署、住宅、库房、兵营等设施。外城是从内城墙延伸至山前的一道基本围合的石构城墙，外城墙的东西两侧依据地形地貌建有铜柱、铁柱、飞虎三关门，其中飞虎关及关前的三十六步天梯尤其险绝。

　　养马城遗址位于海龙屯东约 5 千米的高坪镇大桥村养马村民组的山头上，总面积约 2 平方千米。据文献记载，该城始建于唐末，沿用至明末。城址规模宏大，城墙周长约 6000 余米，高 3 至 6 米。城墙有石构城门 6 座，除一座城门为券拱门外，其余 5 个城门均为叠涩门，形制比海龙屯还古老。城内有大型建筑基址，但因未经考古发掘，建筑布局不明。该城地势相对平旷，与海龙屯形成了山下城与山上城的相互补充的体系。

　　4. 世界遗产委员会评价

　　土司遗址反映了 13 至 20 世纪初期古代中国在西南群山密布的多民族聚居地区推行管理少数民族地区的政治制度。留存至今的土司城寨及官署建筑遗存曾是中央委任、世袭管理当地族群的首领"土司"的行政和生活中心。其中，湖南永顺老司城遗址、湖北恩施唐崖土司城址、贵州遵义海龙屯是相对集中于湘鄂黔交界山区的代表性土司遗址，在选址特征、整体布局、功能类型、建筑形式、材料和工艺等方面既展现出当地民族鲜明的文化特色，又在此基础上表现出尤为显著的土司统治权力象征、民族文化交流和国家认同等土司遗址特有的共性特征，是该历史时期土司制度管理智慧的代表性物证。

　　土司遗址系列遗产，也见证了古代中国作为统一多民族国家，对西南山地多民族聚居地区独特的"齐政修教、因俗而治"的管理智慧，这一管理智慧促进了民族地区的持续发展，有助于国家的长期统一，并在维护民族文化多样性传承方面具有突出的意义。

第一章　湖南土司遗址

一、永顺土司遗址

老司城遗址位于湖南省湘西土家族苗族自治州永顺县城以东 19.5 千米的灵溪镇司城村灵溪河畔。遗址所在地主要族群是自古定居于此的土家族，由五代时期（10 世纪）进入该地区的彭氏政权世袭统治，其统辖区域以湘西溪州地区（今湖南省永顺县）为中心，随其势力兴衰而变化。城址由彭氏第十一世首领彭福石宠于南宋绍兴五年（1135 年）迁治所而始建，至明王朝正式设立永顺宣慰司后得以大规模营建，废弃于清雍正二年（1724 年），是永顺彭氏土司政权统治古溪州地区近 600 年的治所，并成为该地区的政治、经济、军事、文化中心。老司城经历代兴建，目前考古发现的遗存以规模约 19 公顷的中心城址为核心，其他遗址遗迹沿灵溪河两岸分布，遗存年代主要集中于明代（14—17 世纪）彭氏土司势力鼎盛时期。

（一）永顺宣慰司历史沿革

永顺彭氏政权始于五代后梁时期（907—923 年），经两宋、元、明、清诸中央王朝，至清雍正六年（1728 年）中央王朝对永顺土司施行"改土归流"，历经三十五世，世袭统治溪州地区达八百余年。彭氏政权主要经历了五代、两宋溪州刺史时期，元明清永顺土司时期两个阶段，其治所大致经历了下溪州故城、会溪城、龙潭城到老司城、颗砂城等变迁，其辖区大致以溪州地区为中心，随其势力的兴衰而历代有所不同。

1. 前土司时期：五代、两宋溪州刺史

五代后梁开平年间（907—910 年），彭氏部落首领彭瑊率部族打败吴著冲等溪州土著部落，统一溪州，授为溪州刺史，成为彭氏政权在溪州的第一世统治者。五代后晋天福四年（939年），彭氏政权第二世首领溪州刺史彭士愁与楚王马希范展开了历时两年的溪州之战，战后议和结盟立溪州铜柱于会溪坪，继续保持其溪州刺史的合法地位，为彭氏政权统治溪州八百年奠定了基础。五代时（10世纪）彭氏政权的治所即溪州铜柱所载的下溪州古城，主要辖区在溪州地区。

两宋时期实行羁縻府州制度，彭氏政权继续统治溪州地区。宋初彭氏势力发展壮大，统辖上、中、下溪州及周边十七州，共二十州，治所在会溪城。北宋中期以后，彭氏内部相继发生内乱事件，实力大损，治所迁至山高林深四面天堑的龙潭城。王安石变法后中央王朝加强了对西南地区的控制，彭氏势力范围向溪州核心地区收缩。南宋绍兴五年（1135年），第十一世彭氏政权首领彭福石宠迁治所至灵溪河畔的老司城，自此长期作为永顺彭氏政权的统治中心。

2. 土司时期：元明清永顺土司

元朝建立土司制度，对西南地区各部落首领委以土司官职，继续对其原有统辖地域进行统治管理，溪州彭氏政权也在此期间归入中央王朝的土司职官体系。元世祖至元十三年（1275年），第十三世首领彭思万归顺元朝，授武德将军。元延祐七年（1320年），第十四世首领彭胜祖自改"永顺安抚司"，元至正十一年（1351年），第十五世首领彭万潜又自升为"永顺宣抚司"，并设南渭州，改保静州为保靖安抚司，隶于永顺司，其辖域自溪州地区有所拓展。

明朝进一步完善了土司制度，彭氏政权在明代达到其最稳定、全盛的阶段。明洪武二年（1369年），第十五世首领彭万潜被正式委任为安抚司官职，授以印信。洪武六年（1373年），第十六世首领彭天宝升为永顺等处军民宣慰使司，其下设六长官司，共辖"三州六洞"（施溶州、南渭州、上溪州；麦著黄洞、腊惹洞、驴迟洞、施溶溪洞、白岩洞、田家洞）。明中后期，江浙一带倭寇蜂起，永顺土司奉命抗倭，为中央王朝屡建战功。同时永顺土司积极履行朝贡、纳赋的义务，特别是明朝都城由南京迁往北京兴建宫殿而需大量楠木，永顺宣慰司分别于正德十年（1515年）、十三年（1517年），嘉靖四十年（1561年）、四十二年（1563年）、四十四年（1564年）共五次"献大木"，减轻了中央王朝迫切需要大木的压力，获得重赏。

清朝沿用明朝旧制，维持土司制度。顺治四年（1647年）第二十九世首领彭泓澍率领"三知州、六长官司、五十八旗、三百八十峒苗及图册归附"，中央王朝赐永顺等处军民宣慰使司。清雍正二年（1724年）治所迁至土地肥沃、地势平坦的颗砂城，又称新司城。雍正四年（1726年）中央王朝推行大规模"改土归流"政策。雍正六年（1728年），末代第三十五世首领永顺宣慰使彭景燧在其父彭肇槐的带领下"献土归流"，举族迁往江西吉安，置产安居。

（二）老司城土司遗址①

1. 老司城遗址建设沿革

老司城历经宋、元、明、清诸朝，历时589年（1135—1724年），为土司时期溪州地区的政治、经济、军事文化中心。城址建设可以分为三个阶段。

第一阶段为初创期（南宋绍兴五年至明代初年）。第十一世彭氏首领彭福石宠于绍兴五年（1135年）迁其治所于灵溪之福石郡，这是老司城建城的开端。元代土司制度正式确定后，永顺彭氏政权的原有统辖范围部分归入湖广及四川行省的多个安抚司。

第二阶段为鼎盛期（明中期至明末清初）。明洪武六年（1373年）正式设立永顺宣慰司，下辖三州六洞，永顺彭氏土司达到鼎盛，这为老司城的大规模营造提供了基础。目前考古遗存的主要历史年代也在这一时期。自明初（14世纪），明永顺宣慰使彭天宝、彭源、彭仲、彭世雄、彭显英、彭世麒、彭明辅、彭翼南、彭永年、彭元锦等均葬于老司城周边的雅草坪、寿德山（今紫金山）。明嘉靖十年（1531年），彭世麒铸造祖师殿铁钟。明嘉靖、隆庆年间，彭翼南统治期间（1554—1569年）建观音阁、崇圣殿、玉极殿。明

---

① 老司城原名福石城，因其为彭氏第十一世首领彭福石宠于南宋绍兴五年（1135年）所建而得名。后因雍正二年（1724年）迁司治于颗砂城，因此当地居民多称其为老司城。

万历十二年（1584 年），彭永年建"子孙永享"牌坊，明万历十九年（1591
年），彭元锦建彭氏宗祠。明万历至明朝末年，彭元锦统治期间（1588—
1632 年）建关帝庙、公署及若云书院。

第三阶段为衰落期（明末清初迁至颗砂）。永顺土司的势力进入衰落时
期，城址不再有大规模的营造活动。清雍正二年（1724 年）治所迁至颗砂城
后，老司城废弃。

2. 老司城遗址概貌[1]

老司城遗址以中心城址为核心，外围其他遗址遗迹沿灵溪河两岸分布，
具有整体松散但局部集中的分布特征。中心城址的遗址要素沿各级台地随形
就势分布，呈现出山城的聚落形态。

根据历史遗留与考古发掘，我们可以见到的老司城遗址类型极为丰富，
包括墙、城门、堡坎、道路、排水沟渠、建筑基址、墓葬、古建筑码头、石
刻等多种类型，考古出土遗物主要有瓷器、金银器、釉陶器、砖瓦、建筑构
件、铜器、骨骼等，其中以青花瓷器残件建筑构件和动物骨骼为大宗。遗址
的考古学年代判定主要集中于明代，与永顺土司自明洪武五年（1372 年）设
为宣慰司后在原治所基础上进行大规模营建的历史相符。同时老司城遗址的
部分遗存具有明显的两个阶段修建特征，特别是生活区衙署区内的城墙、排
水、道路等遗存，都体现出明代晚期对明代中期的改建过程。

（1）中心城址遗址

中心城址分布范围约 19 公顷，主要建筑朝西南，依东北高、西南低的地
形随形就势而建。其功能区可分为生活区、衙署区、墓葬区、街市区[2]、本
地族群信仰区、中央文教区等，各区域以正街、河街、右街、左街、紫金街
等形成的道路系统连通。其中生活区、衙署区为中心城址的核心区域，前者
位于城址北部，城墙围合区域近椭圆形，为土司首领起居生活的空间；后者

---

① 本部分内容根据湖南省文物考古研究所、湘西自治州文物局、永顺县文物局编《老
　司城遗址考古发掘报告》整理而成。湘西自治州文物管理处，永顺县文物局，永顺
　县老司城遗址管理处：《老司城遗址周边遗存调查报告》，长沙：岳麓书社，2013
　年，第 19-150 页。
② 据乾隆《永顺府志》记载："旧司城，再县东，离城三十里，乃土官世居之所。其
　创建年月，世远无征。凡土司衙署宗堂，悉在城内，铺店颇多。"

位于生活区东南侧，城墙围合区域近梯形，为土司及其职官办公和临时居住的衙署政务机构所在。生活区、衙署区内建筑基址分布在依自然山势筑成的多级台地上，道路、排水系统是其遗存的重要组成部分，体现出山地建城特殊的交通、排水需求。墓葬区位于衙署区外东南，包括永顺彭氏土司的家族墓地紫金山墓葬群和雅草坪墓葬群，多为土司及其亲眷。街市区是在生活区、衙署区外南侧依托道路、码头等形成的商贸交易区，以及土司首领居住之地。本地族群信仰区位于生活区、衙署区东北侧，主要为祭祀土家族本地神灵或祖先的场所。中央文教区位于紫金山墓葬群的西部，是土司接受中原教化，进行一系列宗教祭祀以及文化学习的空间。

中心城址·生活区

中心城址的生活区位于中心城址的北部，是中心城址的核心部分，形状近椭圆形，东南—西北向长径约 147 米，西南—东北向短径约 114 米，总面积约 1.4 万平方米。区内遗存主要有城墙、城门、堡坎、建筑基址、道路、排水设施等，依东北高西南低的山形地势分布于 4 层台地之上。

城　墙

城墙周长约 436 米，东、西、北三面城墙保存较好，地表尚存城墙的长度 243.7 米，一般残高 1—2 米，西北部城墙保存较完整，最高处高达 6 米。墙体一般厚 0.45—1 米之间，多以岩块、大卵石垒砌①，并以油灰勾缝胶结②，墙体单面或双面以油灰抹面，以碎石拌土充填做墙芯。西墙北墙局部发现里外两道城墙，是明代晚期将生活区西北部空间向外扩展，在外部新建了部分西墙、北墙的墙体。

城　门

城墙共辟有四门，分别是大西门、北门、东南门和西南门。其中大西门为正门，是生活区的主要出入口，现存的大西门遗址是晚期城门遗址，沿右街直通门外正街、河街，主要包括南侧台阶、城门楼遗址、门道与门内平

---

① 东部地势较高，离河床较远的地段一般就地取材，用块石做墙面；西部地势较低、离河床较近的地段，一般取河岸漫滩卵石做墙面。

② 石灰、桐油、糯米浆的混合物。

台、平台东侧台阶等遗存，门道宽约 5.7 米。其中城门楼遗址地面以卵石铺砌成土家族织锦菱形传统图案"八面来福"。北门通往城外临近灵溪河崖岸的道路，门洞残基尚存，宽 2.1 米，墙厚 1.15 米，残存高 1 米。西南、东南两门分别以横跨在南墙内侧排水沟上的拱形桥作通道与衙署区连通，其中东南门为主要通道。

堡　坎

生活区内还有众多台地或建筑遗存的堡坎，堡坎高度 2—5 米不等，其结构为护坡型挡土墙，用红砂条石、青石块和鹅卵石浆砌，以油灰勾缝胶结，墙体正面以油灰抹面，以碎石拌土充填做墙芯，建筑工艺特征与城墙等相同。这些不同层次和高度的堡坎起到了改造地形、围合空间的作用，充分显示了因地制宜、依山筑城的建筑技术。

建筑基址

生活区经考古发掘已探明 30 余处房屋基址，东西向分布于大西门内由低至高的 4 层台地之上，各建筑基址之间存在明显的叠压关系。其中第一平台发掘的建筑基址包括南部基址和大西门北侧两处不同时期的房屋基址；其东侧的第二平台是最大的台地，分布着北部建筑群和南部建筑群两组建筑基址；最高的第三级、第四级平台暂未发掘。从第二级台地的建筑格局来看，南部建筑群房屋被分割为不同的小隔间，且有数量众多的排水沟，其很可能是土司首领的附属生活建筑设施，而北部建筑群规模宏大，且大体正对西城门，应是土司首领的居住建筑空间。其中北部建筑群分布着三个不同时期的房屋基址，三者存在明显的叠压关系，反映出后期改建活动的影响。

道路系统

生活区的道路系统主要按照城墙、城门、主要建筑分布等交通节点组织，大部分道路的修建年代在明代初年，宽度不一。目前考古已探明的道路遗迹主要包括：城墙外的环形道路两段，分别宽 2—2.9 米、宽 3.2—3.8 米；进入南门后连通第二级台地南部建筑群与第三级台地的道路，宽约 1.6 米，并发现有晚期改造使用的遗迹；沟通第二级台地南部建筑群与北部建筑群的两段道路；进入北门后通往北部建筑群的一段道路。进入大西门后的道路未经考古发掘，大致的走向为入西门向北可达第一级台地西门北侧建筑基址，向东可达第二级台地中央，可分别于南部建筑群、北部建筑群、东部道路连通。此外，还在南部建筑群发现内部使用的道路遗存。

排水系统

生活区的排水系统分为建筑内部的排水道、建筑组群之间的排水沟、汇集排放的排水道等不同规模，共同构成了完备的排水系统，确保土司首领居住空间不受山体雨水冲刷的威胁，同时也为生活用水的排放提供便利。

中心城址·衙署区

中心城址衙署区位于中心城址的北部，紧邻生活区南侧，也是中心城址的核心部分，近长方形，总面积约 8760 平方米。衙署区内遗存主要有城墙、城门、古建筑、建筑基址、道路、排水设施等，依东北高、西南低的山形地势分布于 7 层台地之上。

城 墙

衙署区城墙周长 408.8 米，东墙长 128.1 米，南墙长 58.3 米，西墙长 145 米，北墙长 77.4 米，一般残高 2—4 米，厚 0.5—0.6 米。其东、南、西墙保存较为完好，北墙大部分利用生活区的围墙，西北墙仅留墙基残迹。墙体用石块大卵石垒砌，油灰勾逢，墙中以碎石填芯，建造工艺与生活区城墙工艺基本相同。

城 门

除了与生活区西南部、东南部两个门相通外，衙署区还设有西门、南门。西门位于西墙正中，是衙署区的正门，下通正街，门宽 3.4 米，以条石作石阶，残基保存较好；南门位于南墙北部，地表墙体已无存，残留较宽的缺口。

建筑遗存

衙署区内保存了较多的建筑基址和凉热洞、彭氏宗祠（土王祠）等古建筑，其分布以西门、彭氏宗祠等遗存所确定的东北—西南向为轴线，自西门以内对称分布于 7 层台地。其中第一级台地建筑基址已进行考古发掘，东西长 45.1 米，南北宽 31 米，面积约 1400 平方米，含房屋基址、走廊、道路及相关的排水设施，其格局以居中的大堂、中道为轴线南北两侧对称分布，有天井、通道、散水、厢房建筑基址，与中央王朝同等级的府县衙门格局类似。彭氏宗祠位于衙署区东部第五级台地上，① 为中轴线上主体建筑，是供奉历代土司的祠堂建筑。现存建筑为清代同治年间（1862—1874 年）重建，面阔三间 13.6 米，进深四间 9.7 米，是明间梁架为抬梁式、两山为穿斗式的悬山建筑，殿内存清康熙五十二年（1713 年）所刻"宣慰彭弘海德政碑"②。凉热洞位于衙署区中部第四级台地北侧，面积 40 平方米，是因季节不同而用于避暑或御寒不同功能的特殊建筑。③ 凉热洞为青砖起券砌筑，分内外两间，以厚 1.53 米、高 1.8 米的券拱状门洞连接。外间洞口宽 3.9 米，进深 6 米。内间宽 4.6 米，进深 3.8 米。

道路系统

衙署区的道路系统主要包括两个方向的路线。自西门入衙署区后，一条路线是沿轴线道路、台阶，依次经过各级台地，到达彭氏宗祠等主要建筑，然后通过生活区的东南门进入生活区；另一条路线是通过生活区的西南门进入生活区。

排水系统

衙署区的排水系统主要包括与中轴线大致平行的南北两条大型排水沟，自第五级台地彭氏宗祠前两侧延至第一级台地后，出衙署区汇入灵溪河，同时在每一级台地又建有明沟与之相连。轴线以北的排水沟残长 10 米，沟底宽 0.5 米，沿每级平台建筑基址北侧前部，至第一级台地偏向西北，其南沟壁直接利用北厢房北侧挡墙，用卵石、岩块砌筑灰浆勾缝，临水沟面以灰浆抹面。轴线以南的排水沟沿南墙内侧至第一级台地后，自西南角城墙出衙署区汇入灵溪河。

---

① 彭氏宗祠经多次迁移，根据地方志和碑刻记载，彭氏宗祠于万历十九年（1591 年）宣慰使彭元锦建，清顺治四年（1647 年）被兵毁坏，顺治九年重建。

② 此碑为宣慰使彭泓海歌功颂德而建，为青灰色细砂岩，碑高 2.7 米，宽 1.2 米，碑座为莲花石座，碑顶是二重檐，檐口有雕花瓦面。除正面碑文外，背面还刻有三州六长官司及三十八洞及所辖区域及首领姓名。

③ 此外在彭氏宗祠后还有一处相似的青砖起券建筑，现已填封。

中心城址·墓葬区

中心城址墓葬区主要包括紫金山墓地、雅草坪墓地①两处高等级的大型墓葬群。② 其中紫金山墓地是明代永顺彭氏土司的家族墓地，进行了局部发掘；雅草坪墓地也是土司家族墓地，未进行考古发掘。

紫金山墓地

紫金山墓地位于衙署区东南紫金山坡，海拔高度 310—330 米，东以紫金山山腰柏树林为界，西至紫金山山脚，长约 140 米，宽约 110 米，占地面积约 15400 平方米。根据考古发掘清理，整个墓葬群的地表由墓垣、南北神道及石像生照壁、墓葬、过道等遗迹组成。现已探明墓地面积约 1300 平方米，目前发现的明代中晚期土司及属墓葬共 29 座。③

整个墓园北、南、东三面围以墓垣，西北、东南尚存部分墙体，西侧未设墓垣，是进入墓区的主要方向。西侧山脚曾立有照壁，其南北两侧各有一条进入墓地的卵石铺砌东西向神道。北神道宽约 4.1 米，残长约 35 米，南神道的上端尚残存四级卵石台阶。神道两侧原放置有石人、石马、石狮等石像，现尚残存有石马 3 尊、石狮 1 尊，墓园内的墓葬依山势修筑成 4—5 列，列与列之间呈阶梯台地状，每级台地宽约 8 米，墓与墓之间一般间距为 2—3 米。墓葬的排列按照长幼尊卑的辈分排列，一般上方台地的墓葬年代较早，下方的较晚。④ 墓间过道铺以卵石，路面嵌有"八瓣花""四朵梅"等土家族传统的连续图案。

墓葬多为券拱砖石墓，平面呈长方形，由墓道、墓门廊道、石门、墓室几部分组成，一般为单室、双室、三室或四室一冢，墓室内以券拱甬道连

---

① 1949 年以前的县志及族谱材料均只有"寿德山"这一地名，现今"紫金山"称谓很可能是民国之后被人们所接受并沿用至今的。雅草坪作为彭氏土司聚葬的墓地，现其旧名仍在沿用。

② 据调查，老司城遗址周边共发现 32 处土司时期的墓地，有待进一步开展考古工作。除紫金山墓地均为砖室顶墓外，其他墓地砖室与竖穴土坑墓兼有。

③ 其中包括彭氏政权首领第二十二世彭世麒（弘治年间，1488—1505 年）、第二十三世彭明辅（正德年间，1506—1521 年）、第二十四世彭宗舜（嘉靖年间，1522—1566 年）、第二十五世彭翼南（万历年间，1573—1620 年）。

④ 如彭显英夫人墓位于上方台地，彭显英袭职年代在明天顺、成化年间。彭世麒墓和彭宗舜墓位于其下方，彭翼南墓在更下方。

通。墓前均设有拜台，采用条石或砖石砌成，为后代祭拜之所，拜台两侧有
"八字"山墙。墓前地面多采用方形青砖平铺，有些用卵石铺砌。墓室的建
造是先在坡地上掘一长方形土坑，墓道由长方形砖平铺封门用砖立铺叠砌，
墓壁用岩石或长方形砖错缝平铺叠砌，墓底用长方形砖作"人"字形铺砌，
棺床平铺石板三块，墓顶用楔形砖或岩条砌成券顶，其上再用砖或岩石叠砌
成圆包再垒以封土。墓室后壁有长方形壁龛，外形多以仿木构建筑为主，上
饰以脊兽、斗拱、门柱以及砖雕的各种花卉纹饰及几何图案，墓室两侧墓壁
下饰以精美的砖雕图案，图案内容包括人物、鸟兽、花卉等。

紫金山墓地出土物包括金花、金簪、发插、耳环等各种由中央王朝回赐
给土司的金银饰品，以及多块墓志铭，保存较好。在对墓地地表的清理过程
中，发现了大量遗物，主要有雕花砖、瓦当、滴水、铁器、陶瓷器等。

雅草坪墓地

雅草坪墓地位于紫金山墓地以南，坐西朝东，东南以通向祖师殿的道路
为界，西至自然地形堡坎，北至以东门去朱家堡的道路为界。该墓区目前发
现 11 座古墓。

中心城址·街市区

街市区位于生活区、衙署区外以西、以南的河岸坡地，在行政中心外围
依托道路、码头等基础设施而形成的集市交易区，以及普通居民、土司首领
服务人员等居住之地。目前发现的主要遗址遗存包括纵横交错的古代道路遗
址、南门码头遗址和堂坊包建筑遗址等，大部分道路至今仍在沿用。

街巷分布

老司城内街巷较为密布，纵横相通，据民间传说有"八街九巷"。现存
的道路仍保留其名的有：正街、左街、河街、右街、紫金街、五屯街、鱼肚
街等。①

正街、河街是位于大西门外两条南北向平行的主要道路，向南与左街、

---

① 现存街道以正街、右街保存较好，五屯街、鱼肚街仅存局部残迹，河街经过局部的
考古发掘已确认其位置和走向，紫金街、左街经过重修并仍在当地民众当代生活中
发挥重要作用。

紫金街相连通往紫金山墓葬、祖师殿建筑群，其向北可与开凿于悬崖峭壁上的L11相通，往北到达土司钓鱼台。右街、纸棚街、L7为大西门外东西向的三条大致平行道路，把正街、河街这两条南北向的主要道路相沟通，它们共同构成了生活区外围四通八达的道路系统。左街、紫金街位于衙署区南侧，与正街南端相连，呈西北—东南走向，是连通生活区、衙署区紫金山墓地以及祖师殿建筑群的主要道路，同时与宗教区道路五电街连通。街巷全由红褐色卵石嵌砌路面，图案有菱形、三角形和直线组成的几何图案，与土家族传统织锦图案相似，具有当地土家族民族特色。从道路遗存的局部剖面来看，都有历代叠压的痕迹，与生活区、衙署区在明代中期、晚期两个阶段的修建过程相符。

正街全长128米，现存宽度2—4米不等，其完整宽度在6米左右，东侧有多处踏步，显示出此处是生活区外围一处重要的居民生活区域。河街是正街下方临近灵溪河的一条道路，全长725米，宽约2米，两侧局部残存有卵石堡坎，南段已废弃不用。右街是从河街进入生活区大西门的主道，西接河街，中部与正街相交，向东直达大西门，全长79米，路面宽度5.6米，依地形选用卵石砌成踏参踏步，南北两侧用长扁形卵石镶嵌包边。纸棚街是沟通河街和正街的另一条道路，包括有卵石砌筑的踏步和两侧挡土墙，宽2.2米至3.6米不等，两侧挡土墙高1.4米。左街东端接紫金街，街原宽3.8米左右，由于坡度较大，街面上有众多的台阶，多用大块石条垒砌而成。

南门码头遗址

南门码头遗址位于衙署区西南的灵溪河东岸，曾是出入老司城水上交通的重要码头之一，西岸货物都经此码头上岸入城，其北上可通吊井、颗砂，南下可抵龙潭、王村，清代曾配有专职渡夫供往来行人引渡。遗址所在之处河宽约50米，利用灵溪河畔平坦的自然基岩修建而成，沿岸两侧有条石垒成的墙垣，长30余米，宽3米。

堂坊包建筑基址

堂坊包建筑基址位于生活区外西北的山体悬崖上，临近灵溪河，河街由西向北环绕，因其位置在生活区城墙以外应非土司家族居住之所，很可能为其中下级官员住所。建筑基址年代为明代，长约27米、宽约22米，面积约600平方米，主要遗存分布于人工开凿成三级高差较小的台地，其中第二级台地为主体部分，包括南北两座建筑基址的排水沟、墙基、卵石踏步、建筑地面、柱础等遗迹。第三台地分布有道路踏步、储水坑等，第一级台地为马厩，分布有排列有序的柱础，内有长形马槽。

中心城址·本地族群信仰区

吴著祠遗址

本地族群信仰区内的现存主要遗存为吴著祠遗址，是古溪州本地部落酋长吴著冲的祠堂建筑基址，土司时期当地民众将其作为土地神进行祭祀。遗址位于生活区东北侧山顶平台上，依山而建，高程374米。遗址西北为悬崖，崖脚为灵溪河，东北为碧花山庄遗址。

整个遗址面积约3300平方米，残存多段建筑墙体。遗址前有千余平方米的平地，俗称"吴著坪"。遗址北部残存的墙体长20米，中部残墙长4.5米，南北走向残墙长3.4米。墙体全系砖石砌成，由石灰、桐油砌缝和抹面，十分坚固。卵石地面经过部分清理，宽1米，长3.1米，所用卵石大小不一。

中心城址·中央文教区等

中央文教区位于紫金山墓葬群的西部，是土司接受中原教化、进行一系列宗教祭祀以及文化学习的空间。目前发现的主要遗存包括：若云书院、城隍庙、关帝庙等建筑基址，文昌阁建筑以及"子孙永享"牌坊，德政碑等石刻。宗教区内主要街道为五屯街，全长约250米，连通城隍庙、关帝庙和五谷庙等宗教建筑。

若云书院遗址

若云书院遗址是儒家文化书院建筑遗存，位于中央文教区的东北部，距紫金街120米，西与城隍庙遗址相邻，是湘西地区最早的书院之一，由土司彭元锦（万历十五年袭职，1587年）所建。[①] 遗址坐西朝东，正对"子孙永

---

① 明中央政府为加强对土司的文化控制，采取各种措施使之接受汉文化。明弘治十四年（1501年）规定：土司、土官子弟不入学者，不准承袭。因此土司应袭子弟必须入学读书。

享"牌坊。遗址大体东西长，南北窄，总面积约 2675 平方米。遗址内残存大量的碎砖、瓦片，做工与纹饰均与生活区出土的一致。此外发现残存墙体两段，一段墙体为青砖砌筑，残高 0.6 米，另段为卵石垒砌、油灰抹面而成，残高 1.2 米。

城隍庙遗址

城隍庙遗址是道教建筑遗存，与若云书院相邻，西侧与五屯街相连。清雍正"改土归流"后于永顺县设府衙，城隍庙地面建筑被移建至永顺府（今之永顺县城）。遗址面积约为 1500 平方米，墙基等遗迹已无存，发现大量砖头和碎瓦，并出土残损的雕花砖、瓦脊和瓷片。

关帝庙遗址

关帝庙遗址是儒家文化建筑遗存，位于中央文教区东南坡顶，由土司彭元锦所建。该建筑原为歇山顶木构建筑，建筑样式与祖师殿相似，遗址坐东朝西，总面积 599 平方米，现存部分墙基残长 4.5 米，墙下有门道和台阶。建筑墙体和门道均用卵石砌成、油灰抹面。

"子孙永享"牌坊

"子孙永享"牌坊位于若云书院东北侧入口处，高 4 米宽 7 米。原为三门四柱，现仅存中门，由青石制成，牌坊下有卵石古道通向书院。牌坊门上题刻内容表明此牌坊为明万历十二年（1584 年）土司彭永年为其母彭氏所立，顶部有火焰葫芦装饰。①

文昌阁

文昌阁是儒家文化建筑遗存，与关帝庙遗址相邻，曾作为关帝庙的前殿。该建筑为具有土家族民族风格，三层重檐式木构建筑，屋面盖小青瓦，覆盆莲花座石柱础，木柱硕大，建筑面阔三间，宽 11.5 米，深 7.7 米，高 11.3 米。

德政碑

德政碑位于中央文教区东北侧临街之处，与紫金山墓地相对。碑亭有四

---

① 牌坊门上条石中部阴刻"子孙永享"四个大字，款为："湖广永顺等处军民宣慰使司署理印务前任宣慰使钦云南右布政彭冀南正嫡彭氏 万历拾二年拾二月吉旦立"。

条石柱，上覆岩石亭脊，前部石柱两侧有对联，后部石柱之间嵌石碑。石碑为青灰色岩，长方形，高145厘米，宽75厘米，厚10厘米。碑文内容为颂扬永顺彭氏宣慰使彭延椿功德，现仅局部清晰可辨。

五屯街

五屯街为环形街道，与主要街道紫金街相通。目前考古清理四段，总长41.7米，面积197平方米。路面做法与其他街道一样，先将路基夯平，铺黏土，选用较均匀的扁形卵石竖铺成平整路面，与紫金街相接处路面卵石个体较大。

（2）外围遗址遗迹

外围遗址遗迹主要包括沿灵溪河两岸分布的19处遗址，多未经考古发掘，主要包括休闲遗迹、军事遗迹、司法遗迹、道路遗迹、宗教遗迹等类型。其中：休闲遗迹为土司游憩娱乐等活动的相关遗存，分布在灵溪河两岸山水环境优美之处；军事遗迹为永顺土司生产兵器、屯兵练靶的相关遗存，位于灵溪河上游；司法遗迹为永顺土司司法建筑的相关遗存，位于灵溪河西岸，临近中心城址；道路遗迹为土司时期道路遗存，零散分布于灵溪河西岸；宗教遗迹为土司时期不同宗教信仰的建筑群或建筑基址，位于灵溪河中下游。

外围遗址遗迹·休闲遗迹

土司钓鱼台遗址

土司钓鱼台遗址共两处，分布于临近中心城址南北两侧灵溪河东岸，都是在天然岩石上人工开凿的石阶、平台，其上的地面建筑已不存，主要功能是供土司在灵溪河畔进行钓鱼等休闲娱乐活动。其中一号钓鱼台遗址位于中心城址西北方、处于自中心城址通往碧花山庄的道路边，石台长11.8米，最宽处6米，石阶西侧有人工修凿的石阶。二号钓鱼台遗址位于中心城址东南方，原为半椭圆形天然青石，长约10米，宽约5米，中部有人工开凿的石阶梯10级，总长2.5米。

碧花山庄遗址

碧花山庄遗址位于中心城址以北约800米、土司古栈道对岸碧花山山腰的密林中，是土司休闲娱乐的庄园遗址。建筑群依山而建，呈方形，面积约

10000 平方米。遗址内发现有大量墙基遗迹，其中最长的残墙长约 80 米，残高近 2 米，墙厚 0.6 米，与中心城址生活区墙体做法一致。

灵溪河石刻题铭

灵溪河石刻题铭目前共发现 7 处，分布在以谢圃公署遗址为中心、沿灵溪河上下 1 千米的两岸石壁上，为明代彭氏土司同亲属、朋友沿灵溪河避暑休闲、游赏山水时留下的石刻题铭。题刻中所提及的同游之人包括中原文人士大夫、母亲妹妹等土司亲友、交好的其他土司等。

外围遗址遗迹·军事遗迹

谢圃公署遗址

谢圃公署遗址位于中心城址北部约 2 千米的平缓坡地，坐北朝南，一面背山，三面临水。谢圃在土家语中有"打铁"之意，推测该遗址是土司的兵器库。从地理位置看，它可能兼具从北面护卫老司城的军事功能。遗址由椭圆形城墙围合，长径约 150 米，短径约 80 米，墙体用岩块、卵石砌成，以油灰胶合抹面，设有东、西、南三门，现存东门。该遗址尚未经考古发掘，地表残存城墙长 20 米，宽 1.5 米。主体建筑基址位于遗址北部中心，残存墙体残基和宽约 65 厘米的建筑排水沟，前有卵石古道直通南门，古道两侧又有两处对称的建筑基址，形成品字形布局。

哨卡遗址

哨卡遗址位于一号钓鱼台遗址东北约 100 米，也处于自中心城址通往碧花山庄的道路边。石台利用一块自然岩石加以人工扩建，向河面延伸，东西长 8 米，南北宽约 3.2 米。墙体外露的均用油灰抹面，墙体上是用以固定木构建筑柱、枋的基槽，此外遗址上发现大量的瓦片和花纹砖块。

外围遗址遗迹·司法遗迹

监钦湾遗址

监钦湾遗址位于临近中心城址西北的灵溪河西岸北上 50 米的坡地上，局部出露的建筑墙体分布在多级平台上，原有围墙围合。结合文献和考古调查分析，该遗址可能为土司时期的司法建筑基址。建筑基址坐西朝东，面积约 500 平方米，分布在四个台地上，周边有围墙，建筑基址内部有分隔墙。

围墙呈椭圆形，残高 1.92 米，厚 0.5 米。残缺的围墙和隔墙墙基皆用卵石砌成，油灰勾缝抹面。

碾房遗址

碾房遗址位于监钦湾遗址下的河床内侧，是土司时期的生活设施遗存。遗址现存凿在石板上的柱洞两个，此外还有碾米用的碾槽和排水涵洞。排水涵洞保存较好，用较大青条石砌成拱形，高 1.6 米，宽 2.8 米，进深 4.5 米。

外围遗址遗迹·道路遗迹

古栈道遗址

古栈道遗址位于进入老司城的陆路交通要道，路面比别处低，故在涨水期间需要栈道连接山中较高地势的卵石古道。古栈道的建造都选取了在天然悬崖峭壁上凿洞穿以横木为梁，然后在横梁上铺上木板成道。

已发现的一处古栈道遗址位于中心城址北部约 500 米处的灵溪河西岸石壁上、碧花山庄遗址对岸。岩壁上共有方孔约 60 个，分布在长度约 40 米的崖边，距地表高约 3 米，两端两排、中间三排呈水平状分布。方孔之间相隔 1 米左右，一般边长 15—20 厘米，深 20—30 厘米左右。

外围遗址遗迹·宗教遗迹

祖师殿建筑群

祖师殿建筑群为道教建筑群，位于中心城址以南 1.5 千米的灵溪河左岸山腰，是永顺土司数百年来重要的宗教活动场所。建筑群坐东北朝西南，现存地面建筑主要为明代建筑，包括祖师殿、皇经台和玉皇阁三座汉式传统木构建筑，占地面积 582 平方米。2012 年经考古发掘，揭露出祖师殿前的建筑遗存，包括道路、前庭、山门、庭院、平台、踏步以及排水沟、挡土墙等。山门建筑基址与三座建筑处于同一轴线，山门海拔最低，其他依次为祖师殿、皇经台和玉皇阁，其余遗存为建筑间的庭院或交通、排水设施。

山门基址经考古发掘可知原为三开间木结构建筑，位于整个遗址区的第一级平台。山门基址前为三个不同时期砌构的挡土墙，中间与前庭踏步连接。基址面阔约 19 米，进深 5.4 米，残留有 4 个覆盆式石柱础，另有卵石散水面、排水沟等。

主体建筑祖师殿为五开间双檐歇山顶木结构建筑，面阔 16.9 米，进深 12.7 米。该殿为抬梁式构架，檐下斗棋为单杪四铺作，殿内共 34 根木柱，柱础为圆石础。殿内有铁钟，钟高 1.5 米，口径 1 米，为明代嘉靖十年（1531 年）宣慰使彭世麒铸造。

皇经台位于祖师殿之后，是三重檐歇山顶建筑，出檐大，翼角起翘较高，结构形式具有吊脚楼建筑的特征。皇经台每增加一层退进一步架，一层面阔五间约 7.6 米，二层面阔三间约 5.6 米，三层面阔三间约 3.6 米，从外观上形成优美的收分效果。

玉皇阁为轴线最后一进的三开间重檐歇山顶建筑，建于高大台基之上，面阔约 8 米，进深约 7 米。该殿为抬梁式构架，上、下檐斗拱形制一致，均为双杪五铺作，多做斜拱。明代土司时期，居民常来此诵经求雨，是重要的宗教祭祀场所。

观音阁遗址

观音阁遗址位于中心城址以南、灵溪河东岸的山腰处，与祖师殿建筑群隔河相对，为土司时期重要的佛教寺庙遗存。遗址面积约 1000 平方米，尚未进行考古发掘。遗址下方玉泉洞是观音阁遗址的组成部分，石洞中有清泉。石洞面积约 200 平方米，深 22 米，洞口宽 10 米。石洞北壁有木柱痕迹，推测洞内原有木构建筑。

八部大神庙遗址

八部大神庙遗址位于中心城址对岸西南侧的麒麟山顶，结合文献记载和考古调查推测为土家族部族信仰八部大神的祠庙。遗址尚未进行考古发掘，山顶面积约 500 平方米，周边残存高约 70 厘米的矮墙，墙体采用干砌法，墙体两面平整。

（三）新司城土司遗址

1. 新司城建设沿革

新司城土司遗址，位于今永顺县颗砂乡，本为明代土司彭世麟之行署。根据《永顺司宗谱》载："世麟修颗砂行署，聘永定卫樊始君子珍，朝夕讨论建祠、修学、崇礼诸制度，焕然一新。"又据民国《永顺县志》载："颗砂治所，一名颗砂行署，在内颗砂堡，明宣慰使彭世麟建，清宣慰使彭肇槐徙居于此，改土后废，遗址尚存。"

清雍正二年（1724年），永顺土司彭肇槐将司治迁到灵溪河上游的颗砂乡，为区别于先前的治所（即灵溪福石郡老司城），故称其新司城。乾隆《永顺县志》载："颗砂，在县东北，离城四十里，人烟繁盛，景物清幽，又有曲水流觞，双松掩映，实永邑盛地。原任宣慰使彭肇槐于雍正二年迁建署衙于此。改土初，永顺城郭未建，郡守与邑宰俱驻扎焉。"颗砂优越的地理位置是治所搬迁的原因之一，但从当时的历史背景上来看，彭肇槐将治所迁于颗砂也是无奈之举。彭肇槐继位于康熙五十年（1711年），三藩之乱已平，清朝的下一个目标便是西南土司势力，通过土流并治、分袭等方式对土司加以限制，并且在此基础上进行大规模的改土归流。彭氏迁治所，一言以蔽之，是"以颐养天年之姿态而静观世变，当属善自为谋。"① 乾隆《永顺县志》载："雍正五年，保靖土司骨肉相残，桑植土司暴虐不仁，皆奉旨改土归流。"鉴于时势，彭肇槐清楚地认识到自己无力与日渐强盛的清朝相抗衡，雍正六年（1728年），彭肇槐主动向朝廷纳土，带领子孙离开湖南，回江西祖籍地立户，延续了八百多年的永顺土司政权宣告结束。

2. 新司城遗址概况

新司城遗址位于老司城以北约15千米的灵溪河西岸，处于河流宽谷地带，四周皆为丘陵。具体而言，新司城位于山势平缓的凤凰山麓的一片开阔地上，坐西朝东，面向灵溪河，宫殿区平面近圆形，直径约100米，规模相对较小。城墙大多已毁，但对局部保存完好者进行测算，平均高度当在3米左右。新司城衙署核心区俗称"官屋场"，台基大部分未毁，左侧石门、石坊、墙壁至今尚存。②

现依据《老司城遗址周边遗存调查报告》③ 一书对颗砂新司城遗址展开

---

① 王焕林：《永顺彭氏土司司治研究》，《吉首大学学报》2013年第6期，第116—121页。

② 王焕林：《永顺彭氏土司司治研究》，《吉首大学学报》2013年第6期，第116—121页。

③ 湘西自治州文物管理处，永顺县文物局，永顺县老司城遗址管理处：《老司城遗址周边遗存调查报告》，长沙：岳麓书社，2013年，第28—31页。

介绍。

（1）城址概况

颗砂古城城址坐西朝东，城墙的走向与轮廓基本清楚，平面大致呈长方形，占地面积约为 6.54 万平方米。城址及周边台地高山环抱，颗砂小河由西北绕城址往东而南 1 千米处在松云潭与施河交汇。城外有来自北部万坪和自东北方塔卧而来的两条古道在此汇合通吊矶城。城址扼守其间，是老司城北部的重要军事防御据点。

城址中心区的街巷以九拱桥为轴线向东西南北延伸。城外南北两侧各修筑长方形池塘一个，每个面积约 3000 平方米，两塘之间为人工开凿的护城河相连，其深达 4 米，宽约 6 米，九拱桥横跨其上。

城址北侧有一道东西走向残长 30 余米、高约 3 米的石灰抹面墙体，南侧也残留一道与北部对应的城墙，长约 10 米，高 0.5 米。西部墙体为夯土、卵石混杂，兼有块石，轮廓及走向尚可辨识。由于永桑公路建设，大部分已毁，局部被填埋。整体上池塘、护城河与城墙共同构成拱卫颗砂城池防线。同时调查还发现有相应时期的建筑基址、桥梁、凉洞、古井、蟠桃庵遗址、青岗包窑址、松云潭石刻、爽岩洞石刻及古墓葬等。

（2）蟠桃庵

遗址位于城外东部 1 千米，东、西、北三面环水，现存石朝门一座，门宽 1.8 米，高 2.6 米，门前嵌抱鼓石一对。民国《永顺县志》载："蟠桃庵在颗砂，彭世麟建，即世麟为母求寿，因于颗砂行署之东建佛阁一栋，名曰蟠桃庵。庵供大士一尊并阁堂圣像，均系铜铸。"《颗砂张橙墓志铭》又记曰：张橙"因流连不忍去，择宅旁之旷山建大士之庵，于襄阳莘铜铸金像，远迎归庵以崇之，亲额之曰蟠桃庵"。二说孰者为是，尚待考证。

（3）青岗包窑址

位于城址东部 2 千米处，为明代土司烧制宫殿、墓葬所需浮雕花砖的窑场，此地产白膏泥，为制砖上佳材料。

（3）凉 洞

位于城外西部约 0.5 千米处，为青砖砌成，门口呈券顶形，共 2 进，洞长 11 米，宽 5 米。原有凉、热二洞，热洞已毁。

（4）九拱桥

位于城址前中部，三座桥并列，横跨护城河，红砂石桥墩，青砖起拱，桥长约 9 米，宽约 2 米，拱高约 5 米。每座桥三拱，共九拱，俗称"九拱桥"，是进入城内的正道，现仅存一座较为完整。民国《永顺县志》载："颗砂桥在颗砂土司行署前，长三丈，阔二丈，高二丈，皆巨石所垒，《土司旧志》云'彭世麒建，今圮'。"

（5）水井二口

一口名枇杷井，位于城内东侧坎下，系人工挖掘的正方形竖井，边长约 2 米，四壁以条石垒砌，顶部以山石拱成券顶并以水泥填缝，系现代居民重修。一口叫金壶井，位于城外东部约 1.5 千米处的积谷自然寨，井水从天然石缝中流出，经人工开凿后三面以青条石垒砌成井壁，用青条石砌成高、宽约 2 米的券顶。该井深不可测，相传土司王之女曾在此以金壶打水，金壶不慎落入井中，无以捞还，故后人称之为"金壶井"。两井至今仍为当地百姓生活所用。

（6）石　刻

松云潭石刻、爽岩洞石刻位于城址东部 2 千米，颗砂河与灵溪河交汇处。松云潭石刻为明代土司彭世麟所题，现能辨别的字有"松云潭""东江渔火"。"爽岩洞"为明代土司彭世麒于正德十六年（1521 年）题写，余者题诗三首：

爽岩洞

正德十六年冬月吉思丛书

偶与仙人游，邀我洞中宿。夜久月明孤，风吹岩下竹。

小崖胡静

和二川

此洞何年辟，游来又一天。古人如可作，愿与结诗缘。

督工冠带头目 向宋宁 带管造 添福 石匠 熊明

和小崖

古洞爽开处，藏春别有天。百壶筹胜赏，一笑了清缘。

二川彭飞

民国《永顺县志》云："'爽岩洞'石刻三字横书，径六七寸，'岩'字较长，笔锋遒劲，末题正德十六年思虿书。'思虿'，武宗时土舍彭世麒号也。"另附清道光腾成德题诗：

夕阳对岸沉，倦鸟投林宿。兴尽浩然归，秋风摇翠竹。

道光十年秋日

敬庵腾成德书

石匠王忠山

（7）钓鱼台

位于城址东部 2 千米，颗砂河与灵溪河交汇处的松云潭第一台地河坎上，面积约 30 平方米，三面环水，北靠红石林，高出河面约 4 米，现残存有长约 4 米，厚约 2.6 米，青石和卵石垒砌并以石灰浆填缝且抹面的保坎。遗址东 1 千米处灵溪河岸有爽岩洞石刻，西 30 米处有松云潭石刻。

（8）张橙墓

位于颗砂城东约 1 千米处。2010 年，张氏后人在整修该墓时发现墓志铭一块，铭文内容为：

"张公讳橙，冒溪张氏迁司之开基祖也，籍系南直苏州府常熟县开元乡习善里人氏，赐进士第六，明成化间历仕直通政使司参议。嫡配姚徐氏嘉定县人，生继祖添佑公。时父子厌鄙纷纭，弃官如弊屣，云游至于武陵，慕桃源、德山为昔渊明、周金刚古迹，有若将终身之意，时荣藩多望，王闻其清名，计矣，留人人说项名彻。本司思斋公差使赍书征聘至司，安于颗砂，为之结椽谋产，给之庄田、人口、牛马，其藏获之类，惟其所欲。一时气合，因留连不忍去，择宅旁之旷山建大士之庵，于襄阳辇铜铸金像，远迎归庵以崇之，亲额之曰蟠桃庵。暇日与忠毅祖主及诸缙绅、士大夫，流觞曲水，烹茗竹桥，吟眺赋诗，悠游岁月，可谓畅矣。而忠毅祖主薨，明辅忠敬祖主嗣位，寻而橙公

66

逝，荷蒙忠舜忠庄祖主礼葬于竹桥之东岸。继祖添佑公由科第云游，由武陵至司，叠蒙忠毅祖主、忠敬祖主恩遇，待以上宾，同父建庵请像，靡所不至。添佑公生三世祖本虞。蒙北江公、怀北公、寰白公录以冠赏，胄以兵柄，遂移入司之东马埠居，由是子孙世居司治，克世其官，累朝恩命，荣之如故。迨改土归流后，距司治四十二里内颗砂乍州，苗裔遂家。"

(9) 新基包墓地

新基包墓地，位于城外南部约 3 千米处的惹汝桥自然村寨新基包，现已暴露砖室券顶墓 5 座。由于生产活动破坏，墓葬被毁，具体形制及墓主身份无考。

颗砂城与吊井城相距仅 2.2 千米，是北通塔卧、砂坝，西北经万坪、毛坝与桑植土司往来的必经之道。城址设置于此，不仅仅是土司办公设施和休闲场所，同时也具备防御性，担负着充任两大土司使节的重要作用。据民国《永顺县志》"食货·盐政"按语谓"旧府县志载相传颗砂有盐井，被土司封禁，今求之不可得诸语而已。故自清初以来，土民所食之盐终不知所从出，欲求引张之畅行，端自归流始"。颗砂城所在的区域地势宽阔，土地肥沃，在土司时期应为重要的粮食产区，且明代土司彭世麒便在此建有颗砂行署。倘若"相传颗砂有盐井"属实，可想其当时战略地位又何等重要，基于此我们才能够对雍正初年末代土司彭肇槐将司治迁往颗砂进行更好的理解。

(四) 腊惹洞长官司官署遗址①

1. 腊惹洞长官司沿袭情况

腊惹洞，又作臈惹洞。《永顺宣慰司志·卷二》载腊惹洞为"古诸蛮夷地，秦属黔中，汉属武陵，唐为溪州，五季为静边都大乡、三亭、陇西等县地，宋永顺宣慰司。"民国《永顺县志》载"腊惹洞长官司，元属思州军民

---

① 王承尧，罗午：《土家族土司简史》，北京：中央民族学院出版社，1991 年，第 33 页。龚荫：《中国土司制度》，昆明：云南民族出版社，1992 年，第 1199—1200 页，其原文内容节录自乾隆《永顺县志·土司》《清史稿·土司》。

安抚司，隶湖广行省，明曰腊惹洞。洪武二年改属永顺等处军民宣慰使司，清初仍称腊惹洞，隶属同。改土后为永顺献地。民国如故。"

腊惹洞长官司为向姓，根据永顺诸县志记载，其初任者向孛烁为元时洞民总管，属思州军民安抚司管辖。明洪武三年（1370年），向孛烁之子向世贵向明政府纳附，升任长官司，成为永顺宣慰司下属的六长官司之一。宣德元年（1426年），世贵子向顺袭任。正统二年（1437年），向顺子向忠袭任。成化元年（1465年），向顺次子、向忠之弟向源继任。成化十三年（1477年），向源之子向胜祖袭任。胜祖死后，其子仕龙袭任。仕龙卒，其子向銮袭任。銮卒，其子向本良袭任。本良卒，其子向九龄袭任。九龄卒，其子向仕朝袭任，顺治四年（1647年），随永顺宣慰司归附清政府。仕朝卒，其子向中泰袭任。中泰卒，其弟向中和袭任，清雍正五年（1727年），向中和随永顺宣慰司向清政府纳土，其辖地并入永顺县。

2. 腊惹洞长官司遗址概况①

腊惹洞土司遗址位于今芙蓉镇雨龙村院子组，该地两面环山，中间为山谷丘陵地带，小龙溪顺谷地往西边经那丘南注入猛洞河。村民住宅分布于溪流南北两侧的坡脚，现居民以唐姓为主，其次为向、王、胡三姓。据文献与碑文记载，腊惹洞的地点、事件和人民均吻合，故可证明小龙村为腊惹洞长官司治所。

土司时期，腊惹洞核心区为雨龙、那丘、他洞、那咱等村，与驴迟洞东西并列，两者分界线：自北为芙蓉镇毛冲村大咱组沿山脊南下至吴格、洞格、科洞、泽龙哈，下枫响塘，为一自然山脊，将两洞隔开。清雍正年间改土归流后，腊惹洞长官向氏后裔迁居至毛冲村大坝组。遗址内残存石拱桥、砖石墓群、烽火台遗址、乌鸦庙遗址等土司遗迹。

（1）木溪墓葬

遗址位于长官坪木溪，上有碑刻"向志德字孛烁……明洪武二年己酉岁以沅陵移居腊惹峒任六峒长官……"，据乾隆《永顺县志》卷三《秩官志·

---

① 湘西自治州文物管理处，永顺县文物局，永顺县老司城遗址管理处：《老司城遗址周边遗存调查报告》，长沙：岳麓书社，2013年，第65—66页。

附土司世职》载："向孛烁元时洞民总管,向世贵孛烁子袭任。明洪武三年改升长官……"

（2）响塘卡枯墓葬

墓葬建于清代,共十余冢,位于响塘卡枯柑橘园内,封土堆保存较为完好,高0.5—1.5米,直径1.5—2.5米,四周用山石或青条石圈护。部分封土堆已经垮塌,大部分墓碑已不存,其中一碑正中阴刻"皇请诰封长官司向公讳宗宗国号观云墓",两侧刻有"原命生于康熙己巳五月十一日午时受生,大限殁于乾隆甲戌年二月初一日未时正寝"。现立于司城土王祠内的康熙十五年德政碑背面刻有"腊惹洞向宗国",民国《永顺县志》里记载："清腊热洞长官司向忠和墓一冢在下榔保小龙村;清腊惹洞长官司向宗国墓一冢在下榔保响塘坪。"依据碑文和文献记载,可证明腊惹洞长官司治所很有可能位于今小龙村。

（五）上溪州土知州城堡遗址

上溪州土知州,明清时期湖广土家族土司。五代及宋时,曾被彭氏土司所据,明洪武二年（1369年）置,以张义保为知州。据《土司底薄》载："张友谅,白岩洞村人,已故知州彭义保,土民张麦且踵次男,甲辰年,方一岁,出继与伯父白岩长官张金隆为男,后本宫病故,洪武九年就袭伯父长官司职事。知州彭义保洪武三年年除授知州,故宣慰使彭添保举友谅归宗,袭父知州。"《土司底薄》的记载十分混乱,此处的彭义保应该便是土知州张义保,可能是传抄之讹,至于彭氏为何会被张氏取代,由于史料不足,暂未能详考。彭添保举荐张氏家族任官,很可能是其笼络其他土司势力的一种手段。永顺宣慰司使彭氏的决策也影响着上溪州张氏的行为,清顺治四年（1647年）,土知州张之本随永顺土司一同归附;雍正五年（1727年）改土归流,其次子张汉儒亦随永顺司主动纳土。

自张友谅袭任以来至清雍正五年改土归流,张氏土知州世系为:张友谅—张安—张信—张宗宝（张信之孙）—张大本—张良辅—张凤来—张之本

（归附清朝）—张汉卿—张汉儒（汉卿之弟，随永顺司纳土）。①

（六）驴迟洞长官司官署遗址

1. 驴迟洞长官司沿袭情况②

驴迟洞，明朝设长官司，由向氏土司世袭。元以前其地建置，据《永顺宣慰司志·卷二》载："古蛮夷地，秦属黔中，汉属武陵，唐为富州，五季为静边都，大乡三亭陇西等县地。宋为下溪州，元因之。时向达迪踵、向莫踵元为洞民总管，明洪武三年内附，改为驴迟洞长官司，属永顺宣慰司。"

驴迟洞元朝时属思州，向氏向达迪踵（土家族在称呼长官时习惯加上"冲""踵"等语）为洞民总管。达迪卒，其子向尔莫袭任。明洪武三年（1370年），向尔莫向明政府内附，升为洞长官司，隶属永顺宣慰司。尔莫死后，其子向达未任，故其孙向敬于正统十四年敬卒，其弟向麦帖送袭任。成化元年（1465年），向麦帖送之子向安袭任。成化十九年（1487年），向安之子向忠袭任。忠卒，其子向阳袭任。阳卒，其子向承勋爵袭任。承勋卒，其子向天麟袭任。天麟卒，其子向世臣袭任。世臣卒，其子向光胄袭任。清顺治四年（1647年），光胄随同永顺宣慰司向清政府归诚，仍为长官司。光胄卒，其子向国屏未任，故其孙锡爵袭任。雍正五年（1727年），随宣慰使纳土。

2. 驴迟洞长官司遗址③

遗址位于今永顺县芙蓉镇保坪村大龙组，似椭圆状，面积约4500平方米。由于长期以来生产活动的破坏，遗址损坏较为严重，地表可见大量明清时期残砖及青条石、柱础等建筑构件。同时，在该村大咱组，还发现有明清时期的院子两座，其外围以青砖墙，大部分已经毁坏。村内有文庙一座，村

---

① 龚荫：《中国土司制度》，昆明：云南民族出版社，第1199页。其原文内容参考自《宋史·诸蛮传》《土官底薄·永顺军民宣慰使司上溪州知州》《清史稿·土司》《永顺府志·土司》。又参见王承尧，罗午：《土家族土司简史》，北京：中央民族学院出版社，1991年，第32页。

② 龚荫：《中国土司制度》，昆明：云南民族出版社，第1202页。其原文引用材料为《清史稿·土司一》及民国《永顺县志·土司》。

③ 湘西自治州文物管理处，永顺县文物局，永顺县老司城遗址管理处：《老司城遗址周边遗存调查报告》，长沙：岳麓书社，2013年，第66—67页。

小学曾设于此，现已迁走，整个布局和基址保存尚好。村内原来还有武庙一座，位于文庙南边约百米处，其遗迹现已不存。此外，在大龙村的新基湾还发现有券顶砖室墓和墓冢，原有墓碑，后遭到毁坏，墓主人身份无法考证。

据民国《永顺县志》载：

> "上椰保大龙村驴迟洞右偏有古树古墓，封若堂坊，相传为长官司宅兆，荆棘丛生，石刻翁仲及石狮皆卧颓松楸间，其碑碣亦复苔霾藓蚀，字迹模糊莫辨，殊属可惜。又捞子庄以多古冢，砖石封其面，前立片石有称皇明诰封永顺司总统委官向大廷字事章者，有称皇明诰封永顺统委官员向有芳者，有称永顺司军政厅向应朝字少松者，代远年湮，莫辨其后裔为谁。"

> "四大天王庙在上椰保大龙村，道光中向、彭、孔、孟、王五姓建，故又称五庙。相传其神飞鸟化身，自辽东来。因塑木像四尊，披曳蓑衣，脑后皆若鸟翼之覆，土人牲帛供奉，时伏腊禋属不绝。其左厢配享者为向宗彦。"

以上遗迹与史料记载的三州六洞之一的驴迟洞在原上椰保（现保坪乡）大龙村的状况吻合，可印证驴迟洞长官司治所在今上椰保大龙村这一说法。

二、龙山土司遗址

（一）龙山张氏土司历史沿革①

龙山张氏土司，即白岩洞长官司，其地在宋时属上溪州。元末，张那律为洞民总管，隶属于新添葛蛮安抚司。洪武三年（1370年），张那律率众向明政府内附，升任白岩（崖）洞长官司长官，改属永顺宣慰司。那律卒，其子张海砂袭任。海砂卒，其子张吉和袭任。吉和卒，其子张麦依袭任。麦依卒，其子张继忠袭任。继忠卒，其子张世业袭任。世业卒，其子张大才袭任。大才卒，其子张四维袭任。四维卒，其弟四教袭任，清顺治四年（1647

---

① 龚荫：《中国土司制度》，昆明：云南民族出版社，1992年，第1202—1203页，其原文内容引自《清史稿·土司一》民国《永顺县志·土司》。

年）随土司向清政府投诚。四教卒，其子张应斗袭任。应斗卒，其子张宗略袭任，雍正五年（1727年）随宣慰使纳土。

（二）白岩洞土司遗址①

位于龙山县桶车乡白岩村二组，南北两边为大山，中部是较为平坦的谷地，白岩小溪从村中自西向东流过，占地面积约4万平方米。据乾隆《永顺县志》载："白崖洞长官司，古诸蛮地，秦属黔中，汉属武陵，唐为锦州，五季为静边都大乡、三亭、陇西等县地，宋为上溪州，元因之。张那律为洞民总管，明洪武三年内附，改升白崖洞长官司。"民国《永顺县志》载："白岩洞长官司，元曰白崖洞，属新添葛蛮安抚司，隶湖广行省。明洪武三年改属永顺军民宣慰使司。清初仍旧，改土后为龙山县地，谓之白崖里。"

白岩洞长官司辖地为龙山县境东北部，现桶车乡境内有司城堡、长官桥等相关地名遗存，其司治应位于今桶车一带，白岩洞遗址可能即其治所。遗址内发现有小石拱桥5处，土夯墙1处长约10米，明代柱础2个，明清时期青砖券顶墓4座，其他均已损毁。

三、古丈土司遗址

（一）田家洞长官司遗址

1. 田家洞长官司长官世系

田家洞长官司，明朝时设置，其长官为田氏。元时，田氏先人田胜祖曾任洞民总管。洪武三年（1370年），田胜祖率众归附明政府，设田家洞长官司，以胜祖任长官，隶属于永顺宣慰司。田家洞长官司共存357年，历经十二代十四任土司治理。

自设司以来至清初，田家洞长官司共历经十代，袭职在任者十一人，据乾隆五十八年本的《永顺县志》载，其传袭情况为：一代田胜祖—二代田麦依送—三代田麦和送—四代田胜—五代田麦达送（未袭任）—六代田畤—七代田梭亚只—八代田有旺—田有成（有旺之弟）—九代田德（有成之子）—

---

① 湘西自治州文物管理处，永顺县文物局，永顺县老司城遗址管理处：《老司城遗址周边遗存调查报告》，长沙：岳麓书社，2013年，第70—72页。

十代田兴邦—田兴禄（兴邦之弟）。以上未做说明者均为子袭父职。

明亡后，土司田兴禄于清顺治四年（1647年）随永顺宣慰使归附，任授原职。兴禄卒，传其子田晋玉。至晋玉之子田荩臣袭任时，其于雍正五年（1727年）随宣慰使纳土归流。

2. 田家洞长官司遗址概况①

田家洞长官司遗址位于古丈县断龙山镇田家洞村三组，三面环山，其南为断龙山，北为龙霸溪山，西为塘上包，村民多居住在山腰和山顶。田家洞长官司具体治所正史记载较少，暂不能确定，依据《永顺宣慰司志》卷二载："田家洞沿革：古诸蛮夷地，秦属黔中，汉属武陵，唐为溪州，五季为静边都大乡、三亭、陇西等县地，宋为下溪州，元因之。田胜祖元为洞民县官，明洪武三年内附，陞为田家洞长官司，属永顺宣慰司。形胜：危峰窈谷，鸟道云栈。襟带北河，控引保靖。"又据乾隆《永顺县志·沿革》记载："田家洞，今永顺县南一百里，田家堡地。"同时，乾隆《永顺县志》卷一《沿革·市村》也载："田家洞，在县南，离城一百里，为苗洞总路，居民聚集，重岗叠嫩，亦要区也。"又据严如熤《苗防备览·险要》载："田家洞，西南一百一十里，旧设长官司，为永保土人寨落，攒簇排列，重岗叠嶂，地险民勤，奸苗不敢轻犯。"

以上的记载基本吻合，据此分析，田家洞长官司治所位于今界连保靖的古丈县断龙山镇田家洞村应无问题。在清雍正年"改土归流"之后，撤司设保，在基层推行保甲制度，田家洞地区设田家保，是当时所设置的永顺八保之一。

此外，田野考古调查资料也给我们提供很多极为重要的证据，现今的田家洞村居民主要以田姓为主，虽杂有黄、彭等姓，但是田姓仍然占据村落人口的70%。田家洞边喜哈村罗洞组的"新基垄"，发现一座砖室券顶墓，墓主名为田包才，墓碑及墓门封砖残塌，田姓后人曾于1998年重新砌补立碑。根据当地记述先祖世系名录的《思遗簿》抄本，田家洞及喜哈村一带的田氏

① 湘西自治州文物管理处，永顺县文物局，永顺县老司城遗址管理处：《老司城遗址周边遗存调查报告》，长沙：岳麓书社，2013年，第69—70页。

皆以田炮才（"包才"）为祖公，且其簿本中多有"祖公：四赖、和善、田苠臣、包才、马才……"之类的称谓。另外当地人田福祖编纂《田氏族谱》所载世系："田乃有、田河尚、田炮才、田万魁、万星、万胜、万利、万柄、万金、万林、万风……"称田万胜世居田家洞。现存于老司城土王祠内的德政碑也载有"田家洞田万胜"一目。结合上述谱书所载世系，炮才为田苠臣别号当无问题。因此，地方史乘关于田家洞的记载应该是可信的，这也与严如熤《苗防备览》卷首《舆图》之"苗疆全图"中所标示的田家洞的位置大体一致。

此村寨原为田姓土司屯兵镇守的要塞，为"三州六洞"之一。由于现代城镇建设，田家洞原有寺庙均被拆毁另辟他用，仅存官署局部围墙与台阶。田家洞末代土司田苠臣（当地人亦称"包才"或"炮才"）之墓还保留在衙署区东北约200米的新基垄。这一墓地距离田家洞遗址较近，第四纪网纹土堆积较厚，按当时风水理念，是一处理想墓地。该墓冢较大，青块石围砌，据封土规模推测，可能为合葬墓。邻近的古代和现代墓葬多安葬于此，且排列有序。参考永顺土司墓葬形制分析，此种排列很接近于永顺土司末期家族墓地排列的规律。官署遗址区域内现遗留有石柱础、房屋基础以及田氏家族墓地。

（二）麦著黄洞长官司遗址

1. 麦著黄洞长官司沿袭情况①

麦著黄洞，今古丈茄通等地。其历史沿革据《永顺宣慰司志》卷二载："古诸蛮夷地，秦属黔中，汉属武陵，唐为溪州，五季为静边都、大乡、三亭、陇西等县地。宋为下溪州，元因之，以黄麦和踵升长官，领其地。明洪武三年，黄麦谷踵内附改属永顺宣慰司。"

麦著黄洞长官司长官为黄姓，元以前世系无从考证，元末，黄麦和踵为洞民总管。麦和踵卒，其子黄答谷踵袭任，明洪武二年（1369年），向明政府内附，洪武五年升任其为长官司长官。答谷踵卒，其黄大洛踵袭任。黄大洛踵卒，其子黄珍于正统十四年（1449年）袭任。黄珍卒，其子黄先于成化

① 龚荫：《中国土司制度》，昆明：云南民族出版社，1992年，第1200—1201页。其原文所引材料来自清《嘉庆一统志》、乾隆《永顺县志》。

十四年（1478 年）袭任。黄先卒，其子黄胜袭任。黄胜卒，其子黄敬祖未任，敬卒子黄金袭任。黄金卒，其子黄廷正袭任。廷正卒，其长子黄臣未任，次子黄相袭任。黄相卒，其子黄世忠袭任。世忠卒，其子黄甲袭任，清顺治四年（1647 年），随宣慰使向清政府内附，仍任长官司。黄甲卒，其子黄诏升于顺治十五年（1658 年）袭任。诏升卒，其子黄正乾袭任，雍正七年（1729 年）向清政府纳土。

2. 老司岩土司城堡遗址①

位于古丈县红石林镇花兰村大坝组（大坝组西侧就是红石林国家地质公园），猛洞河与酉水交汇口东南约 1 千米，酉水北岸约 0.5 千米的山坡台地。城北一条石板古道蜿蜒通向酉水码头。酉水自西向东绕城堡北侧而过，下游约 5 千米处北岸是王村。右岸是由西南来的古唐河与酉水的交汇口，在此将河西村一分为二，左称河西，右名河南。这一带水路交通便利，自古以来就是西至巴蜀、东通湖湘的必经之地，其不仅是老司城的前哨，也是活动在酉水流域各系土司联络的前沿，不但在军事、经济上占有重要地位，而且在政治上也发挥着不可取代的作用。自明朝以来，老司岩城堡因其优越的地理位置与湘西各大土司关系甚密而逐渐繁盛，即便"改土归流"后，也未受到较大影响。清代中期，以黄氏族人为代表的集团在此开展水陆贸易，商贾云集，店铺林立，贸易经济发展到了顶峰。

城堡的城墙虽破坏严重，但其轮廓尚仍清晰可辨，平面呈圆形的条石城墙围绕主体建筑，面积约 2 万平方米，城堡外的原始街巷布局基本保留，一条主街由北通码头，城内和街道两侧还较好地保留着清代至民国中期的建筑共计 14 栋。其民宅主要为土家族建筑风格，有合院硬山穿斗式砖木结构，更多的为悬山顶穿斗式木架结构的建筑，或依地势配吊脚厢房，形制、朝向不一，各组建筑都讲究通透与周围环境的搭配，或抬高房基，或以多进式台阶来处理台明与建筑的关系，通道、台明、天井等所用石材均为青石或红砂石，门窗格扇透雕各种山水、花鸟及人物故事。古街两旁的老宅仍保留着其

① 湘西自治州文物管理处，永顺县文物局，永顺县老司城遗址管理处：《老司城遗址周边遗存调查报告》，长沙：岳麓书社，2013 年，第 44—45 页。

鼎盛时期的商铺，古朴的家具与生产生活用具仍陈设和沿用，这一切都掩映在绿郁的翠竹丛中。现存的古树、古井和寺庙仍在。

老司岩城堡周边的交通形势及地理形貌跟《永顺宣慰司志》卷二关于麦着黄洞"襟山带河，西北控制，轱辘相望，商旅之所"的描述大体一致，另外，乾隆《永顺县志》所载："在麦着黄洞治六里许有桂竹山，其山多桂竹。又麦着黄洞东八里许有山田山，其山有泉，可流灌数十里，因辟成田。"现今老司岩周边多桂竹，自然形貌与史载麦着黄洞相一致，且百姓以黄姓居多。因此，老司岩城堡极有可能就是明麦着黄洞长官司的治所。

伏波宫与功德碑伏波宫，位于城堡西100米处，为硬山式砖木结构，因年久失修，局部梁架已断裂。宫内现存功德碑一通，断裂为3块，青石质，长1.7米，宽1.04米，厚0.1米。碑文主要记载"东汉建武十年，马援被封为伏波将军，次年出征五溪，卒于壶头"之事，谓将军西北人，而其神独灵于东南。伏波宫为后世追祀马援而建，候辅儒学黄萝笔书丹。

水井，位于城堡南50米处，系地下水自流而成，水量颇大，水质甘甜，常年不枯。井旁古树参天，蔚然成观。古井西侧石壁阴刻"宣统二年重建复修"八个字。

花兰墓群，位于城堡西约1.5千米的"胡椒岭"和"大坝弄"，墓地周围群山绵延起伏。古墓葬坐南朝北，明显可辨的有20余座，多为明清时期墓葬。墓葬多以青石圈围，墓葬形制分为砖室和石室两类，部分有碑。从碑刻上看墓主人姓氏可分为瞿、黄两大姓。据实地调查，瞿姓墓主为花兰村当地已故村民，而黄姓则为老司岩现村民的先人。从墓碑落款年代看，一批墓葬主人生前在明末清初，另一批墓主人生卒年代不详。

四、保靖土司遗址

（一）保靖彭氏土司历史沿革①

保靖之地，春秋战国时期为楚地，楚威王三年（前331年），建黔中郡。

---

① 龚荫：《中国土司制度》，昆明：云南民族出版社，1992年，第1204—1209页。王承尧，罗午：《土家族土司简史》，北京：中央民族学院出版社，1991年，第36—38页。

三国两晋时期，其属武陵郡。南北朝时期，宋孝建元（454 年）置武陵太守，齐又复属武陵郡，梁置沅陵郡。唐时属溪州三亭县地。五代时期，彭氏政权据北江，改三亭县为保静州。及至宋，设羁縻保静州，隶属下溪州。元时将"保静"改为"保靖"，保靖之名始见于此，隶属于新添葛蛮安抚司。元至正十一年（1351 年）改保靖州为保靖安抚司，隶属于永顺宣抚司之下。

自彭士愁次子彭师杲"世守保靖"以来，保靖彭氏世系为：彭师杲—彭允禄—彭文通—彭儒毅—彭仕隆—彭从云—彭翼—彭凌霄—彭邦宏—彭勇—彭泰定—彭师孔—彭定国—彭思善—彭本营—彭齐贤—彭博—彭廷珪—彭世雄（元末，任保靖安抚使）—彭万里—彭勇烈—彭药哈俾—彭南木处—彭显宗—彭仕垄—彭翰—彭九霄—彭虎臣（九霄长子）—彭良臣（次子）—彭荩臣（季子）—彭白氏（摄理政事）—彭养正—彭象乾—彭朝柱（顺治四年归附清政府）—彭鼎—彭泽虹—彭御彬。

彭世雄，彭士愁次子，彭师杲第十七代裔孙，元末为保靖安抚司长官，后率众向明政府内附。

彭万里，彭世雄之子，袭父职。洪武六年（1373 年），朝廷下诏升保靖安抚司为保靖军民宣慰司，彭万里升任宣慰使职。[①]

彭勇烈，万里长子，于永乐元年（1403 年）袭任。七月，彭勇烈赴阙谢恩，给颁诰命二道，回司理事。永乐九年（1411 年），彭勇烈上京贡马，返回途中经过辰州时病故。

彭药哈俾，彭勇烈长子，永乐九年（1411 年）袭职。其在任期间，保靖司内发生了变乱，彭药哈俾于永乐二十二年（1424 年）遭其堂兄弟"彭大虫可宜"（彭万里之弟彭麦谷踵之子）杀害，后被治罪处死，两家因此世代

① 关于保靖安抚司升为宣慰司的时间问题，据《明史·湖广土司》载为洪武元年，诏升安抚使彭万里为"保靖宣慰使"，隶属于湖广都指挥司。《保靖司宗谱》载为元至正二十三年（1363 年），彭世雄率土兵助明军于鄱阳地区讨伐陈友谅，以军功升"保靖州军民宣慰使"。二者记载相差五年，受封宣慰使的人物亦不同，据《保靖司宗谱》中所节录的洪武元年敕谕，其载皇帝为表彰"原任湖广保靖安抚使、今升宣威使司彭万里"昔日之功，赐"铜印一颗，勘合一道，开设保靖州宣慰使司"，并加授宣慰使职，晋升安远将军。由此可证明，世雄之子彭万里在任时才任宣慰使职。

为仇，为保靖司日后的动乱埋下伏笔。

彭南木处，又名彭图南，彭勇烈次子，彭药哈俾死后无嗣，于宣德五年（1430年）奏予兵部勘合，请求替授兄职。宣德九年（1434年）二月十九日，兵部批准了他的请求，颁予文凭一道，仍赐诰命，授"怀远大将军"。

彭显宗，彭南木处长子，明正统六年（1441年）十月赴京贡马。七年，兵部准其承袭父位，诰命授"怀远大将军"。正统十四年（1449年），保靖宣慰司与族人彭南木答发生矛盾，双方互相讦奏，既而媾和，愿输米赎诬奏罪，上从之。景泰七年（1456年），保靖土司派兵协助平定铜鼓、五开、黎平诸蛮叛乱。成化三年（1475年），又协助平定都掌蛮叛乱。

彭仕垄，显宗长子，成化十一年（1475年）袭任。成化十四年（1478年），协助官兵征讨贵州卤保、关索岭、安龙箐、狮子吼、白石崖等地，赏彩缎元宝。成化十五年（1479年），仕垄奏两江口长官彭胜祖违例进贡。明弘治十五年（1502年），调仕垄征讨贵州贼妇米鲁，其子彭翰率兵从征，与南渭州彭定合兵，大破贼兵，擒贼首妇米朵。

彭翰，仕垄长子，弘治十六年（1503年）袭父职。弘治十七年（1504年），率军征讨广西思恩府土知府岑浚，于十八年（1505年）开赴广西，战功卓著，后以风湿致仕。

彭九霄，彭翰长子，正德年间袭任。正德五年（1510年），征调四川李尚弯、鄢本恕、蓝廷瑞等。正德八年（1513年），征讨贵州凯口。十一年（1516年），征讨贵州清平香炉山。

彭虎臣，九霄长子，嘉靖六年（1527年）随父出征广西田州岑猛，由于水土不服，染病而亡，追赠指挥使金事。

彭良臣，九霄次子、虎臣之弟，嘉靖六年（1527年）九月，因染伤寒痢疾而亡。

彭荩臣，九霄第三子，因二兄均无嗣而袭入宣慰使职。在任期间军功卓著。嘉靖三十四年（1555年）（《明史》载为三十三年）二月领兵三千赴苏松征倭，荩臣以路途遥远，兵寡难以接应，添调土兵一千，其子彭守忠亦选家勇一千名，自备粮草鞍马，随父出征。同年四月十四日，军队抵达苏州府，后于常输、嘉兴、王江泾、秋母亭等地大败贼兵，论功行赏之时，以保靖兵为最，加彭荩臣三品服色，进阶"昭毅将军"，赐彭守忠冠带。嘉靖三十五年（1556年），再调保靖兵赴浙江剿倭，荩臣率兵八千出征，守忠率兵三千随征，于八月十三日抵达浙江平湖县。二十一日进兵沈家庄，直抵徐海，逼近贼巢，交战数日，于二十五日大败倭寇。荩臣以战功升"云南布政使司右参政"，仍管保靖宣慰使司事。

彭守忠，荩臣长子，嘉靖三十九年（1560年）三月初四日，荩臣病逝，守忠回司侯袭，未及袭任，于十一月十三日病故，其妻杨氏有遗腹子彭养正不能袭父职，故荩臣之妻、守忠之母彭白氏奉文代理司务。

彭养正，守忠之遗腹子，万历元年（1573年）袭职，时年仅十二岁。由于年幼，司务多由其祖母彭白氏裁断，至万历九年（1581年）彭白氏病逝才逐渐亲理政事。其袭职后的第二年冬，上调保靖兵征讨广西怀远（今广西壮族自治区河池市宜州区西之旧名怀远寨），养正率土兵四千及家丁一千九百名于万历二年（1574年）正月抵达独坡营，命把舍彭禹臣，分兵设伏，出奇制胜。论功行赏之时，湖南总兵官平蛮将军怀宁侯孙口赏银四表里，掌印祖母彭白氏下纱四表里。

彭象乾，养正长子，万历年间袭职。四十七年（1619年），象乾领保靖兵五千援辽。四十八年（1620年），加象乾指挥使，军队行至涿郡，而象乾染病，部下逃亡约三千人，部臣以闻，严旨责统兵者，并敕监军沿道招抚。明年（1621年），象乾病重不能行军，遣其子侄率兵出关，与后金兵战于浑河，全军皆殁。天启二年（1622年），进象乾都督金事，追赠其下属彭象周、彭绲、彭天佑都督金书衔。

彭朝柱，象乾长子，天启七年（1627年），象乾致仕，故袭父职。崇祯十六年（1643年），张献忠攻长沙、益阳等地，常德、澧州一带相继告急，偏沅巡抚调保靖司兵固守常、澧二地，后张献忠兵犯辰州，辰常总兵温如珍不敌而降，柱朝发精兵三千援辰，如珍败走，柱朝领兵追至江南望城坡下。时张献忠已破桃源，欲扎浮桥过白马渡，柱朝引兵把手关隘，分哨截堵，献忠不能进，后柱朝又遣兵突袭得胜，以功赐蟒玉正一品服色，左军都督府都督。清顺治四年（1647年），恭顺王孔有德临抚辰州，柱朝遣舍把彭伦、邱尚仁等备册籍赴营投诚，诏赐龙牌以示嘉奖，仍领原职，并规定"男不薙发，女不改妆"。

彭鼎，朝柱长子。顺治十七年（1660年）八月初三日，朝柱病卒，彭鼎袭任。据《保靖司宗谱》载："彭鼎性质聪明，通诗书，解音律，尤善丹青，其《三公五马图》，精细入神。"彭鼎墓现在保靖县大妥乡甘溪村凤朝山山脉凤冠子山腰，墓志铭记载其在任之政绩曰。[①]

> 公之硕德懿行难以枚举，略举其概：
>
> 如靖治环绕皆苗，种类杂处，负嵎窃发，出没无常，公之先旋剿旋叛，迄无宁晷。至公起，而大者威之，小者怀之，不数年而诸苗悉平，除恢复先翼、飞锐并忠镇、顺义、凯旋之五旗同入版图焉，而苗患悉平矣。
>
> 靖治三十里外，地名甘溪，土沃民殷，俗则骁悍难驯，更因连诸苗，为辅车之势，患莫大焉。公之先议剿议抚，卒未有成。公于乙卯秋率股肱心膂之众，拔巢蹈阵，以身亲之，越四月乃下弦之期，悉命诛除，更易其名为"威镇庄"，而内患平矣。
>
> 靖治邻封，为永顺为较近。永之家难，世代频仍，延及于彭肇相者，未几，为房族廷榆所夺，相几不免。公念乱世贼子，风化所关，于是仗大义、执大信，命子泽虬率三百众，诛廷榆父子七人于境内，亟其首以报当事，返其孤以归旧物，余党侧目，中外快心。此公之功与德在邻封矣。
>
> 靖治逼近楚南常武、辰阳两郡，尤称密迩。庚申、辛酉间，戎马四集，城舍掬为战场，两郡守令、缙绅、士农、商贾徙来于靖者以万余计。旋值岁时告凶，人心惶惶，公出仓米贰仟石，令士农、商贾止半纳其价，其余守令、缙绅不但月给岁供，亦且礼遇优隆。两郡之人，虽愚夫愚妇，莫不颂声载道。此公之德被远方，而名在古今矣。
>
> 乙丑夏秋，篁苗逆命，公因奉命他征。其时郭协总镇，靳、赵、王、李辅行，虽有士卒战而弗克，无如险嵎，久而未下。十月内，檄调靖兵五百人，外发枪炮手数亦如之，廿二日竟逼其栅，逆魁彭永龄引领

---

① 鲁卫东：《永顺土司金碌》，长沙：岳麓书社，2015年，第153—155页。

而去。十一月十五日公自出粮，不费国用，亲率五营副将彭泽蛟、泽虬、彭辅、彭巽、余大吉共统精兵千余人，廿四日抵湾溪，谒见监军辰沅靖总正，郊劳计虑，佥曰：在德不在威，惟剿抚并行可矣。廿七日驻爆木营，会诸同事者，口不谈兵策。廿八日我军大进，攻取主朝、大塘、鸭保等寨，惟公节次独斩首百余颗，生擒七十有二名，逆苗畏服，丑类底定。公于次年正月廿日报捷班师，内外咸宁，汉土胥平，公之仁且智而勇在天下矣。

更可异者，公负俊伟杰出之资，志在名媛贤淑为之配。何幸永之先爵讳宏树者，重公之品，知其后必有大过人者，惠然以二女妻之，长元英、次德音，及所称"正印""镇衔"两夫人是矣，贞静幽娴，后先媲美，诞育嗣君，实为正印。思此作合之奇，虽后世史官必有书之者，予又何可不录耶？公感乃翁识鉴之（精）情，喜两夫人内助之贤，不但期聚首于百年有生之前，更期聚首于百年有生之后。因于甲子之冬卜地于甘溪，大启其墓，相视经营，备极其至，左则太老夫人陈氏墓道，右则一冢三穴，两夫人与焉。

予于丙寅冬檄至，予得以游览胜概。偶集其地，山明水秀，气象万千，巍然一大观矣！不禁为之浩叹曰："如我公者，真建功立业，或在邻封，或在社稷，或在古今，或在天下，且矣宜室宜家，型于之化，复睹相德益彰，信乎？下不愧为孝子贤孙，上不愧为显祖烈考，中不愧为斯世一大完人矣！"事不可以无词，于是拜首而为之志。

大清康熙岁次丁卯孟夏月

湖广辰州府粮捕厅

加一级奉政大夫 罗拱辰 撰

彭泽虹，彭鼎长子，袭职后不久因重病不能执事，其妻彭氏代理司务。雍正元年（1723年），泽虹病卒，其子彭御彬尚幼，时高伦、张为任二人勾结保靖司舍把长官彭泽蛟、彭祖裕等人，以劫杀为事，舍把长官泽蛟与其弟泽虬合谋欲夺御彬之位，为御彬所败，保靖司陷入内乱状态。雍正二年（1724年），御彬以截杀泽蛟为名，联合容美土司田旻文、桑植土司向国栋抢掠保靖民财，引起民愤。四年（1726年），御彬以其贪暴遭革职。次年（1727年），清政府借此机会对保靖司进行改土归流。七年（1729年），御彬以罪安置辽阳，其地改设保靖县。

（二）洛浦土司故城遗址

洛浦古城修建于唐朝武周时期，其遗址位于湖南省湘西土家族苗族自治州保靖县城西南20千米处的大妥乡甘溪村，地处清水江支流、甘溪河西岸的一级台地，三面环山。据记载，原洛浦古城十分繁华，城内街道纵横交错，当地老百姓传有72巷82拐，目前仍沿用丁家巷、腾家巷、金銮殿等老地方。

洛浦古城遗址主要由城墙遗址、彭鼎土司墓、金銮殿周边木建筑群、风筝坪遗址、隘门口遗址、荷花池组成，现残存面积约15万平方米，彭鼎墓遗址尚存，金銮殿周边木建筑群组成的城址布局均可辨识，保存最完好的是城墙遗址。湖南省人民政府于2011年1月将洛浦古城遗址列为第九批湖南省省级文物保护单位。

（三）首八洞八部大王庙遗址

八部大王，又称八部大神，是酉水地区土家族的祖先神，由土家族先民部落及羁縻制时期部落首领的英灵转化而来。《永顺宣慰司志》载："古设庙以祀八部大神，每年正月初一日，巫祝弑白水牛，以祀一年休祥。"如今，湘西州仅存的八部大王庙遗址位于今保靖县碗米坡镇沙湾村，其正六方形的地基仍清晰可见；庙门上刻有行楷对联，上联为"勋犹垂简篇驰封八部"，下联为"灵爽式斯土血食千秋"；庙前有两尊石雕神兽，保存状况良好，其头部扁平，艺术风格粗犷；遗址内还存有蟠龙文残碑，清朝保靖县拔茅乡首八峒重修八部大神庙，立此碑以记之，其上阴刻文字载："首八峒，历汉晋、六朝、唐、宋、元、明为楚南上游……故讳八部者，盖以咸镇八峒，一峒为一部落……"该碑现保存在湘西州博物馆内。

据当地老人描述，被毁前的神庙分为三进。第一进是摆手堂，人们在此处跳摆手舞进行祭典，东西两侧各有一处马房，大门两旁各有一只朝天犼；紧连第一进的是一处两层高的戏台，祭祀时在此唱傩愿戏还愿，戏台两侧各有白马雕像一座，戏台北向是第二进的戏场，人们在此处观戏，东西两侧厢房供妇女小孩休息；最后一进是八部大王神殿，正中供奉涅壳赖神位，人们在此焚香祈愿，两侧还有祭司用的钟、鼓。据老人们回忆，中华人民共和国成立前此处祭祀活动非常兴盛，每逢旧历正月，附近几十寨土家人均前来敬山烧香。人们背着土家特制的糍粑、团徽、腊肉等祭品，祈求风调雨顺。这些祭祀活动也极具土家特色，摆手舞又名调年舞，节奏鲜明，刚劲有力，具有原始质朴的美感。每当祭祀的钟鼓声响起，男女老少便齐跳摆手舞，共度调年大节，场面热闹非凡。此外，敬八部大神、玩龙耍狮、唱傩愿戏还愿等祭祀活动也独具特色。现在每逢旧历新年，附近土家人仍保留着祭祀的习俗。

八部大王崇拜拥有坚实的信仰基础，湘西州原存有多处八部大王庙，随着时代的更迭逐渐消失。但随着对土家族传统文化研究的深入，八部大王再度回到人们的视界之中，其相应的祭祀仪式也得以重启，人们在"首八洞"八部大王遗址处又铸造了八部大王像。

（四）龙溪坪土司旧城遗址

龙溪坪土司旧城位于今保靖县迁陵镇龙溪坪五组地界内，城址总面积约10万平方米，城墙残长300米，城中心有分三级修造、面积为2500平方米的土台，其中一级平台长28米、宽18米，二级平台长26米、宽28米，三级平台长18米、宽26米，应为昔日的宫殿基址。在城址西面和南面的城垣之间，各有一个显著的缺口，应为原城门所在。

五、桑植土司遗址

（一）桑植向氏土司历史沿革

1. 桑植向氏土司沿袭情况[①]

桑植宣慰司辖地大约为今湖南桑植县陈家河、凉水口、五道水等地。司

---

① 龚荫：《中国土司制度》，昆明：云南民族出版社，1992年，第1211—1212页。王承尧，罗午：《土家族土司简史》，北京：中央民族学院出版社，1991年，第44—45页。

治即今湖南桑植县西美坪峒。

桑植县，上古为西南夷地，夏、商属荆地，西周属楚地，春秋属楚巫郡慈姑县，汉属充县，南北朝以后，桑植为"澧中蛮""溇中蛮"地，后陆续设置过临澧、溇中、崇义等县级建制。唐属于慈利县，宋为安福寨，宋仁宗年间推行土司制度，设桑植宣抚司，元承宋制，并在其基础上又分设上桑植、下桑植。元末，向仲山讨伐鹅梯（今桑植新街）寇乱，以军功授宣慰司职。明洪武七年（1374 年），向仲山之子向思富以军功仍授原职，并设土经历、土中军等官。洪武二十一年（1388 年），安福守御千户所千户夏昌珪子夏得忠结九溪蛮为乱，桑植土司参与其中，叛乱平息之后，桑植司被废置，永乐四年（1406 年）复置。思富卒，其子向万成袭任。万成卒，其子向永政袭任。永政卒，其子向宽袭任。宽卒，其子向丗英袭任。世英卒，其子向宗政袭任。宗政卒，其子向忠和袭任。忠和卒，其子向承周袭任，万历三十年（1602 年），承周率兵出征播州，以军功加衔。承周卒，其子向一贯袭任。一贯卒，其子向遥袭任，崇祯十三年（1640 年）率兵赴彝陵协防。遥卒，无嗣，其弟向鼎袭任，清顺治四年（1647 年）向清政府内附，仍授其原职。向鼎卒，其子向长庚袭任。长庚卒，其弟向国柱袭任。雍正初年（1723 年），国柱为其弟向国栋所杀，其篡职后又与永顺、容美、茅岗等地土司相仇杀，以至民怨沸腾。雍正四年（1726 年），土经历唐宗圣与国栋之弟向国柄赴武昌告发国栋杀兄篡职、攻伐仇杀等罪状。次年（1727 年），总督傅敏上奏，国栋以罪徙河南，清政府以此为借口对桑植司进行改土归流，其地设桑植县。

此外，桑植宣慰司下也辖三州六长官司，三州为安州、龙潭州、化被州，六长官司司名无考。

2. 桑植土司城遗址概况①

（1）老司城遗址

桑植宣慰司最早建造的官署，为桑植土司之祖向思胜所建，是桑植前四

---

① 罗维庆：《桑植土司文化遗产的利用与开发》，《民族论坛》2011 年第 3 期，第 41—43 页。

任土司官署所在，其地原称荒溪，现名官屋场，即因此处原为土司官署而得名。行政区划上属于今桑植县沙塔坪乡庙嘴河村，老司城依山傍水，坐北朝南，其东、南、西三面为澧水北源庙嘴河，土司城建筑为全木质结构，现遗址仅存屋基石板沟。

（2）旧司城遗址（两河口土司遗址）

桑植宣慰司用作衙署最久之处，位于澧水中源北岸台地之上，其地名旧街，今属陈家河镇（原两河口乡）旧街村。旧司城为向思胜第五代孙向仲山于元元统三年（1335 年）建，其后至十七世土司均以其为衙署。该城东西长1 千米，南北宽 0.5 千米，其城垣为土质，衙宇为砖木结构。20 世纪时其遗址尚存土司宫殿，现仅存石础、石凳、封火墙残垣等，遗址周边尚存土司古墓 14 座，其山称"官坟山"。

（3）新司城遗址

位于澧水河畔凤凰山下的鹅梯，因司衙署迁至而改称新街。清康熙年间桑植宣慰使向长庚始建，雍正初年末代土司向国栋续建，司城内有正街和下街组成的"丁"字形街道，官署位于正街，酒肆位于下街，下街尽头为武官坪，相传为士兵操练之处。司城建有东、西、南三道城门，城外有新街"八大景"：龙山烟雾、凤岭朝阳、古寺晓钟、渡口垂钓、官潭映月、铁埠晴岚、五云雾雪、夹石流泉。雍正年间"改土归流"后曾于此地设置永顺府通判分署衙门、义学，是当时桑植县内半县政治文化中心。民国五年（1916 年），新街因匪患被洗劫一空，官署等建筑毁于大火，现仅存残垣断壁。

（二）柿溪土司历史沿革①

1. 柿溪宣抚司历史沿革

柿溪宣抚司辖地大约在今桑植县廖家村与永顺县毛坝之间，司治在今桑植上洞街，隶属于桑植宣慰司。柿溪土司为向姓，宋以前世系无考，其先祖为南京珠石街道汪阁土地人氏。唐末五代时期，客居楚南，是时天下大乱，遂迁居峒，为土民推为酋长，后平定苗叛有功，授柿溪州军民宣慰司。宋末，柿溪苗叛乱，向克武率兵平叛有功，授柿溪宣抚司。克武卒，其子向万

---

① 龚荫：《中国土司制度》，昆明：云南民族出版社，1992 年，第 1213—1215 页。

明袭任。万明卒，无嗣，其弟向万才袭任。宋景祐五年（1038 年），奉旨征辽。庆历五年（1045 年），万才卒，子永通袭任。永通卒，向世禄于绍兴三年（1133 年）袭任。世禄卒，向天福袭任。天福后五世失传。元至元元年（1264 年）调征有功，授予其宣抚使职。定安卒，其子仕德袭任。仕德卒，无嗣，其弟仕金袭任。后仕金三子、仲贤、仲爵、仲贵为争夺土司之职而相互攻伐，明宣德四年（1429 年），废宣抚司，改设上、中、下三峒长官司，由仕金三子分管，分纳粮粟，三年一觐。柿溪宣抚司官署遗址由于仕金三子各在其辖地分建长官司衙署而被遗毁。

2. 上峒长官司

上峒长官司，明宣德四年（1429 年）废柿溪宣抚司，析其地，设上峒长官司，其辖区东至卧云界，南至通溪，西至牛角山，司治在今桑植县上洞街乡。《桑植县志·土司》载有其传袭世系，首任长官司长官为末代桑植宣抚司长官向仕金之长子向仲贤。仲贤卒，其子向世雄袭任。世雄卒，其子向荣宏袭任。荣宏卒，其子向定邦袭任。定邦卒，其子向瑶长袭任。瑶长卒，其子向友芳袭任。友芳袭任，其子向世奇袭任。世奇卒，其子秉忠袭任，万历三十年（1602 年）征讨播州杨应龙，战于九龙寨板角关，擒贼首杨朝栋、杨维栋等，敕赐匾额曰"钦奖元勋"，升授宣抚司。秉忠卒，其子向得禄袭任长官司职。得禄卒，其子向国栋袭任，崇祯间以功特加宣抚司衔。国栋卒，其子向九鸾袭任，康熙二年（1663 年）向清政府内附，二十一年（1682 年）颁长官司印篆，以统管土、苗。九鸾卒，其子早卒，故其孙向元钦袭任。元钦卒，其子向玉衡袭任，雍正十三年（1735 年）纳土，其地属桑植县，司署也随之毁坏。

3. 中峒长官司

中峒长官司辖地约为今镇观音岩、板桥弯、赶子湾、柿子坪、白岩、八仙坡、茶园溪等地，明宣德四年（1429 年）建，桑植末代宣抚司向仕金次子向仲爵（又名向仲奇）为首任长官，据《柿溪司志》载"（仲爵）少骑射，武艺超群"，后永顺宣慰司招其为东床。明正德十四年（1519 年），仲爵卒，其子向嘉晟袭任。嘉晟卒，其子向国相袭任。嘉靖二十年（1541 年），国相卒，其子向华袭任。华卒，其子向应星袭任。应星卒，无嗣，其侄向章袭任，嘉靖三十四年（1555年）调征倭寇，隆庆四年（1570年）因功赐额曰"忠顺"。章卒，其子向坝乐袭任。坝乐卒，其子向国明袭任，崇祯十三年（1640年）调征有功，加级回司。国明卒，其子向忠和袭任。忠和卒，传子向世贤。世贤卒，其子向朝明袭任，清雍正十三年（1735年）向清廷纳土，改授世袭千总。

仲爵任长官司长官后，先建长官司衙署于车革（今上洞街乡长岭岗盐井塘），传九世后向世贤袭任，以车革土瘠民多、子孙难以为继，迁衙署于堡子溪（今永顺县砂坝镇堡子溪），车革衙署改为官厅。现堡子溪尚存遗址，盐井塘官署则全毁。

4. 下峒长官司

下峒长官司，明宣德四年（1429年）置，辖地东至南岔、周家弯，南至板桥弯、桐油坪，西至观音岩、二道水、小埠头，北至三娄子（今已废止）、两河口。末代桑植宣抚司向仕金第三子向仲贵为首任长官司长官。仲贵卒，其子向世英早卒，其孙向广袭任。广卒，其子向勇袭任。勇卒，其子向显宗袭任。显宗卒，其子向忠葵袭任。忠葵卒，其子向天爵袭任。天爵卒，其子向国用袭任，嘉靖年间调征倭寇。国用卒，其子向怀忠袭任。怀忠卒，其子向德隆袭任，万历二十八年（1600年）调征播州杨应龙，以大破九龙寨获上嘉奖。德隆卒，其子向化龙袭任，崇祯十三年（1640年），以军功加级。化龙卒，其子向日葵袭任，清康熙二年（1663年）归顺，十八年（1679年）缴吴逆之伪札，三十三年（1684年）颁给下峒长官司司印，以管理土、苗。日葵卒，其子向应昌未任，其孙向鼎成袭任。鼎成卒，其子向良佐袭任，雍正十三年（1735年）向清政府纳土，以其地属桑植县。

向仲贵任职后建官署于今两河口下洞街村，司城北依龙颈山，东、南、西三面临澧水，全城东西长二里许，南北宽一里许，今遗址尚存。

（三）五道水土司结盟遗址①

清朝康熙年间桑植土司与容美土司结盟之处，据乾隆《永顺府志》卷

---

① 罗维庆：《桑植土司文化遗产的利用与开发》，《民族论坛》2011年第3期，第41—
　　43页。

十二《杂记》载："桑植县西北一百二十余里,有大岩屋,宽布数十席,石壁有墨书'山高水长亿万斯年'八大字。相传容美、桑植二司,寻盟于此书之。"大岩屋位于五道水镇澧水北源岔角溪村一悬崖绝壁下,岩屋高50余米,宽敞明亮,可容千人。明末清初之际,桑植、容美两司曾因边界纠纷而相互仇杀,致始世代为仇,民不聊生,康熙五十九年八月十六日,桑植土司向国栋与容美土司田旻文各带旗头、舍把数百人,在大岩屋会盟,约定息兵休战,永结盟好,誓曰:"桑容两司,山高水长,世代和好,亿万斯年。"向国栋手书"山高水长",田旻文手书"亿万斯年",今八字遗迹尚存。

六、大庸土司遗址

(一)大庸覃氏土司历史沿革①

大庸覃氏土司,辖地主要位于今张家界市②永定区境内,司治位于今张家界永定区温塘镇茅冈村。

大庸土司之地,唐初属崇义县,后并入慈利县,隶属澧州。五代、宋初仍置慈利县。元初改县为州,后又置县。明初置大庸县,后改为大庸卫。洪武二十二年(1389年),更名永定卫,隶属湖广都司。清雍正八年(1730年),撤永定卫,设安福县。

覃氏土司之先祖,据《永定乡土志》载宋哲宗时"有覃汝先者,生于元符元年戊寅,倜傥有志略,绍兴中杨么据湖南乱,诸洞蛮时窃发,汝先承制分征,剿抚并施,诸蛮畏服,论功授武毅大夫,镇守施州"。

覃汝先生于宋元符戊寅年(1098年),娶妻向氏,生两子:长子覃伯坚、次子覃伯圭。茅冈覃氏即为覃伯圭后裔。

覃仕魁,覃伯珪之子,生于庆元五年(1199年)己未,娶妻唐氏,生二子:长子友仁、次子友义。祥兴年间,峒夷叛乱,遣子友仁率军追剿,由中

---

① 龚荫:《中国土司制度》,昆明:云南民族出版社,1992年,第1222页。其原为内容多参考自《覃氏族谱》。王承尧,罗午:《土家族土司简史》,北京:中央民族学院出版社,1991年,第46—47页。

② 张家界市,原名大庸,1988年5月经国务院批准设立,1994年4月更名。

建、中峒等地追至麻寮（今石门、慈利地），时元军已灭南宋，故其迎接仕魁留居于此。后仕魁卒于至元二十八年（1291 年）。

覃友仁，仕魁之子，生于宋理宗淳祐元年（1241 年）辛丑岁，娶妻唐氏，生二子：长子覃绪祖、次子覃福祖。覃友仁以其所居之地偏僻狭小，欲迁往他处，恰逢受湖北枝江官塘平土司唐承基请求协助平寇，"追寇东去三百里"，遂移居添平所（今慈利），以功授安抚使职，封"怀远将军"。《覃氏族谱》载："覃福，元世祖时，改茅冈隘为茅冈安抚司，封福为安抚使职。"

覃福祖，仕魁次子，曾任茅冈峒长。

覃荣，字天祐，覃福祖之子，明初率众归诚，后曾随征陈友谅、调征茅冈蛮有功，授为茅冈隘安抚使，世守其地，加封"开国镇夷将军"。由于茅冈之地偏僻狭小，明正统年间其被降为长官司。

覃尧之，嘉靖间因调征蛮寇、屡著功勋，令其世袭茅冈。

覃宗伊，覃尧之后裔，万历三十年（1602 年）调征播州杨应龙，封"昭勇将军"。

覃胤昌，覃宗依之孙，袭父职。

覃洪柱，清顺治七年（1650 年）率众向清政府投诚，赏"开国忠藩"匾额，仍令世袭其职。

覃声极，康熙丁丑年（1697 年），同石砫土司开拔辰龙关征讨红苗，以功受赏"西藩重镇"匾额。

覃纯一，雍正元年（1723 年）征苗有功，加安抚使世职，雍正十三年（1735 年）改土归流，改封世袭千总职，其司亦废止。

（二）茅冈长官司遗址

茅冈土司遗址位于今张家界永定区温塘镇茅冈村。土家首领覃添佑任于明朝初年任茅冈土司长官时建造，建有"七进衙署"和三街六巷，其内还有三宫六院、箭台、戏台，共计七个天井。街市依水而建，王堂依山而造，条石砌墙，块石铺地。司城东部"覃氏园林"融人工建筑于自然景观之中。茅冈古市还有回龙阁、观音阁、大朝山寺、云朝山寺、观音山寺等建筑。

第二章　湖北土司遗址

一、唐崖土司遗址

唐崖土司城址位于湖北省恩施土家族苗族自治州咸丰县尖山乡唐崖镇（原尖山乡），主要遗存年代为明代中后期至清初（17—18世纪初），占地规模约80公顷，为土家族唐崖覃氏土司治所。唐崖土司历史上大多为长官司、安抚司等，属等级较低的土司，管辖周围约600平方千米的领地。

（一）唐崖覃氏土司历史沿革

覃氏土民在武陵山区的活动由来已久，东汉时史书已有明确记载，[①] 宋时鄂西覃氏势力已经显赫。[②]

元至正十五年（1355年），中央政府设立唐崖长官。元末时局动荡，朝廷无力控制，加之地方割据政权对鄂西诸土司大力笼络，唐崖土司乘机发展。[③]

明朝建立后（14世纪），唐崖土司受明朝封为"长官司"。后因参加湘

---

① 民国《咸丰县志》："唐崖、金峒覃氏，为本地土人之最古。"《后汉书》卷八十六《南蛮西南夷列传》："肃宗建初元年……三年冬，溇中蛮覃儿健等复反。"有关唐崖土司历史沿革可参见王希辉，杨杰：《鄂西唐崖土司覃氏世系及其征调述略》，《三峡大学学报（人文社会科学版）》2009年第6期，第11—16页。

② 民国《咸丰县志》引《宋史林栗传》："施民覃汝翼者，与知思州田汝弼交恶，会汝弼卒，汝翼帅兵二千人伐其丧。"

③ 见《湖北舆地记》"施南府"。民国《咸丰县志》引唐崖《覃氏族谱》认为唐崖土司始创时被授予宣慰司。另据利川县《覃氏族谱》："唐崖古蛮夷地，……元置唐崖长官。明玉珍改宣抚使。"《明史》"地理志"说法类似。

鄂西土司叛乱，唐崖土司遭废置，发展受重挫。永乐四年（1406 年）复置，属湖广都指挥使司施州卫管辖，势力逐渐恢复，其后两百余年间，唐崖土司稳步发展，政治、经济、文化各方面日臻成熟。随着历代土司的军功或掠夺汉地，职位屡有升降。史载明时唐崖土司还辖有菖蒲蛮夷长官司（司署位于今活龙坪乡八家台板桥河村）、西坪蛮夷长官司（司署位于今活龙坪乡）两个副司。其辖域范围包括了今天咸丰县的尖山乡、活龙坪乡的全部和邻近的部分地方。其中，唐崖司辖域面积约为 600 平方千米。①

明末，唐崖土司借征讨播州杨应龙、水西安邦彦、永宁奢氏叛乱等机会，适时扩张势力，天启年间（1621—1627 年）达到鼎盛。而后，明末农民大起义爆发，唐崖土司多次奉调征剿，并取得若干战功，受到朝廷的封赏，势力得到进一步巩固。

清初，由于先后参与了吴三桂和谭宏叛乱，在清廷和叛乱势力之间摇摆求存，唐崖土司势力遭到极大削弱。康熙后期，清廷逐渐加强了对鄂西土司的渗透与控制，唐崖土司逐步走向衰落。

雍正四年（1726 年），清朝开始进行改土归流。迫于形势唐崖土司于雍正十三年（1735 年）自请改流，延续了四百多年的唐崖土司遂告结束。唐崖辖地并入新设的咸丰县。改土归流后，覃氏子孙虽然不再担当世袭的土司职务，家族势力受到巨大削弱，但在唐崖土司故地和咸丰县境内仍然保持着相当实力，到中华人民共和国建立初一直为当地望族。

（二）唐崖土司遗址概观②

1. 唐崖土司城址建设沿革

元代后期，唐崖土司城草创。

明洪武年间（1368—1398 年），唐崖土司随湖广土司叛乱被平，治所

---

① 黄永昌，邓辉：《唐崖土司城址调查报告——兼论唐崖土司覃氏的历史问题》，《三峡论坛（三峡文学·理论版）》2013 年第 5 期，第 10—16 页。刘辉：《唐崖土司皇城遗址的空间布局与结构分析》，《三峡论坛（三峡文学·理论版）》2013 年第 5 期，第 17—22 页。

② 本部分内容根据湖北省文物考古研究所唐崖土司城考古队编著《唐崖土司皇城遗址 2013 年考古工作汇报》整理而成。

废毁。

　　明万历三十九年（1611 年），石人石马刻成。

　　明天启四年（1624 年），"荆南雄镇"牌坊建成。

　　明天启年间（1621—1627 年），张王庙建。

　　明崇祯年间（1628—1644 年），唐崖城主要格局三街十八巷、大衙门建筑群、大寺堂等主要建筑建成。

　　明崇祯三年（1630 年），田氏夫人墓及牌坊立。

　　清雍正十三年（1735 年），唐崖土司城废弃。

　　2. 唐崖土司遗址概貌

　　唐崖土司城址包括城址、墓葬及外围设施。根据目前考古发掘，已发现的遗存类型较为丰富，包括城防设施（城墙、城门、哨台等）、交通设施（道路、桥梁码头等）、建筑基址、葬、苑、手工业遗址（采石场、砖瓦瓷器作坊）等多种类型，出土遗物主要有瓷器、陶器、金银、砖石质构件等，其中以青花瓷器残片和石质建筑构件为主。其考古学年代判定主要集中于明代中后期，并多有纪年题刻，与明万历至崇祯年间（1611—1644 年）历任土司及田氏夫人集中建城等历史记载相符。城内保存完整、井然有序的道路、院落体系，呈现出城址主体一次性集中规划、营建的特征。

　　城址是唐崖土司遗址的主体，位于遗址东部临河较为平缓的区域。城址西部的山林中及城址周边，分布着墓葬、外围设施等遗存。

　　城址四周有城墙围合，随地形呈不规则梯形，面积约 35 公顷，主体建筑方向一致朝东，面向唐崖河。城址由一条南北向主干道、三纵三横的次干道以及数十条巷道形成的道路系统分割为数十个院落，这些院落成为城内的基本结构单元街道与院落，分布着不同等级的排水系统。

　　主干道以西院落较为稀少而规格较高，位于主干中段、城址中心位置的大型院落即衙署区遗址，为土司行政与生活的地方，遗存丰富，为全城核心，此外自北而南分布有大寺堂遗址等。主干道以东为院落密集区，自北而南散布有营房遗址、地牢遗址、小衙门遗址、天灯堡遗址、检阅台遗址等；在城址北部主干道东西两侧的院落之间分布着采石场遗址。城址西部地势较高，无明显院落遗迹，遗址随天然地形分布，西北部有土司时期墓葬 6 座，西南部为"御花园"遗址、万兽园遗址、杀人台遗址等。

城址四周共有水、陆9个出入口。城址外围分布有道路桥架等交通、防御设施遗存，与城址主要出入口衔接。其中东面有四个出口通向河岸，其中东门遗址及东门外道路、码头遗址为最主要外部交通设施；北部沿主干道有出入口可出城；西部有两条较为隐秘的通道可穿过玄武山山林区进入后山；南部为两个较为险峻的通道，有人工阶梯与桥梁，跨过南部的天然沟壑到达沟对岸的山上。

在城址之外，西部山林地带分布着土司时期的墓葬6座。城东北、西部有张王庙、玉皇庙等寺庙遗址两处。城址内外沿道路和重点遗存附近分布有水井遗存17处。

下面分别从城防遗址、交通遗址、排水系统遗址、建筑遗址、墓葬遗址、其他类型遗址6个方面展开介绍。

（1）城防遗址

城防遗址包括城墙、城门、哨台等遗址。

城　墙

城址四面绝大多数地方保留城墙或墙基，东西跨度约700米，南北跨度约670米，围合面积约35公顷，其中东城墙中段和南城墙西段保存较好。残存城垣多存有1米以上，临河一线可达2.5米左右。墙基宽约3米左右，东门附近局部厚达7米。城墙基本砌法为石包土，为形状规整的青砂岩石块干砌、中间为夯土。

城　门

现仅存一处较为明确的城门遗址，即东门遗址，有较为清晰的城墙缺口和门道遗存。

哨　台

目前城址外围有三处可能的哨台：一处为南部峭壁上道路东侧的人工台基遗址；一处为玉皇庙所在台基，地势险要，控扼后山，在历史上可能作为哨台；一处为张王庙所在高台，沿河砌筑，视野开阔，位于水路要塞，也可能兼任过哨台功能。

（2）交通设施遗址

交通设施遗址包括道路遗址、桥梁遗址、码头遗址。

道 路

唐崖土司城址的道路体系由城内的主干道、三纵三横的次干道、数十条巷道，以及城外的几条通道构成。

主干道南北贯通全城，大致平直，局部随地形弯曲折拐。主干道自南向北依次分为三段，称为上、中、下三街，全长880米，南北均可通往城外。路面一般宽1.5—2.7米不等，中段最宽处3.5米。路面中间为横向青砂岩条石铺砌，两侧为纵向条石压边。大部分路段两侧或单侧有石砌护坎，护坎高0.2—1.8米不等。路面上有垂直于路面方向、宽约0.3米排水沟，沿街有与道路走向一致的明沟或暗沟。

次干道三纵三横，分别为东西向的第一、第二、第三下河道，及南北向的第一、第二、第三横道。次干道窄于主干道宽约1—1.7米，砌筑方法较主干道简单自由，局部也有石砌护坎。三条横道路旁有平行及斜穿路面的排水沟。三条下河道沿道路方向砌有较大的排水沟，宽约0.2—0.75米，最深处可达1米。

在主次干道之间，有若干位于城内的巷道以及通往域外的通道。城内巷道共计有11段，仅局部铺设石板，一般较次干道狭窄，基本保持了东西向或南北向，成为分割院落、连接主次干道的基本通道。此外，尚有道路遗址8条，呈放射状分布，分别连接城内主次干道，多为通往城外的通道，宽窄不一，一般不加铺设石板。

在城址南部连接道路与沟底石桥的陡坡上，建石台阶，南部较为笔直，计有七十二级，称"七十二步朝天马"；其北500米处地形更加陡峭，石阶呈之字形曲折，称"九道拐"。

桥 梁

唐崖土司城址主要有三处石桥遗迹，其中北部石桥"桥上桥"位于城址东北部的天然沟壑打过龙沟之上，为石质结构，分上下两层，下层桥为青石板简单铺设，上层桥筑于下层桥面之上，桥面长6.5米，宽1.8米，为两期修建；下层桥为前期修筑，后期城址改扩建时为保证主干道路面平坦，遂又搭建一层桥板。

另外两座石桥遗址位于城址南部天然沟壑贾家沟上，偏南部的一座位处城址东南角，与"七十二步朝天马"石阶相连，名贾家沟桥，南北向，桥面宽约 1 米，由南北两块长方形石板构成。桥墩平面类似于船形，建于水底基岩上，东长 3.12 米，高约 2.68 米，西侧迎水面呈三角形分水尖，东侧去水面呈方形，宽约 1.50 米，桥墩由加工过的石块垒码而成，两侧有石包土的桥堡。桥南有石碑，碑文对于贾家沟桥及路重修的情况进行了介绍。另一座桥位于贾家沟桥以西 500 米处，与"九道拐"相连，仅存桥墩石及散乱构件。

码　头

码头遗址一处，位于唐崖河东岸，南距张王庙约 300 米，北距北城墙碗厂沟口约 60 米。岸边基岩暴露。发现有在基岩上开凿的圆形洞、方形洞，其中一个圆形洞在基岩边缘斜穿基岩，是用于拴船的绳索孔。

（3）排水系统遗址

唐崖土司城址所在地区降水量大，排水系统是城址建设重要的构成部分之一，也是体现山区土家族人民生存智慧的重要遗存。遗址总体西高东低，坡度适宜，不易积涝，是天然排水良好的地块，通过排水系统的设置，将雨水有序导入东部的唐崖河中，不至冲毁城区。

唐崖土司城址的排水系统主要由天然排水系统和人工排水系统构成。天然排水系统包括遗址以北的打过龙沟、中部的碗厂沟、以南的贾家沟三条天然沟壑依地势自西向东汇入唐崖河，有效分流了遗址西部山林区的大部分洪水，丰水期可以起到泄洪的作用。人工开挖或铺设的排水沟有三个层次：第一层次为顺第一下河道、第二下河道、第三下河道的沟渠，第二层次为横跨主干道的明沟，第三层次为沿主干道和三横道的人工砌筑的明沟或者暗沟。三个层次主次分明，及时有效地将雨水导入唐崖河或两侧天然沟壑，保障了城址区排水的通畅。

（4）建筑基址遗址

建筑基址遗址包括行政类建筑基址遗址、刑罚类建筑遗址、军事类建筑遗址、宗教类建筑遗址、生活类建筑遗址 5 大类。

行政类建筑基址遗址

行政类建筑基址包括衙署区遗址和小衙门遗址。

衙署区遗址

衙署区遗址位于城址中心位置，周围院墙围合，为一大型院落，东西长218 米，南北平均宽 155 米，总面积 33790 平方米。遗址分布于自东向西的四级台地，地势逐渐抬高，沿东西轴线依次为"荆南雄镇"牌坊、大衙门遗址、官言堂遗址及附属建筑、内宅，主体建筑皆朝东。除牌坊为地面遗存外，其余皆为地下遗址。

"荆南雄镇"牌坊建于明天启四年（1624 年），是朝廷为表彰第十二代土司覃鼎的战功而立，为唐崖土司城址中最具标志性的建筑遗存，是衙署区建筑群的起始，前有石阶与主干道垂直连接。牌坊为砂石仿木结构，高 7.15米，通宽 8.04 米，三开间，四根石柱前后有高 2.5 米的抱鼓石及石狮（现残存一个）。横额中两面分别书写"荆南雄镇"和"楚蜀屏翰"八个阳刻大字，前后均有题记，记录了牌坊的建造缘由、时间。中间枋面雕刻"土王出巡""哪吒闹海"等题材，两侧枋面雕刻"渔樵耕读""槐荫送子"及麒麟、龙、凤等图案。这些题材多取自汉地，但有本地变通，也有直接反应土司生活的"土王出巡"等，是汉土艺术结合的产物。

大衙门遗址位于牌坊之西，高于牌坊的台地上。建筑遗址坐西朝东，前有月台，第一期南北长约 34.67 米，宽 20.7 米，东侧和北侧沪边的陡板石尚存，面阔和进深不详。第二期南北长约 21.56 米，东西宽 9.84 米，为一处面阔五间进深三间的建筑基址。台基以上部分不存，尚存南北向三排柱础共 4个，室内为青砖铺就的地幔。台基做法为夯土周边以干砌法包砌青石条，高约 1 米。周围有水沟遗迹，在东北部贴近台基有圆形水井遗迹一处。月台也为夯土包石，南北长 14.5 米、东西宽 10.5 米、高 0.5 米。月台与建筑基址之间有台阶相连，月台作须弥座状，中间束腰石板及台阶侧面以浮雕形式刻有麒麟、海棠、莲花、竹节等图案。

官言堂遗址位于大衙门遗址以西、高于大衙门遗址的台地上，属官言堂主殿（第二进），面阔三间，进深三间，南北两侧有厢房。台基平面呈长方形，长 38 米、宽 17 米，夯土台基周围包砌石条。石料之间生石灰浆灌浆，勾缝平整。室内西北角发现少量青石板铺设的地幔砖。基址现存灰砖砌建而成的西墙遗存，残高 0.4 米，基地西部中间发现圆鼓镜形柱础以及其余被移动过的同形制柱础 8 个。台基周围有石砌排水沟。

官言堂前附属建筑遗址略低于官言堂遗址，中间有台阶相连，为官言堂前殿（第一进），面阔三间，进深二间。该建筑基址长 10.5 米，进深 8.4 米，现存 4 个正方形青石制成的圆鼓镜柱础，室内西墙存青砖墙体。官言堂前附属建筑遗址与官言堂遗址之间有石砌排水沟，其南北两侧有两座小建筑基址为官言堂南北两侧的厢房。

内宅遗址位于最高一级的台地上，分为两期，第一期建筑基址长 27.68 米、宽 10.6 米。面阔五间，进深两间。

小衙门遗址

位于城址东北部，第一下河道北侧。院内现存院墙、院门墙体、排水沟、房屋基础等遗迹单位。院墙墙基由较为规整规格比较统一的大条石铺垫，有人工打磨痕迹，墙体用石规格亦较为一致，部分墙段有填土。现遗址尚未发掘，上建传统民居，民居前面的空地上仍可见到大量的规整的建筑石构件如条石、石础、石鼓等。所在院落西北侧有四方形石砌水井一口，保存较好，为小衙门遗址的配套设施。小衙门遗址据推测为辅助办公区。

刑罚类建筑遗址

刑罚类建筑遗址包括地牢遗址和杀人台遗址。

地牢遗址

地牢遗址位于城址东北部，与东门附近的城墙内侧相连。整体形状为大型石块砌筑而成，整体形制呈长方形。地牢长 3.4 米，宽 2.6 米，最深处即东侧石壁顶部到底部的深度为 1.6 米。东面使用巨型长方形条石砌建而成，现存有 3 层，其中最上层仅保存一块残缺的条石，下部 2 层均较完整，条石长度多在 1.2—1.3 米，宽度在 0.7—0.8 米之间，高 92 厘米。条石开凿得极为规整，砌建整齐，西面的结构垮塌严重，垮塌的大石块仍堆放在地牢中，从现存的部分看，该处不同于东壁使用条石砌建，该处是直接将原生岩层开凿整齐形成地牢平直的边壁，现存长度180厘米，上部、前部损毁。地牢的北面也仅存一条边，而且现存的岩层极低矮。

杀人台遗址

杀人台遗址位于城址西南部，是土司惩杀罪犯之处，为不规则四方体自然岩石，体积较大，且南高北低，该岩石正处黄土坡上部，现大部分被耕土覆盖，仅露一角。

军事类建筑遗址

军事类建筑遗址包括营房遗址和检阅台遗址。

营房遗址

位于城址北部，现已发现一处建筑基址。下街两侧、桥上桥以南都为营房区，为驻扎军队之所。①

检阅台遗址

位于城址东南部，第三下河道以北。检阅台长约17米，宽约13米，现存石档长度约7米，高约2米，以青砂岩石条砌成，现大部分为农田覆盖，仅南部一段石栏临街露出。检阅台为传统地名。

宗教类建筑遗址

宗教类遗址有张王庙遗址、大寺堂遗址、玉皇庙遗址。

张王庙遗址

张王庙遗址位于唐崖土司城址外东北部一人工砌筑高台上，因庙内主祀三国名将张飞而得名。张王庙由两个院落组成，现存石砌围墙，庙内建筑遗址尚未发掘。除散落建筑构件外，庙内有石人石马一对。根据雕塑侧面的题记，这对石人石马的雕刻年代为明万历三十九年（1611年），皆提腿欲前行状，前有持辔武士各一，头着盔帽，身着铠甲，佩剑抱伞，待立马前。石人石马以巨大砂石雕琢而成，二马分别高2.38米、2.08米，造形奇伟雄壮。

---

① 清初朝廷曾派把总员带兵长期驻守唐崖司，该营房遗址可能为朝廷军队驻扎之所。

现石人石马上方有 1983 年依据历史格局修建保护设施的罩马亭。

大寺堂遗址

大寺堂遗址为土司礼佛之处，位于城址北部主干道以西，接近土司行政与生活的衙署区。大致为长方形平面，东西长 52.43 米，南北宽 27.56 米。现存北面院墙约 10.27 米，南面院墙约 28.3 米。

玉皇庙遗址

玉皇庙遗址位于遗址西端，玄武山之西，远离城址，在两山脉交界处突出的高地上，地势险要。作为道教寺观使用至 20 世纪初，据实地参考得知历史上曾为哨台。现存 12 米×17 米的石砌台基一座，高出地面约 5 米。台基周围有院落遗存。遗址附近有古树三株，分别为水杉、枫香，为土司时代遗迹。玉皇庙遗址附近有水井遗迹三处。

生活类建筑遗址

生活类建筑遗址有院落、水井等。

院　落

唐崖土司城城址内包括上述小衙门、大寺堂等院落在内共有院落 30 多个。除部分院落发现建筑基址外（包括院落 No：9、院落 No：29、院落 No：5、院落 No：22、小衙门、大寺堂、张王庙），大部分院落一般由围墙、门道构成，为一般生活区。在多个院落内部或附近有水井遗迹。

水　井

唐崖土司城址中水井共 17 个，一般位于道路的节点或重要院落附近。多为长方形的石砌方坑，底部铺砌石板，四壁均用规整的石块砌成，井沿外一般有一个石砌平台。主要为方形，仅 1 个圆形，发现于大衙门遗址。

（5）墓葬类遗址

唐崖土司城址共发现土司时期的墓葬 12 座，其中 6 座位于城址内西北部地势较高的台地上，另外 6 座有 5 座位于城址以西、玄武山山林之中，局部有土筑墓园墙遗迹，1 座位于城址以南。墓葬形式多为 1 至 4 个不等的方形石砌墓室，石板墓门前有八字形雕花影壁。仅田氏夫人墓前有牌坊。其中较为精美的是二代土司墓等。墓主为历代土司及其下属，部分墓主身份已通过铭文辨别确定。

二代土司墓

二代土司墓为唐崖土司城址中最为宏大、精美的墓葬，位于城内西北部。墓葬由祭台、墓室、封土构成。祭台由高1米左右的八字形石壁围合，周围有石雕望柱、栏板，石板铺地，前有三级台阶可上。祭台连接墓室，外观为石雕仿汉地四开间殿堂式，重檐庑殿顶，有前廊，以石头雕刻出柱、枋、斗拱、屋檐、鸱吻等仿木、仿瓦构件，墓室外观通高4米，为一般同类殿堂建筑尺寸的七分之一。内部对应四开间建筑形象，有石砌椁室四个。在祭台栏板、石壁墓室内部等处，雕刻有花草、瑞兽、团花、云纹等汉地风格的图案。二代土司墓建筑华丽，雕刻精美，保存完整，是唐崖土司城址的精华之一。

田氏夫人墓

田氏夫人墓位于二代土司墓的左后方（西偏北），位置高于其，建于明崇祯三年（1630年）。墓前有石碑与石牌坊，石碑高1.9米，有缠枝花纹图案，石碑文字阳刻，碑面上方刻字，碑记记载了墓主信息及建造年代。碑前5米处为一座通高3米的三开间石牌坊，四柱均有抱鼓，枋上刻字造型简单，无雕饰花纹。

覃鼎墓

唐崖土司中最为著名的土司覃鼎墓位于唐崖土司王城西北方向，东距大印塘约50米，西距西城墙约40米，位于二代土司墓的北部约100米处，为一封土墓，东南向，形制十分简单，墓前有八字抱鼓石一对和碑一块。碑顶石檐上凿纹路呈瓦形。须弥座凿刻圆边，下刻卷云纹。

此外，遗址中还发现有18—20世纪、晚于土司时期的墓葬12座，散布于遗址各处。

（6）其他类型遗址

其他类型遗址主要包括土司苑囿遗址和手工业生产遗址等。

土司苑囿遗址

唐崖土司城的苑囿包括土司的"御花园"和"万兽园"。"御花园"

位于城址西南部,与衙署区相连接;"万兽园"位于城外南部,与南城墙相连。

手工业生产遗址

现存手工业生产遗址主要为采石场遗址。采石场位于唐崖土司城址中部偏北,是唐崖土司城城墙、道路、建筑基址等的建筑材料来源。可见已剥落的边长1—3米不等的石块。石块为青灰色的细砂质砂岩,结构紧密、质地坚实而细腻,既可作大型石材,又可制作细部花纹。在部分岩石的立面上可见到火炙的烟熏痕和楔子凿出的鉴窝,烟熏痕呈黑色,分布面较大。烟熏痕所在的岩石面上有凹凸不平的鉴窝和鉴刻线。楔窝直径约4—8厘米,现深2—8厘米。从现有情况来看,采石场采用古代传统采石工艺:火炙后用冷水浇使石头受热不均匀炸裂后,用楔子嵌入裂缝进行锤击,将大块石块进行剥离,再用鏨子在岩块上开出一个或一排楔眼,塞入不同规格的楔子。

二、鹤峰容美土司遗址

容美土司,自元兴起至清初改流,是鄂西南地区最大、实力最强的土司。史载"楚蜀各土司中,惟容美最为富强"。同治《桑植县志》中记:"永顺、保靖、桑植、容美为四大土司,而容美最强。"[①] 其从元至清,祖传19代,22任,历时四百余载。其疆域范围,据《田氏族谱》中载:"东南四百里,至麻寮所界;东北五百里,至石梁、五峰等司;连天坪、长阳、渔阳关界;北六百里,至桃符口清江边巴东县境界;其清江以外,插入县志,军政不与焉。(以军隶司而粮纳也)上自景阳、大里、建始县界;纵横又连施州卫界,西北三百里,大荒连东乡里;西三百里,自朱家关至林溪,连山羊隘界;南三百里,自石硅泉下知州连九女隘界,外插入慈利界;长阳、宜都等县田地与县民,例当差者,不与焉。"[②] 几乎包括现鹤峰、五峰两县的全部

---

① 同治《桑植县志》,《中国地方志集成:湖南府县志辑》,南京:江苏古籍出版社,2002年,第123页。

② 清《田氏族谱》,藏于吉首大学人类学民族学研究所资料室。

及恩施、建始、巴东、长阳等县的部分地区。其实力之强，疆域之广，影响之深远，乃湘鄂渝黔边区其他土司所无法相比的。

（一）容美土司历史沿革

容美土司地处楚西"南徽"。东联江汉，西接渝黔，南通湘澧，北靠巴蜀，境内山岳连绵，沟壑纵横，最高海拔2300多米，最低在200米以下，是武陵山脉东段的中心。其疆域包括今恩施土家族苗族自治州的鹤峰县的大部分地区，巴东县野三关以南的大部分地区，恩施县、建始县清江以南的部分地区，五峰土家族自治县、长阳土家族自治县的大部分地区和湖南省石门县、桑植县与之接壤的部分地区。至清雍正年间改土归流，其控制疆域缩小在四关四口（东百年关、洞口，西七峰关、三岔口，南大崖关、三路口，北邬阳关、金鸡口）之内。

容美土司在元称黄沙寨千户、容美军民总管府、容美宣抚使司，在明称容美等处军民宣抚使司、宣慰使司，清沿明制，称湖广容美等处军民宣慰使司。明洪武七年（1374年）后，容美土司下辖家乡寨、五里白崖、椒山玛瑙、石梁下洞、五峰石宝五个长官司，永乐定制后下辖五峰石宝、石梁下洞、椒山玛瑙、水浕源通塔坪四个长官司，崇祯十三年（1640年）后五峰、石梁、椒山、水浕源四长官司升安抚司，石宝、下洞、玛瑙、通塔坪四个副长官司升长官司。另外，容美土司私自设立的长官司、指挥司、土知州、千户、百户、参将、洞长等多达27个。

容美土司为田氏世袭。田氏为容米部落受姓后之沿袭。第一代土司为墨施什用（元至大三年被授予黄沙寨千户），第二代土司为田先什用（元至正十年被授予容美洞等处军民总管府总管），第三代土司为田光宝（元至正二十六年朱元璋授予四川行省参政行容美军民宣抚司事），到末代土司田明如共传承15代、23位土司。容米部落的首领开始没姓氏，后来渐以祖先之称谓而受姓，因其先祖墨施（或称墨色什）之"墨"在土家语言中称为天王之意或首领之称，故随着容美土司逐步与汉文化交融，由"墨"到"天"，再由"天"到"田"。

（二）容美土司遗址①

容美土司作为鄂西最大的土司，其遗址位于鹤峰县容美镇屏山村、张家村等地。容美土司遗址群始建于明代晚期，其重要的就有中府、平山爵府、南府等土司衙署遗址，细柳城土司行宫遗址，万人洞、万全洞、晴田峒等土司时代修筑的洞府遗址，百顺桥、九峰桥、铁锁桥、龙溪桥、平步桥等桥梁建筑遗址，还有一批土司墓葬和与土司有关的墓葬。这些土司遗址形成了规格宏大的容美土司遗址群。下面仅就其中保存较为完好的土司遗址，从土司衙署遗址、土司行宫遗址、土司洞府遗址、土司桥梁遗址、土司墓葬遗址五个方面展开介绍。

1. 土司衙署遗址

（1）中府遗址

中府，即今日鹤峰县城，中心即为今日县政府处，原约20万平方米。今土司时期的建筑已全无，但今日城建中，不时发现当年的一些遗迹和遗物。原城依《容美纪游》记载："司治五门，无城有基。南门正临龙溪江，闾阎栉比，甃石为街。"②中府始建的年代，依文献记载，当不会晚于宋代，经历了元、明、清，至"改土归流"设县。当年的建筑风格特色在顾彩的《容美纪游》中有细腻的描述，他说"宣慰司署，司堂石坡五级，柱蟠金鳌，椽宏丽，君所以出治者，堂后则楼上，多曲房深院。"可见府中是楼、阁、亭、园、院、池应有尽有。而末代土司田旻如撰述的《保善楼》石刻碑文中，记述了楼的宏丽："其规模宏大，转弯抹角，百孔千窗，真令人不得其门而入者。"由此可见，土司时代的中府内，建筑的规模、景观特色非比一般。就是今人在新建过程中，亦常常发现大量的砖瓦残片，在所发现的众多柱础上，雕饰着各种花纹。

现主要遗物有明代土司田楚产于天启元年（1621年）十二月施铜铸造的"大日如来"一尊。铜佛像重达千斤以上。该佛像精工细镂，不失为工艺精

---

① 容美土司遗址相关资料参见《鹤峰县文物普查资料》，1986年稿本，邓辉：《土家族区域的考古文化》，北京：中央民族大学出版社，1999年，第320—335页。

② 顾彩：《容美纪游》，吴柏森校注，武汉：湖北人民出版社，1998年，第56页。

品，大日如来为盘腿坐于莲花台上，神态安详。

（2）平山爵府遗址①

平山位于鹤峰县城东 11 千米处，该山地形狭长，山顶较平敞，四周十分险要，绝壁千仞，易守难上，面积约 4.4 平方千米。容美土司曾于此苦心经营，修建了规模宏大的爵府等建筑群以及防守坚固的洞府"万全洞"。平山爵府从田九龙（第 15 任容美土司）筑城建署至末代土司田旻如，八世经营，颇具规模且设备完整，留下了十分丰富的土司文化遗址遗迹。

爵府为其防御要地的中心建筑，面积较大，现已辟为农田。现可见的有司署、街道、大堂、二堂、山高水长石刻，以及残碑刻等。在整个屏山上，原有寨洞、万全洞府建筑，还有七丈五土城、大荒口关隘、躲步峡石墙，长 500 多米，形如一道高 5 米左右的城墙，墙外下方有平步桥，还有铁锁桥、土司属官向氏墓地，以及与土司当年活动有关的箭牌、阅台、凉风台、跑马练武场、天牢、地牢、杀人沟等。顾彩说："宣慰司在平山街，司署大街巨石铺砌，可行十马，西尽水杉坪，东至小昆仑，长六里，居民落落，多树桃柳，后街长二里许，居民栉比，俱以作粉为业，有织纤者。"②

爵府遗址面积 12000 平方米，现仍可见当年房基中的天井、梯步、柱础、街道等。传云，该处原有大堂、二堂、院堂、延春园等。在大堂前的两块巨石上，仍存"山高水长"的石刻大字，从字的形体看，似为清初时期的土司田舜年书写。在大堂西 300 米有演武场，是土司训练土兵之所。

在后街西尽头，原立有一石碑，惜早被砸断，所存无几，再前为下往万全洞的绝壁险道。万全洞即处在绝壁间的上部，下为 200 多米绝壁悬崖，临滚龙溪水。洞府内原有"就月轩""爱日亭""大士阁""石门"等。现洞内仍存有石刻文字"万全洞记"，该洞另称为"银库"，是当年土司的重要库房

---

① 平山又名屏山，位于鹤峰县城东北，容美土司曾在此建立爵府（即衙署）。有关湖北容美土司爵府遗址内容主要参考了《湖北容美土司爵府遗址发掘报告》以及《容美土司平山爵府遗迹调查》。黄文新，史德勇，瞿磊，等：《湖北容美土司爵府遗址发掘报告》，《江汉考古》2017 年第 6 期，第 22—41，131 页。王晓宁：《容美土司平山爵府遗迹调查》，《中南民族学院学报（哲学社会科学版）》，1989 年第 5 期，第 68—74 页。

② 顾彩：《容美纪游》，吴柏森校注，武汉：湖北人民出版社，1998 年，第 100 页。

重地。雍正十三年（1735 年）"改土归流"时，末代土司田旻如曾想依此为凭，以抗清廷，终因实力悬殊，众徒倒戈，而田旻如被迫自缢于该洞中。

在大堂的后山，今存的土司属官向氏墓群，其碑刻文字记载了他们的官位与等级。另还在向氏墓中发现了"河图洛书"等重要文物。

（3）南府遗址

南府遗址处在四面环山的一个山坳里，今名南村。就遗址而言，今仍存大量的原建筑毁废后的石材，刻饰着花纹图案。早年这里曾发现金银器类，以及罐、碗类的瓷器等，并还发现过砖室墓葬。今天当地仍然还存有与南府时期有关的地名，如张恒侯庙、九峰读书台、杀人坑等。《容美纪游》记载："南府署极雄敞，依山面溪，前有石街，居民栉比。……溪外有亭台数处可眺，其北有岩洞，名燕喜，深十余里，外窄内宽。"① 据调查，燕喜洞口较窄，原垒砌有石门，洞内曾有建筑痕迹，深度不明。从记载来看，南府是容美土司在其南部区域所设置的重要行宫别墅，也有军事戍守的目的。

2. 土司行宫遗址

（1）细柳城行宫遗址

细柳城遗址在今鹤峰城东 4 千米处，面积约 1 万平方米。现遗址上仍存有房基、石拱桥和荷花堰等遗迹。细柳城是容美土司田氏的重要行宫，也是经历了十九代经营建筑的庭院和游乐场所，《容美纪游》载，此处原建有"泌雪园""大慈阁""众春园""浣云桥"等。② 乾隆三十年（1765 年）时一块碑刻记载了此地"相传一十九代土司"经营的历史。另外在遗址东边小山上，还发现了不少明代时期的墓葬，有的曾出土过瓷器等。

（2）土城行宫遗址

该遗址与中府隔溇水而对望，地处中坝中心，地势平坦，土城长方形，约 8000 平方米。环绕遗址有一条宽约 9 米左右的护城沟壕，当地称此处为"钓鱼台"，另外原还有牌楼和花池。今遗址上有少量的砖瓦及残石狮等。传云，土司时代，田氏曾在春秋之季，常携带儿女们于此划船、钓鱼、观花、

---

① 顾彩：《容美纪游》，吴柏森校注，武汉：湖北人民出版社，1998 年，第 44 页。
② 顾彩：《容美纪游》，吴柏森校注，武汉：湖北人民出版社，1998 年，第 52、132、134 页。

饮酒作乐。据说，端午时节，还举行龙舟赛事。原牌坊被毁于20世纪60年代，在土城的后山原有一批明清时期土司王的墓葬存在。

3. 土司洞府遗址

容美土司重要的洞府有三，一为万全洞（见前平山爵府遗址），二为万人洞，三为晴田峒。

（1）万人洞

万人洞又名鱼泉洞（洞口下方有清泉涌出，水量大而名曰鱼泉洞），洞前小溪由南而北流入溇水河。洞室处两山夹峙，一般很难知其洞府所在。据记载：该洞府自田甘霖始建，田舜年扩展，形成了深山沟壑中的一条街道，十分隐蔽。现洞府中，有石砌寨门两道，相距17米，皆用钻凿条石而为寨墙，现残高3米左右不等，墙上还留有田舜年亲撰碑文"万人洞记"，另外其内还有杵米的石臼窝等遗迹。1983年初次考古发掘时，曾发掘出碗、剪刀一类的当年遗物。另外，现还存有望水楼的门洞、水牢建筑等，还有街道与人洞石级。顾彩曾说："洞口有街，有门楼，……最高处有寨楼，梯悬十仞。"①

（2）晴田峒

晴田峒又名"大寨"或"太平洞"。因土司头人田舜年曾于洞外壁题写了"晴田峒"而闻名留传。洞口远视呈纺锤状，高40多米，主峒内宽50余米，深150余米，洞内有明代修筑的高墙、房基等。传云，土司时曾于峒内设立书室、儿女们的梳妆用房等。洞口处有"晴田峒记"和长篇记事文章《捷音者叙》，共计1500余字，记叙了这里曾经发生过的几件大的冲突事件，对了解容美土司和其他土司之间的关系有一定价值。原来在洞口处，沿洞口的坡度，修建了较有特点的木构建筑，惜后被毁不存。

4. 桥梁遗址

容美土司时期，为了境内的通行道路便利，曾多处架设桥梁，主要有九峰桥、铁锁桥、平步桥、龙溪桥、百顺桥、浣云桥等。

（1）九峰桥

在城东2.5千米处，于清康熙二十五年（1686年）建成的石拱桥，保存

---

① 顾彩：《容美纪游》，吴柏森校注，武汉：湖北人民出版社，1998年，第143页。

完整，桥长 15 米，宽 4 米，高离河面约 15 米，现桥的东端有土司田舜年亲撰"九峰桥"碑文。这是中府通往细柳城、屏山、南府以及出外的必经之道。今在桥上约 10 米修建了公路桥，形成了时代的对比。

（2）铁锁桥

在屏山南部入口处，桥始建于明田九龙时期，此桥又名保安桥、天心桥。此桥原以铁链架设在宽约 20 多米的深壑之上，桥高 100 余米。桥原以铁锁链相连接，在铁链上铺设木板以通行，桥头修门上锁，一般则不可入内。现桥头有清光绪年的碑文，碑文中记载："昔土司建有铁锁桥以通行人""高峰对峙，石壁千寻"。原桥处现已改建为石拱桥。铁锁桥是容美土司时代的最高桥梁。

（3）平步桥

始建年代不明。桥长 5 米，宽 2 米，高离溪水 10 余米，是容美土司时代从平山东边进出的交通大道。从设置高大的砦墙、建修这唯一的道口，说明土司时代对屏山的防卫与进出是十分重视的。现桥保存完整，从时间上看，也应始于明代晚期。

（4）龙溪桥

在中府城南门外的龙溪沟上。桥长 15 米，宽 4.8 米，高 7.5 米，跨经 8 米。该桥建于明代，是迄今发现的容美土司时代最大的石拱桥，时代也最早。

（5）百顺桥

在今鹤峰与五峰交界的边缘溪沟的深涧上，桥建于清康熙田舜年时期。桥于中华人民共和国成立后垮毁，但桥头引桥磴以及拱卷的特点仍可见其旧貌。原桥长约 25 米，跨 20 米，高离河面约 40 米，属于高架桥。现桥头刻有"百顺桥"碑文，记载了容美土司辖域里，由田氏土司王封授的下属官员及各地军政要员。该碑对于我们今天了解与研究容美土司的内部组织构成、下属官员的配备、机构设置的地域所在，都是不可多得的文献史料。

（6）浣云桥

今入细柳城遗址，首先可见一石拱桥被土掩埋一多半，桥长 5 米，宽 3

米。浣云桥，顾彩当年记载"（桥）四面皆水，荷菱绕之，似江南景。"①

5. 土司墓葬遗址

容美土司遗址当中还有东阳湾墓葬群遗址、官坟园墓地遗址以及平山向氏墓群遗址。

（1）东阳湾墓群

东阳湾墓群，系容美土司田氏的祖茔之地。这里曾有田甘霖、田舜年、田九龙等土司的墓葬，现已被破坏掉。今仍存有"皇清诰封容美等处军民宣慰使、骠骑将军左都督正一品加三级显考田九峰（舜年）府君之墓"。另外有诰封正一品夫人刘氏、刚氏、田铁峰（甘霖）墓志铭："皇清故王考姚诰封荣禄大夫一品夫人都招讨使少傅田铁峰覃氏之墓"以及发现的田九龙的墓志铭文等，以此可见东阳湾是容美土司田氏的重要祖茔之地。原田九峰的墓葬前有一批石雕，如狮、兽类立于墓前，今仍有一些残件。

（2）官坟园墓地

官坟园墓地，绝大部分已被今鸦来公路和居民房屋占用，现主要还存有明崇祯和清康熙"奉天诰命"碑刻。明崇祯碑文则记载了明代土司田楚产的相关事迹，清康熙碑刻文字为诰奉田舜年的事迹。碑石因风雨剥蚀，文字已多有不全，原与碑相应的其他遗迹均已无存。现可知者还有石匾一块，上刻写着"湖广容美宣抚使司宣武将军田楚产恭人向氏"。

在距官坟园东侧不足 100 米处，有"九峰桥"建筑，再往东北约 500 米处，即为"细柳城"，由此可见，官坟园是处于中府至细柳城之间一处重要的土司时代的墓地。

（3）平山向氏墓群

平山向氏墓群，埋葬的是容美土司田氏的下属官员，如向文宪、向日芳、向遇春等。这些墓葬皆为土堆墓。墓前的石刻碑文记载了他们曾是容美土司府署中的重要人物，是容美田氏的干将之才和助手。如向文宪，墓碑上刻写着：

"大清容美爵府前锋营右副总兵官掌备征千户印知各营事务侍赠武

---

① 顾彩：《容美纪游》，吴柏森校注，武汉：湖北人民出版社，1998 年，第 134 页。

略公讳文宪向公之墓，懿人覃、李氏。"

另还有：

> "爵主天然赐镌率应袭营总兵官田光南立。孝男：原任前营副总兵官管大旗鼓事复任贴堂经历掌平茶下洞长官印务，管理爵府内外大小事，兼管南旗下军务向日芳。原任火器营副将更授芙容知州，管理帅府内外事务向日旭。亲将营领旗守备向日伦。侄男辕门千总向日祖。勋旗旗长管理南府事务向日旦。

> "孝孙男：辕门小彪旗旗长向应烈。辕门提调亲随旌旗旗长向应勋。辕门千总向应臣。辕门亲旗旗长向应基。辕门营旗旗长向应时。辕门领旗旗长向应隆、向应兴。

> 雍正四年拾贰月　立。"

我们从上述碑刻中可见，在容美土司的下属官员中向氏的地位和作用。

三、其他土司遗址

湖北其他土司遗址还有施南土司遗址、散毛土司遗址、金峒土司遗址、忠孝土司遗址等，下面分别介绍。

（一）施南土司遗址①

施南土司，是元明清湖广土家族土司。始于元代，终于清雍正十二年（1734年）改土归流。下辖忠路土司、忠孝土司、金峒土司、东乡五路土司，隶属于施州卫军民指挥使司。元代设施南道宣慰使司，元亡后依附于明玉珍，洪武四年（1371年）归顺明朝，二十三年（1390年）连同鄂西忠建土司等土司反明，被蓝玉领兵剿灭。覃氏后人上书请罪，永乐二年（1404年）复设长官司，寻升宣抚司。曾多次响应朝廷征调，如参与"平播之战"。雍正时末代土司覃禹鼎因罪被废，辖地成为今利川市、恩施市、宣恩县、咸丰县的一部分。

施南土司当年的遗迹虽然多已不存，但在今城的新建中，于地下往往能

---

① · 参见《宣恩县文物普查资料》，1986年稿本。

见到当年的文化堆积层。在城西北的"猫儿堡"上，这里曾是土司时代的墓葬区，出土了较多的金器，工艺水平高超。另外，施南土司衰败后，曾又在水田坝修建了覃氏衙门"施州卫宣抚使司"，一直延续到 20 世纪 80 年代末期才大多被毁，建筑的主体风格不存。我们现在仅知其仍存整齐的平面布局特点，其留存的石刻则有不少的花卉、动物图案等。水田坝的建筑特点是木构建筑风格，周围以封火砖墙为特点。

猫儿堡土司墓群在今宣恩城西的山坡上，目前已知的情况，是从 20 世纪 40 年代开始，发现土司墓葬中常出土有金银器皿，20 世纪 70 年代中期、80 年代中期都曾出土过。1976 年发现了一件金凤冠，虽不完整，但艺术造型的风格特点令人惊叹，凤冠中的饰件有蝶、凤、环、簪等。另外还发现了金箔等。经调查，20 世纪 40 年代发现的为一石室墓葬，共发掘出土金箔 50 枚、银碗 2 件、铁箭镞 1 束等（文物后不知去向）。1958 年时也曾出土过金凤冠一顶（现不知去向）。1976 年发现的金凤冠残件计重 800 克。1985 年发现的金银器皿计 39 件。

另外于宣恩县城南芋头沟也发现一座土司墓，依墓志为土司王覃兴亮。覃兴亮为十一代施南土司王。墓室早年亦被破坏，仅存石刻雕饰残件。有花草、禽兽图案装饰等。

（二）散毛土司遗址①

散毛土司，系元明清湖广土家族上司，明清时隶属于施州卫军民指挥使司。永乐四年（1406 年），以散毛长官司改置（治今湖北来凤土家族自治县），隶施州卫军民指挥使司。据载元至元三十年（1293 年），于此置散毛洞蛮夷官，次年升为散毛府。至正六年（1346 年），改为散毛誓崖等处军民宣慰司。元末，明玉珍改为散毛宣慰使司都元帅。明洪武五年（1372 年），都元帅覃野旺交明玉珍所授印信。七年（1379 年），改为散毛沿边宣慰司。辖龙潭、大旺两安抚司，隶四川重庆卫。二十三年（1390 年），散毛洞所属腊惹洞长官覃大旺反明，割其辖地之半置大田军民千户所。永乐二年（1404 年），改设散毛长官司，命覃友谅为长官。四年（1406 年），覃友谅进京朝

---

① 参见《来凤县文物普查资料》，1986 年稿本。

贡，授宣抚司宣抚使。后以罪死狱中。正统三年（1438年），命其子覃瑄试职。清初，覃勋麟归清，准袭原职。雍正十三年（1735年），宣抚使覃烜纳土请归流，辖地遂并入来凤县。

散毛土司，明最盛时曾多次与朝廷抗衡而遭到了毁灭性打击。现存遗址在来凤县的猴立堡遗址已为农田，面积约35 000多平方米，遗址上原可见城墙基础，宽2.6米，以巨大的块石垒砌成。遗址上的堆积可厚达1.5米左右，遗物主要为砖瓦残片、陶瓷残片等。

（三）金峒土司遗址

金峒土司遗址，即金峒安抚司遗址，位于恩施土家族苗族自治州咸丰县黄金洞乡，距县城56千米。

据道光《施南府志》载："金峒安抚司，古蛮夷国。春秋，蛮与罗子共败楚师。楚师复振，遂属楚。秦昭王伐楚取之，属黔中郡。汉属武陵郡。唐属黔中都督府。宋为磨嵯洛浦地。元属施州。明玉珍僭，拟为五路总管府。洪武四年归明，寻叛，二十三年定其地，永乐五年置安抚司，宣德三年令领西坪蛮夷长官司，隶施南宣抚司，隆庆五年土舍覃壁杀兄据地叛，命将平之，削其爵为峒长，以次支承主其地，属支罗百户所。国朝属卫……自洪武四年覃耳毛始。"[①]

金峒土司设于元代，为安抚司。明洪武四年（1371年）降为长官司，覃耳毛为长官司使。永乐五年（1407年）复为安抚司，覃氏世袭。当时恩施境内有4个宣抚司、9个安抚司、13个长官司、5个蛮夷长官司，金峒为其一。清代，恩施境内土司降为19个，保留金峒，仍为安抚司。

明隆庆五年（1571年），金峒土司发生内乱，安抚司使被其弟覃壁杀害，覃壁畏罪逃往大悔寨，据其地反明，被朝廷遣兵平定，降其金峒安抚司级别为峒长，由覃氏次支主政。为加强对其地的管治，将其纳入明军事机构支罗百户所辖，后又恢复为安抚司。中华人民共和国成立后，大悔寨曾出土"金峒安抚司印"，属明永乐五年（1407年）礼部造，可能为覃壁杀兄夺印，逃于大悔寨时所遗落。

---

① （道光）《施南府志》，施南地区博物馆，施南地区档案馆，1982年，第33页。

雍正十三年（1735年）"改土归流"。在今恩施地区设施南府，将各土司地合并设立为利川、来凤、宣恩、咸丰等县。金峒与周边各土司地合并，取"咸庆丰年"之意为咸丰县。金峒安抚司撤销，司使覃邦舜改任武职千总，其子覃庭健继任一段时间后，调任山东德州参将。

金峒土司遗址，在咸丰县境内黄金洞的唐崖河边，这里地势平坦。现居民居住区域仍在原土司城里，遗址背东北，面西南，面积约10万平方米，就调查所见，这里有土司时代的雕饰精美的石柱础和装饰石刻"喜鹊闹梅""松鹤遐龄""风穿牡丹""战马飞奔"等一批明代的石刻品。当地百姓还介绍说，原土司王府建造在山上。

另在1958年，于"大悔寨"曾出土了"金峒安抚司印"一枚，重1200克，印面阳文篆书，背面镌刻着"礼部造，永乐五年四月　日"，印的侧面有"第字四十六号"。另外还有印盒，盒底部刻写着铭文"监造舍目，知印长官覃胜廉，冠带大头目谭亮，工作林凤朝造"。① 此外还发现了铁箭镞等。

（四）忠孝土司遗址②

忠孝土司，系元明清时期湖广土家族土司，隶属于施南土司。位于今湖北省恩施州利川市元堡乡和利中盆地。其长官由田氏世袭，等级为安抚司。从元至正十一年（1351年）成立忠孝军民府，到雍正十二年（1734年）裁撤，传承了383年。

忠孝土司，今属利川市元堡乡老司城，经考古部门调查，遗址面积约15000平方米，土司王田姓。忠孝土司曾有数次迁城历史，今老司城是属居住时间最长的，遗物比较丰富。就文物普查资料所见，遗址上保存着大量的砖瓦建筑材料、石雕柱础以及建筑石材，石材上多雕刻着精美的花纹图案。当地百姓还介绍说，遗址的前面，曾建有牌坊，今地名亦称为"牌楼坝"，在遗址表面的耕作中，曾发现过砚台等遗物。另外，恩施州博物馆还收藏保存着"忠孝安抚司印"一枚，重600克，印面阳文篆书，背镌刻着"忠孝安抚司印""永乐五年肆月拾三日礼部造"，该印属于传世保留。

---

① 邓辉：《介绍恩施的几枚土司印章》，《江汉考古》1983年第4期，第78—80页。
② 参见《利川市文物普查资料》，1986年稿。

第三章　贵州土司遗址

一、遵义海龙屯遗址

海龙屯位于贵州省遵义市汇川区高坪镇海龙屯村，南距遵义市老城区 16 千米，建于大娄山东支龙岩山的山巅。

海龙屯是播州杨氏土司在其统治核心区域设立的山地防御城堡，与位于湘江①西岸平原地带的播州宣慰司治所（今遵义市老城区）配合使用，是战争时期播州土司的行政和军事中心。播州自唐乾符三年（876 年）至明万历二十八年（1600 年）始终为杨氏世袭统治，元明时期（13—16 世纪）播州土司辖境涉及今黔北、黔东南的广大地区，官至从三品宣慰使，是西南地区辖境广阔、地位显赫的大土司之一。播州居民以仡佬族、苗族为主，其统治者杨氏为仡佬族。②

海龙屯始建于宋宝祐五年（1257 年），现存主要为明万历年间（1595—1600 年左右）的遗存，主要包括城防设施（城墙 5838 米、城门 9 处、哨台 6 处、军营 1 处、操练场 1 处）、行政及生活设施（"新王宫遗址"及"老王宫遗址" 2 处）、手工业设施（窑址 3 处、采石场 1 处）、交通设施（三十六

---

① 湘江，也称湘江河，长江支流乌江左岸的较大支流，历史上曾称"芙蓉江"，宋代叫"穆家川"，从明代开始叫"湘江"。主源喇叭河发源于贵州省遵义市红花岗区西北娄山山脉金顶山（原遵义县松林镇金顶山）南麓板牛沟刘家屋基。流经在遵义市红花岗区、遵义县、湄潭县、瓮安县，在遵义、开阳、瓮安 3 县交界处的三星场注入乌江。河长 155 千米，流域面积 4913 平方千米。贵州省遵义地区地方志编纂委员会：《遵义地区志·自然地理志》，贵阳：贵州人民出版社，1992 年，第 132 页。

② 王兴骥：《播州杨氏族属探研》，《贵州文史丛刊》1990 年第 4 期，第 86—96 页。

步、龙虎大道等）以及水井遗迹 5 处。

（一）播州土司历史

1. 前土司时期

播州之称始于唐贞观十三年（639 年），由郎州易名而来，属黔中道的经制州（正州）。大历五年（770 年），泸州僚族（今仡佬族先民）首领罗荣占据播州，开始对播州这块土地实行世袭统治，播州成为唐代"羁縻州"之一。此后僚族罗氏与黔西北、黔中一带的罗闽人（今彝族先民）在播州展开争夺，罗闽人曾趁南诏进攻播州而一度占据播州。

唐乾符三年（876 年），僚族杨氏先祖杨端自四川南部入播州，携八姓族人兴兵，居白锦堡（今遵义市播州区南）。杨端建立了杨氏在播州的统治，至明万历二十八年（1600 年），世袭统治播州长达 725 年。

北宋至南宋（10—13 世纪）播州辖境逐渐扩大，其西有今仁怀，东南包括黄平、福泉，北至桐梓、赤水，远较唐朝播州为广，是宋代贵州地区最大的羁縻州。

淳熙三年（1176 年），播州杨氏第 12 世统治者杨轸（1174—1189 年在位）将治所从白锦堡迁至穆家川（今遵义老城区湘江河畔一带）。①

第 13 世统治者杨粲时期（1208—1224 年），杨氏发展壮大，经济文化有显著发展，史称"播州盛世"。

宋淳祐二年（1242 年），第 15 世统治者杨文向四川地方官员陈述"保蜀三策"，提出"择诸路要险，建城濠以为根柢"，推动了抗蒙山城体系的建设。同在淳祐年间，播州冉琎、冉璞兄弟也向四川地方官员献策建立山城防御体系。

宋宝祐五年（1257 年），第 15 世统治者杨文与南宋朝廷共建"龙岩新城"（龙岩屯），作为整个南宋西南山城防御体系的一道防线，但终宋之世，龙岩新城仅作为战备需要，并未真正启用于宋与蒙元间的战争。

---

① 陈季君，徐国红：《"海龙屯"地名的历史地理研究》，《遵义师范学院学报》2012年第 6 期，第 66—69 页。

2. 土司制度时期

元至元十五年（1278 年），杨邦宪降元，置播州安抚司，开启了播州的土司统治。至元十八年（1281 年）升宣慰使。终元一代，杨氏与中央关系良好，杨邦宪之子杨汉英因军功受赐金虎符，赐名"杨赛因不花"。元初播州隶属于四川行省，至元二十九年（1292 年），改隶湖广行省。

元明时期，播州宣慰司辖地较大，包括今遵义、桐梓、仁怀、绥阳、正安、湄潭、余庆、能安、福泉、黄平、凯里等地。元明有"思播田杨，两广岑黄"之谚，但田、岑、黄三姓也比不过播州杨氏的辖地及权势。①

明洪武五年（1372 年）杨铿降明，仍受宣慰使职，播州宣慰司归四川布政使司管辖。洪武十五年（1382 年）改归贵州都指挥使司管辖，洪武二十七年（1394 年）复归四川布政使司管辖。

杨氏三十世土司杨应龙执掌播州以后，积极向王朝进贡，保持了较好的地方与中央的关系，② 还数次征调有功，③ 以战功封"都指挥使""骠骑将军"。万历十四年（1586 年），播州宣慰史杨应龙向朝廷进献大木七十根，④并因材美而见赐"飞鱼品服"。

明万历二十三年（1595 年）前后，杨应龙在多种因素下逐步走向反叛朝廷之路，⑤ 并大集役夫工匠，重新修葺始建于南宋的龙岩屯（即海龙屯，宋称龙岩新城），作为对抗朝廷的军事防御设施。

万历二十八年（1600 年），二十四万明军在李化龙带领下分八路平播，经过百余天的决战，明军攻破杨氏最后的据点海龙屯。

---

① 谭其骧：《播州杨保考》，《贵州民族学院学报（社会科学版）》，1982 年第 1 期，第 1—23 页。

② 李良品，邹淋巧：《论播州"末代土司"杨应龙时期的民族关系》，《贵州民族研究》2010 年第 5 期，第 112—118 页。

③ 如万历十四年（1586 年），领兵"征松潘诸番"，次年，征调播兵"入讨邛部蜀夷"十八年（1590 年）"复调杨应龙领兵征叠茂"等。

④ 此后的万历十五年（1587 年）、二十三年（1595 年）、二十四年（1596 年）播州土司杨应龙均有巨材进献朝廷，总数近 200 根。

⑤ 关于杨应龙反叛的原因，包括个人、中央、地方长官和部下等多方面原因。陈季君：《地缘政治学视角下明王朝与播州土司的政治博弈》，《遵义师范学院学报》2011 年第 5 期，第 13—16 页。

万历二十九年（1601 年），播州土司改土归流，播州一分为二，设遵义军民府属四川，平越府属贵州。

清雍正年间，遵义府改属贵州布政使司，府治在今遵义市，其辖地有今遵义、桐梓、绥阳、仁怀、习水、赤水、正安等地。

（二）海龙屯遗址概观①

1. 海龙屯建设沿革

海龙屯始建于南宋宝祐五年（1257 年）。据《杨文神道碑》等文献记载，南宋末年，蒙军由云南挥师东进，直逼播州土司杨文与宋王朝派遣的官员在播州共同建设防御工事，相约"置一城以为播州根本""于是筑龙岩新城（即海龙屯）"。②

明万历二十三年（1595 年）前后，杨应龙为对抗朝廷，大规模重修海龙屯。今朝天关、飞龙关上尚存有万历二十三、二十四年重建的题记。

明万历二十八年（1600 年），明军发动"平播之役"，在围攻海龙屯 50 余天后，于当年六月攻破海龙屯，杨应龙自缢。海龙屯毁于战火。

明万历三十一年（1603 年），兵备道傅光宅于屯内建海潮寺，后多次重修，新王宫中部现存建筑为民国十八年（1929 年）建筑。

据最新的考古成果，海龙屯中"新王宫"遗址毁于大火，大约在崇祯至隆武年间（1628—1646 年），部分废弃的房基因耕种和山洪等而被泥土掩埋。

2. 海龙屯遗址概貌

作为播州土司的山地防御城堡，海龙屯的整体格局兼顾了军事防御的险要和土司行政、生活的便捷，即因借外围自然山险营建军事防御系统，同时在屯顶较平坦之处修建土司行政、生活设施。其整体格局可分为军事区及主体活动区两部分。

海龙屯的遗存现存主要为明万历年间（1595—1600 年左右）的遗存，包括城防设施（城墙 5838 米，城门 9 处，哨台 6 处，军营 1 处，操练场 1 处）、

---

① 本部分内容资料来源于《贵州遵义市海龙囤遗址》。李飞，周必素，彭万：《贵州遵义市海龙囤遗址》，《考古》2013 年第 7 期，第 69—82 页。

② 李飞：《海龙囤何人所建》，《中国文化报》2013 年 3 月 7 日。

行政及生活设施（"新王宫遗址"及"老王宫遗址"2处衙署）、手工业设施（窑址3处，采石场1处）、交通设施（三十六步、龙虎大道等），以及水井遗迹5处等。

（1）军事区

军事区分布于海龙屯外围。由于屯东、西为主要的出入通道，人工建造的防御性设施集中分布在屯的东、西两侧以加强这些区域的防御性。屯南、北两侧山势险要，自然天险足以拒敌，因此仅有简单砌筑的城墙和哨台等设施，军事区的主要遗存包括城墙遗址、城门（关口）遗址、哨台遗址、道路设施遗址等。

东部军事区以6座城门（关口）为核心，该区域是海龙屯的主要入口区，也是海龙屯的核心防御区，集中体现了山地城堡的防御理念。东部军事区包含铜柱关、铁柱关、飞虎关、飞龙关、朝天关、飞凤关共6处城门（关口），各关以城墙相接，构成层层设防的纵深式防御体系。入飞龙关即登上屯顶，飞龙关与朝天关间的山体上还存有瞭望楼遗址。现存自屯底向屯顶沿地形险要处修建的一条半围合的城墙，全长约1053米。由于与自然地形的巧妙结合，城墙不需围合便可抵御外围敌人来犯，称"一字城"。① 东部登城道路位于"一字城"半围合区域内，向上随山势曲折攀升，以三十六步最为险绝，坡度达30度。这一区域城墙因险而设，城门（关口）层层设防，登城道路陡峭险峻，构成了海龙屯最为坚固的防御区域。

西部军事区以3座城门（关口）形成的两重瓮城为核心，该区域是海龙屯的次要入口区，由万安关、二道关、头道关3座城门（关口）及城墙围合的月城、土城两座瓮城组成，万安关以东，另有城墙一道以强化防御。各关及城墙均结合地形建造，朝向、形制均不统一。"两重瓮城"强化了海龙屯西侧的攻防能力，弥补了西侧无自然壕堑的不足。出头道关向西有小径通向西部诸山，这些山体构成了海龙屯的天然屏障，其中三圆山等山体上在战时还有军队驻守。

屯南北两侧沿悬崖峭壁边缘建设城墙，因自然山形的走向，城墙平面曲

① 孙华：《羊马城与一字城》，《考古与文物》2011年第1期，第73—85，123页。

折。墙外即为绝壁，形成天然壕堑。城墙上现存多处哨台遗迹，便于侦察各个方向的敌情。

下面从现有遗存要素出发分别对城墙遗址、城门（关口）遗址、哨台遗址、道路设施遗址4种遗址展开介绍。

城墙遗址

海龙屯城墙包括东部"一字城"城墙、中部环屯城墙及西部瓮城城墙几部分，总长约5838米。始建于南宋，明加固扩建。城墙沿自然山形布置，平面呈不规则形状。城东"一字城"城墙、西侧瓮城城墙多以青石块错缝砌筑而成，并用石灰糯米浆作为黏合剂。城南、北两侧城墙因下临悬崖已具备自然防御条件，以满足基本边界围合作用为主，多用页岩和泥土混合叠砌。头道关两侧的城墙也采用这一砌法。

城门（关口）遗址

海龙屯现存城门（关口）包括屯东部的铁柱关、铜柱关、飞虎关、飞龙关、朝天关和飞凤关六关，① 以及屯西部的万安关、二道关、头道关，共九关。这些城门（关口）均以青石块错缝砌筑而成，并用石灰糯米浆作为黏合剂，均为明万历年间重建。②门洞均为石砌拱券顶，部分关顶城楼建筑遗迹尚存，关前有吊桥遗迹，关内可见闸版及门扇的痕迹。这些城门（关口）作为海龙屯防御体系的重要组成要素，形成逐层设防的纵深防御格局。

---

① 除现存屯东六关外，据明诸葛元声《两朝平攘录》，明李化龙《平播全书》，清顾祖禹《读史方舆纪要》等文献记载，屯东共有九关，还有海崖、海道（龙凤）、海门等关，据此关推测分布于自养马城入海龙屯的喇叭水河谷的险要处，现均不存。李飞：《海龙囤关隘考》，《贵州社会科学》2014年第1期，第112—116页。

② 道光《遵义府志·古迹》记："飞虎、飞龙、朝天、万安榜并款'骠骑将军杨应龙书'，余榜不存。"根据现存榜额铭文及文献记载，飞龙、朝天、飞虎、万安四关系杨应龙在万历时所建。其余尚存六关在形制与工艺上与之无异，如均为券拱顶，均用豆腐块状青石错缝砌筑而成，并用石灰填缝等，表明它们也应是万历遗物。这与杨应龙"于囤前筑九关"的文献记载大致相符，但朝天、飞龙两关榜额铭文则表明其始建年代当更早，万历时只是进行"重建"而已。李飞：《海龙囤关隘考》，《贵州社会科学》2014年第1期，第112—116页。

海龙屯城门（关口）概括表

名称	别称	功能	朝向	遗存尺寸	形制特征	备注
铜柱关	水关、水门	屯东南入口	坐北面南	现存高 6.68 米，面阔 10 米，进深 5.75 米	关顶残存柱顶石 1 个，铺地石 1 块	一
铁柱关	一	屯东北入口	坐南面北	现存高 5.2 米，面阔 6.3 米，进深 4.2 米	拱门左右角柱上凿对称圆孔 4 个为吊桥关。关顶南面遗存石柱础 1 个	一
飞虎关	一	防御性最强的关口	坐南面北	现存高 6 米，面阔 10.3 米，进深 14.5 米	关前半部分为石砌拱顶城门，后部墙壁及过道系开凿自然山石而成。关口前有深约 8 米的沟壑，以吊桥相连，并与关下的三十六步配合使用，具有很强的防御和攻击力	一
飞龙关	一	屯东部登上屯顶的第一道关口，下接老虎大道，上通瞭望亭	坐南面北	现存高 7.15 米，面阔 10.15 米，进深 14.5 米	共有四道拱券门，券顶呈十字交叉形。入门南端墙上石雕成三个菱形相套的硕大花窗	据"飞龙关"匾额题记，该关为明万历二十四年（1596 年）重建
朝天关	一	向下连接瞭望亭，向上连接飞凤关	坐西面东	现存高 9.8 米，面阔 10.2 米，进深 6 米	一	据"朝天关"匾额题记，该关为明万历二十三年（1595 年）重建

续表

名称	别称	功能	朝向	遗存尺寸	形制特征	备注
飞凤关	五凤楼	入屯的正门	坐南面北	院落通长17.68米，现存城门高6.9米，面阔17.7米，进深9.55米	飞凤关与朝天关紧邻，形成防御工事组合。城门居南，关顶存柱础8个及局部砖墁地面。门前东、北，西三面有围合的石墙，北墙两侧各开一门，有台阶上下。石墙围合的院内分为两级台地，形成一个两进的长方形空间，状如瓮城	关前院落内曾发现有《骠骑将军示谕龙岩图严禁碑》
万安关	三道关	由西入屯的最后一道关口	坐东北向西南	现存高5.88米，面阔9.65米，进深5.88米	建于屯顶西端的狭窄区域，关前有壕沟，残存石踏步三级。为吊桥关。关顶面墁地砖一方及部分压面石	残存匾额上"安关"二字依稀可见。关前与二道关习称"石城"（又称"月城"）
二道关	石城关、西关	由西入屯二道关口	坐东南面西北	现存高约6米，面阔约22米，进深约8.4米	筑在两山相接的狭窄通道上，两侧连接石砌城墙。门道中部两侧各有一券顶耳室。关前地面铺凿有圆孔的条石，拱门左右角柱上有对称的4个圆孔，为吊桥关	一
头道关	土城关、后关	由西入屯的第一道关口	坐东南面西北	现存高4米，面阔13.2米，进深2.25米	其上有木构连廊建筑	关两侧城墙用页岩和泥土混合叠砌而成，因此头道关与二道关围合的区域又称"土城"

哨台遗址

哨台遗址包括瞭望楼遗址、绣花楼遗址、角楼遗址三种。

瞭望楼遗址

位于朝天关北侧的小山包上，现存石柱础4组共16个，分布于建筑的四角。此地视野开阔，北与飞龙关呼应，南与朝天关比邻，推测为战时前沿指挥点。

绣花楼遗址

绣花楼遗址位于屯顶南侧一处向南突出的平台上，下临腰带崖沟，极为险峻。民间传说杨应龙二女在此绣花，建有"绣花楼"，故名。据其地形特征分析，可能为一处军事哨所遗迹。

角楼遗址

万安关两侧、二道关南侧及铜柱关东侧的城墙拐角处，共建有方形石质墩台4个，部分地点遗有瓦砾，知其上原有建筑遗迹，为具有军事哨所功能的"角楼"。

道路设施遗址

道路设置遗址包括三十六步遗址和龙虎大道遗址。

三十六步遗址

三十六步遗址位于飞虎关前，现存条石砌筑的三十六级阶梯及两侧护墙。阶梯建于一段陡峭的山梁上，斜长51.5米，整体坡度达30度，每级宽2.8米，高约0.47米，步跨约1.45米，极难攀登，故俗称"天梯"。两侧护墙高约1.3米，随阶梯逐级攀升。该区域是海龙屯东侧防御的重点区域，守城者据飞虎关上，一旦有敌来犯，关上矢石如注，可谓"一夫当关，万夫莫开"。

龙虎大道遗址

龙虎大道遗址位于飞虎关至飞龙关间，故名。路长约292米，宽1.5—4米，大部路段宽3米，开凿于山体基岩上，内侧依山，外侧临悬崖，靠近山体一侧在基岩上凿有排水沟，外侧有低矮城墙围护。部分路段开凿于山体中部。开山所得石材部分用于城门（关口）及城墙的建设。

（2）主体活动区域

主体活动区位于屯顶较平坦的区域，是屯上土司行政休闲等活动的重要区域。这一区域平均坡度在5—15度之间，整体呈现西南高、东北低的地势，总面积约28公顷，有水井可汲水，排水便捷，适宜人居及重要建筑的建造。主体活动区的功能类型丰富，包括土司行政及生活的衙署（"新王宫遗址""老王宫遗址"）、手工业设施（采石场遗址、窑址）、军事设施（军营遗址、校场坝）、水井等。

下面从现有遗存要素出发分别对衙署遗址、手工业设施遗址、军事设施遗址、水井遗址4类遗址展开介绍。

衙署遗址

海龙屯顶现存两组建筑群遗址，俗称"新王宫""老王宫"，均位于屯内西南部。根据对"新王宫遗址"的考古发掘和对"老王宫遗址"的考古勘探，揭示其均为衙署建筑遗址。

"新王宫遗址"

"新王宫遗址"建于屯顶西南侧的山梁上，坐西南朝东北，是一组四周有封闭城墙、以中央踏道为中轴线的大型建筑群，总面积1.8万平方米。考古工作揭示该遗址是集行政办公与生活休闲为一体的土司衙署建筑遗址，现存为明代遗迹，明嘉靖、万历年间（1522—1600年）是遗址使用较为兴盛的时期，于"平播之役"期间（1600年）毁于大火，遗址地势西南高、东北低，东西两侧为冲沟。现已发现围墙、房址20组，道路3条，池沼4个，排水沟8条，灶台3个，并出土大量建筑构件、生活用品等文物。

"新王宫遗址"围墙周长504米，呈不规则圆形，围合面积达1.8万平方米。由土、石混筑而成，局部地段高出地面0.5—1.5米，部分则已坍塌并掩于土下，墙宽1.9—2.4米。

建筑因山取势，于斜坡上筑石堡坎，平整地面而成台基。台基分五级，层层向上抬升。房屋建于台基之上，用硕大条石筑成墙基，起砖墙于其上，以瓦苫顶，屋内以砖墁地，屋外则用石，道路与排水设施纵横分布于各建筑间。整个"新王宫遗址"在平面上大体呈中轴对称的格局，分中、东、西三路。其中，中路建筑是衙署区内的行政办公场所，东、西两路及其他建筑以土司生活、休闲功能为主。

中路：中路建筑自前向后（东北向西南）分布有踏道、大门、大堂、后堂等建筑，构成"新王宫"的中轴线，朝向为北偏东38度。大堂居中，基址叠压于今海潮寺①下。后堂建于大堂后高约2米的高台上，面阔五间，符合明代宣慰使作为从三品的官阶所能享用的宫室制度，②（三品至五品，厅堂五间，七架，屋脊用瓦兽，梁、栋、檐、桷青碧绘饰。门三间，三架，黑油，锡环。）明间设须弥座石台。后堂与大堂间有两条与后堂垂直的穿堂，形成"回"字形平面组合。

东路：东路建筑位于中路建筑东南侧，包括一组两进的院落，两翼设廊，应为府库。最南端有一方池，池中之水用暗沟经左面的房间底向右引出。此处曾出土围棋子，应为休闲性设施。

西路：西路建筑位于中路建筑西北侧，包括一组四合院式建筑，由正房、左右两厢及前廊组成，中央天井深陷，或兼具蓄水防火之功，天井内出石质砚台、青铜象棋子（仕）各1件，应为书房。F19为面阔五间的建筑，开间不足2米，做工极为考究，屋内墁砖二层，间铺5厘米厚细沙，结合"左祖右社"的普遍建置，应为供奉祖先牌位的"杨氏家庙"。其左侧为一组建于五级逐级抬升的台基的建筑，台基高约4米，俗称"三台星"。台基中央各设踏道，两侧山墙墙基用石雕枭混线，颇显精致，台之前端两侧设对称踏道，居西侧者与石砌券拱通道（俗称"水牢"）相连。

"老王宫遗址"

"老王宫遗址"位于巅顶中部偏南的山脊上，与其西北侧的"新王宫遗址"隔沟相望，相距约200米。其地势西南高、东北低，与"新王宫"的选址类似，经初步考古勘探，"老王宫遗址"占地约2.5万平方米，发现建筑

---

① 位于"新王宫"中央的海潮寺，大约建于播州改土归流后的1603年，后多次重修，现存者为民国十八年（1929年）建筑。

② 张廷玉等：《明史·舆服四》，北京：中华书局，2005年，第1671页。

台基、踏道，柱础等遗迹，出土陶瓷器、瓦当、滴水、吻兽、板瓦、铁件等遗物。房屋依山而建，建筑分布不如"新王宫遗址"紧凑，所用石材整体亦较"新王宫遗址"小。遗址所见柱础、出土砖、瓦、瓦当等遗物与"新王宫遗址"类似。

手工业设施遗址

海龙屯上的手工业设施遗址主要包括窑址和采石场遗址，这些遗存均表明海龙屯上建筑的建造系就地取材。

窑址遗址

窑址遗址位于"老王宫遗址"东北侧，共发现3座，其中一座窑址为椭圆形窑室，长5.34米，宽3.32米、残高1.56米。内出大量砖屑及未经火烧的砖坯，所出砖块尺寸与"新王宫遗址"所见者同，部分有"初 号"和"十六"铭文，为明代砖窑。

采石场遗址

采石场遗址位于"老王宫遗址"西南侧，为一露出地表的泥灰岩基岩，最高处海拔1342.8米，地势较"老王宫遗址"和"新王宫遗址"高，便于石材向下运输。已发现各类楔眼120余个，以长30厘米、宽5厘米、深10厘米左右者为多，楔眼的形状、大小与"新王宫遗址"部分石材上所遗留者可完全对应。

军事设施遗址

军事设施遗址现存有军营遗址和校场坝遗址。

军营遗址

军营遗址位于"新王宫遗址"西侧约80米处，是一组三合院建筑遗址，占地约600平方米，当地民间称之为"金银库"，推测为军营遗址。

校场坝遗址

校场坝位于"新王宫遗址"南侧，地势平敞，据传为土司练兵的操练场。

水井遗址

海龙屯屯顶现已发现水井遗迹5处，主要分布在屯上较低洼处，是屯上重要的取水之地。其中 3 处保存较好，分竖穴、横穴两种形式，以石、砖或泥土砌成井壁，井底为基岩或以石板铺砌。

二、遵义播州土司墓葬遗址

(一) 杨粲墓遗址

杨粲墓，坐落在贵州省遵义市红花岗区深溪镇永安皇坟嘴。杨粲墓建于南宋理宗淳祐年间，为平顶双室，用白砂岩条石砌筑，最大的一块石料达一万二千余斤，以子母扣层层套合的方法固定。占地面积 60 平方米，这座古墓 1953 年被发现，1957 年清理发掘，1984 年后进行了几次维修。杨粲墓中雕刻着众多的文官武士、人物花卉和动物装饰，构图精美，刀法娴熟，线条流畅，具有宋代艺术的特点和很高的历史价值，被誉为"西南古代雕刻艺术宝库"。

杨粲墓的平面布局是南北两室并列，为夫妇合葬墓，南室墓主是杨粲，北室墓主是他的妻子。两个墓室结构大致相同，均由墓门、前室和后室三部分组成，中有过道相通。四角垫有圆雕龙柱，两侧为交股的龙身和龙尾。后室墓顶各有一方形藻井，当中分别镌双钩"庆栋"（男室）、"德宇"（女室）字样。两室墓门的高度、位置、装饰基本相同，安有仿木构单页门扉，可以开阖关锁。

杨粲墓最具特色的是在墓内外分布着内容丰富，技艺精湛的石刻装饰。大致可分为人物、动物、花草、器物四类。雕刻技法以高、低浮雕为主，间或加阴线刻。有的细部还彩绘贴金，现虽已大部分剥蚀，但仍可依稀辨出当年的豪华气派。南室后壁正中，为墓主杨粲的雕像，他头戴长脚幞头，身着朝服，正襟危坐，表情严肃。左右有龙柱互峙，前面有龙案（棺床），两边侧壁上，对称雕刻着文官武将，侍女童子，形态各异，栩栩如生。另外，"野鹿衔芝""凤穿葡萄""双狮戏球""侍女启门"等浮雕均构思巧妙、雕工精美，极富生活气息。两室六座壁龛，仿木构建筑，门窗户壁、梁柱斗拱均为当时的建筑格局，为研究古建筑提供了丰富的实物资料。

（二）杨辉墓遗址①

杨辉墓位于遵义市西南约 20 千米的遵义市播州区团溪镇白果村堰上组，背靠九龙山、面向雷水堰、紧邻寿安庄。杨辉墓遗址范围内尚存石碑三通，并墓葬两座，两墓葬均依据遵义市发现的大型石室墓依次编号为 M10、M11。M10 发现于 1965 年，存巨大封土堆，1988 年因 M10 被盗而对其进行清理发掘，并据墓前墓碑将之推测为杨辉墓。2006 年 M10 前 10 米处一座大型三室墓被盗，墓葬性质不明。2015 年 5 月至 9 月，为配合海龙屯遗址申报世界文化遗产的整体工作，了解 M10 与其前方大型石室墓的关系，贵州省文物考古研究所会同遵义市播州区文物管理所，对 M10 及 M10 前新发现的三室墓进行清理，清理时将大型三室墓依序编号为 M11。清理表明，M11 方为播州二十五世土司杨辉及其夫人田氏、俞氏合葬墓，而此前所认为的杨辉墓（M10）与 M11 共用一个墓园，两墓相距不远并处同一轴线上，关系紧密。从地层关系上初步判断，M10 的年代应稍晚于 M11，或为 M11 的"疑冢"或"风水冢"。

2015 年工作时发现杨辉墓园，并对其垣墙、园门、墓上四级建筑平台等遗迹进行全面的勘探和清理，结果表明墓园整体略呈"凹"字形，其西北存在墓祠。墓祠位于九龙山下一山坳内，面向雷水堰。

各处遗迹的基本情况简介如下。

墓园遗迹

墓园略呈"凹"字形，墓园南北最长约 250 米、东西最宽约 260 米，总面积约为 5 万平方米。墓园包括垣墙、四级建筑平台等遗迹。

垣墙损毁严重，多处仅残存墙基，垣墙残长约 1000 米，各处墙垣皆为石包土结构，但形制及砌筑方法略有差异。

墓园内自园门至 M10 前方墓碑处，有四级逐步抬升的平台，一些平台地表出露有柱础石等，表明当时平台上可能有建筑遗迹，四级平台大致呈长方形，南北通长约 57 米、东西宽约 24 米，面积约 1300 平方米。各级平台均被

① 周必素，张兴龙，韦松恒：《贵州遵义市团溪明代播州土司杨辉墓》，《考古》2015 年第 11 期，第 62—87，2 页。

严重破坏，残存少量平台台基包边及柱础石。四级平台、M10、M11 基本同处一中轴线上，各级平台均以中轴线左右对称。

三通石碑位于第四级平台北部，其中中碑碑面正中篆书"皇赠昭勇将军播州宣慰使司宣慰使杨公之墓"，上款楷书"明成化十九年岁龙□癸卯二月十九日良吉"，下款楷书"孝子昭勇将军播州宣慰使司宣慰使杨爱立"；左碑上有庑殿顶碑帽，正中篆书"明故播郡夫人俞氏之墓"；右碑正中篆书"明故播郡淑人田氏之墓"。

M10 位于墓园中部、其南约 10 米处即为 M11，与 M11 高差约 5 米，M10 前方即墓园第四级平台，与杨辉墓（M11）共处一条中轴线上。M10 墓室上方残存高大封土，封土略呈椭圆形，东西宽约 25 米、南北长约 28 米、残高约 4.2 米，封土经夯打，夯层明显。墓葬无墓圹，系直接将地面平整后垫土再修建墓室，垫土层厚约 0.6 米。

M10 为凸字形石室墓，用巨大石板砌成，由八字墙、前室、墓门、后室等构成，墓向 132 度。八字墙位于墓前，由条石砌成。

前室呈横长方形，进深 161 厘米、上宽 203 厘米、下宽 220 厘米、高 230 厘米，两侧壁立石与盖板石由榫槽扣合。前室前端有封门石 3 块及抵门石。后室平面呈长方形，进深 296 厘米、上宽 159 厘米、下宽 170 厘米、高 184 厘米，墓底用厚 37 厘米整石铺成，上凿棺床及排水沟。棺床上梅花状分布 5 处圆形器底印痕。左、右及后壁中部各有一剔地浅浮雕花卉盆景，墓顶中部为圆形剔地浅浮雕线刻开光及卷云纹。墓门位于后室前端，为双扇对开门，门高 220 厘米、上宽 194 厘米、下宽 205 厘米、厚 14 厘米，门内外侧均雕障水版及腰华版。门扉正面无纹饰，背面上障水版饰格眼毯纹，下障水版饰忍冬纹，中腰华版和上障水版之上框饰方框纹。

M10 内出土了 70 件保存完整的陶俑，另有陶罐、陶钵、陶烛台、铁杆陶伞、铅罐等物，出土文物共 87 件。

M11 系同穴异室之三室合葬墓，三室共处一个墓圹内，墓圹两侧有夯土八字墙，墓向 140 度。三室形制、装饰基本相同，大小略异，均为前后室组成的凸字形石室墓，前后室之间设墓门，前室前方以横条石封门，封门前方置墓志铭石函。各墓室相互独立，以巨石砌成，以中室为轴对称分布。各墓室自西向东编号为 M11-1、M11-2、M11-3，墓室前均有南北向墓道，中室墓道填土叠压于两侧墓道填土之上。

M11-2，由前室、墓门和墓室组成。前室平面为横长方形，进深 193 厘米、上宽 238 厘米、下宽 245 厘米、高 271 厘米。前室前有封门石 3 块，封门石与前室榫槽扣合。前室内有平放抵门石 1 块，上有大量碎陶俑。

后室呈长方形，进深 353 厘米、上宽 181 厘米、下宽 187 厘米、高 216 厘米，墓底乃整石铺就，上雕出棺床及排水沟，排水沟内发现 7 组铜钱，各组钱币数量为 3 至 7 枚不等。

墓门为双扇对开门，高 258 厘米、上宽 232 厘米、下宽 237 厘米、厚 16 厘米，内外侧均雕有障水版及雕腰华版。门扉正面上障水版饰格眼毬纹，下障水版饰忍冬纹，背面无纹饰。门扉闭合处为子母口，门与壁间用石灰填筑。

M11-2 及 M11-1 封门石外侧均发现埋藏墓志的石函，石函位于墓室中轴线上，高出墓底约 1 米，石函内放置墓志各一盒，志盖同墓志相下相扣，外用十字形铁条紧箍。M11-3 棺床正中部下方有完整的石质腰坑，坑内出土买地券、铜镜、铜锣及金银质地"青龙""白虎""朱雀""玄武"四神。从所出墓志铭及买地券可知 M11 确系播州二十五世土司杨辉及其夫人田氏、俞氏合葬墓。

杨辉墓祠遗址

墓祠遗址坐西北向东南方向，东南距杨辉墓约 200 米，墓祠整体呈长方形，南北长约 80.3 米、东西宽约 50.5 米，面积 4000 多平方米。墓祠损毁严重，仅残存基础，且多暴露于地表或开口于表土层下。墓祠整体呈两进院落结构、分三级平台由南至北逐级抬升，各进院落内遗迹以中线为轴东西对称分布。

第一进院落，略呈"凹"字形，前端及两侧围墙，围墙外侧即为墓祠遗址排水沟。第一进院落内残存遗迹 F7，位于墓祠正前端，F7 前设台阶、两侧立砌石板作八字墙。F7 为面阔 3 间、进深 4 间，通宽约 15.6 米、通进深约 13.5 米，或为墓祠门楼。F7 东、西、北侧有排水沟。

第二进院落，略呈"凸"字形，院落前为月台，月台南、西两侧残存石质台阶遗迹。月台以北为廊道，廊道东西两端各与第二进院落台基形成平台，或为天井。廊道存台阶痕迹，台阶以北即 F4，已毁，残存少量铺地石板、陡板石及磉墩痕迹，F4 面通阔 5 间、进深 4 间，推测或为墓祠大殿。

F4 两侧各存 1 组建筑遗迹，西侧为 F5、东侧为 F6。F5、F6 损毁严重，残存台基包边土衬及磉墩痕迹。F4、F5、F6 之间为大井，天井北侧正中残存上下第三进院落的台阶遗迹。

第二进院落后为第三级平台，平台整体略呈"中"字形，之上残存 3 组遗迹，分别编号为 F1、F2、F3。F1 居中，残存柱础 9 块，其面阔 5 间、进深 4 间，通进深 16.7 米、通面阔 26.4 米，推测为墓祠后殿。F1 西侧为 F2，残存石碑 1 通及础石 1 块，石碑碑首刻双龙戏珠、正中篆书"跋退斋杨公挽诗之后"，碑文楷书明人谢一夔给播州文人在杨辉死后所作诗集写的跋文，共五百余字，落款时间为"成化十九年癸卯岁秋九月"碑侧残存柱础一块，故推测 F2 为碑亭。F1 东侧为 F3，损毁严重，仅存磉墩遗迹两处。

墓祠遗址发现墙体 3 道，皆在第一进院落之内，墓祠前端 1 道，东西两侧各 1 道紧邻墓祠排水沟。墓祠采用明沟与暗沟相结合的排水方式，明沟主要位于遗址东、西、北三侧，位于墓祠墙外，沟以石板铺砌，宽约 0.8 米。暗沟主要位于 F7 东西两侧。

（三）杨烈墓遗址①

杨烈墓（M1），位于遵义市东北约 20 千米的新蒲新区新蒲村官堰组，属于新蒲播州杨氏土司墓遗址的一部分。杨烈墓位于整座墓地的最北端，墓外修有墓园垣墙，距另一座遗址杨价墓（M3）仅 10 米，并且墙垣多处叠压于杨价墓（M3）之上，利用其基础加以修建。杨烈墓为泥灰岩石板构筑的大型同坟异穴双室合葬墓，墓主人为播州第二十九世土司杨烈与其妻子张氏。1998 年曾因盗墓活动对遗址产生巨大破坏，有关部门对其进行过抢救性清理，墓周围的垣墙即于清理过程中发现。

---

① 本部分内容依据贵州省文物考古研究所、中国社会科学院考古研究所、遵义市文物局编《贵州遵义市新蒲播州杨氏土司墓地》一文整理而成。周必素，彭万：《贵州遵义市新蒲播州杨氏土司墓地》，《考古》2015 年第 7 期，第 87—100，2 页。

1. 墓穴形制

墓穴依山坡而建，封土已被夷平为耕地，墓室暴露在外，曾多次被盗，残存墓圹整体上呈长方形，南侧后部向外凸出，墓圹上大下小，长12米、上宽14.1米、下宽11.9米。残存封土顶部较平坦，直径约18米、厚约1.5米，墓葬整体面积约500平方米。两个墓室均为长方形平顶石室，双室并列，方向约为65度，结构基本相同，均由墓顶板、墓底板、四壁及墓门、封门石组成。两墓室底下腰坑均已被盗，墓葬中部及其外南、北、东三侧均发现盗洞，其中北侧盗洞中发现大量漆皮、木炭、朽木及腰坑盖板。由于被盗严重，墓内并未发现任何陪葬品。

杨烈墓室进深3.2米、上宽1.48米、下宽1.52米，棺床至顶部高1.84米。构筑墓室的石材均为整块石板，先铺墓底石板，再砌南、北、西三侧石壁，三壁均厚0.42米；墓底石板上放置长3米、宽1.3米、高0.03米的石棺床，棺床与四壁间有宽约0.105米、深0.03米的排水沟。墓顶石板直接盖压在墓壁石板、墓门石、封石门及立颊石顶端，现已残损，墓顶前端还有一长方形檐石。墓门石板嵌在墓底板、墓顶板及两侧壁的榫槽内，上部已毁坏，宽1.58米、残高0.65—1.24米、厚0.15米，与墓石门相距0.08米。封门石外有抵门石，斜撑在封门石的中部。墓门两侧有宽0.72米、高2.12米、厚0.18米的立颊，与墓顶、墓底及墓壁石板扣合。立颊上方有门楣，立颊两侧砌出向外延伸的八字墙，与立颊之间的夹角为130度。立颊与八字墙均立在墓室外铺砌的石条上。

杨烈夫人墓室位于杨烈墓室南侧，两室相距3.5—3.63米，墓室进深3.34米、上宽1.74米、下宽1.8米，棺床至墓顶高2.16米。墓门结构相比杨烈墓室更为简单，省去了立颊、门楣、八字墙等部分。

2. 墓前遗迹状况

墓前保存有祭台、墓碑及石翁仲。祭台由石板铺砌，其两侧原立有墓碑两通，分别正对着杨烈夫妇的墓室，现仅存碑座和碑身残段，墓碑底座略成方形，边长2米、厚0.24米，其上须弥座长1.6米、宽1.3米、高0.16米，碑槽长0.56米、宽0.36米、深0.3米。杨烈夫人张氏墓碑底座长2.54米、宽1.94米、厚0.2米，其上须弥座长1.6米、宽1.3米、高0.16米，碑槽长 0.58 米、宽 0.34 米、深 0.6 米。

据 20 世纪 50 年代调查的照片及拓片资料，当时杨烈墓碑残高 3.5 米，碑上铭文为篆书"明故诰封镇国将军□斋杨公墓"，左上方为楷书"万历二年岁在甲戌闰十二月十五日己酉"，右下方楷书"孤子应龙立"。张夫人墓碑残高 3 米，碑上铭文为篆书"明故诰封二品夫人杨母张氏墓"，左上方为楷书"万历十二年岁在甲申四月二十三日己巳"，右下方楷书"哀子应龙立"。

此外，两碑正面均刻卷云纹和六只仙鹤，侧面刻卷云纹，碑额刻有二龙戏珠纹饰。墓门前方约 13.6 米处的神道两侧保存有两尊石翁仲，相向而立，相距约 12.3 米。翁仲站立于整石凿雕的底座上，底座分上下两层，下层长 1.7 米、宽 1.6 米、厚 0.27 米，上层长 1.3 米、宽 1.2 米、厚 0.1 米。现石翁仲头部均残，身体风化严重。左侧石翁仲双手托印，残高 2.26 米；右侧翁仲双手持笏，残高 2.18 米。据 20 世纪 50 年代的调查资料，托印翁仲头戴平顶冠，身着广绣落地袍，腰系仿玉腰带，脚蹬皂靴，面容鼻直口方，神态端庄，双手托于胸前，身体略向前倾。右侧持笏翁仲冠戴情况无从考究，所穿衣袍与托印翁仲基本相似，双手持笏于胸前。

3. 墓园及垣墙

墓外围墓园平面呈不规则三角形，垣墙周长 422 米、墙体宽 0.7 米，材质为泥灰岩方石，原高度不明。墓前方垣墙靠南的一侧设有门道，门址处堆积中发现许多瓦当、滴水等陶质建筑构件。

（四）高坪杨氏墓遗址①

遵义高坪播州土司墓，位于贵州遵义高坪区高坪镇西约 1 千米的珍珠山北面的衙院、地瓜堡、黄秧咀等处山梁之上，为宋沿边宣抚使"播州第十五世土司"杨文（M6）、明播州宣慰使"播州第二十二世土司"杨昇（M7）、"二十三世土司"杨纲（M5）和"二十五世土司"杨爱（M8）墓葬遗址所在。四座墓室均用青石加工平整后砌成，石材均非高坪本地所产，仅杨爱墓

---

① 本部分内容根据贵州省博物馆编《遵义高坪"播州土司"杨文等四座墓葬发掘记》一文整理而成。贵州省博物馆：《遵义高坪"播州土司"杨文等四座墓葬发掘记》，《文物》1974 年第 1 期，第 62—73 页。

一块墓顶石即重约八吨。

1. 杨文墓（M6）

土司杨文墓遗址位于地瓜堡杨纲墓之南，墓向北偏东30度，墓门宽13.75米，墓底面积为4.70×9.00平方米，墓底距地表3.50米。由墓室、墓门、护墙、台阶四部分构成。

墓室呈长方形，三室并联，各室结构相同。东室底至顶高2.85米，面积4.40×1.60平方米；中室尺寸与东室相同；西室较小，底至顶高2.12米，面积为2.80×1.15平方米。据墓门联墙的砌法和出土小孩遗骨可以推测出西室应为后添修的小孩墓。墓顶前面是平顶天井，后部作斜坡天井，东西两侧壁与两天井相应，有前后两龛，分为两层，成二级台阶。后壁一龛，顶部均饰线雕连弧纹，墓底用两块整石拼成，后部与后壁相联，前、左、右三面有宽14—34厘米、深14厘米的沟，使中间部分突出，形成棺床。整座墓室除龛顶外，均无雕刻。

墓门由门额、门槛、门扉和封门石组成，上额下槛相对，凿直16厘米、深8厘米的圆形门臼，门对开，东、中两室门扉间均有隔柱。门扉高180厘米、宽72厘米、厚8厘米，内外面均雕软门形式，上下雕障水版各一框，中腰雕腰华版两框，均无纹饰，门扉上下各有圆形柱头，装于门臼之中，可转动，门无锁，三个墓室的门扉均有盗洞。封门石是略微加工的整块石料，紧贴门扉横置，其中东室封门石竟为《杨文神道碑》的下篇。

墓外护墙，位于墓门外的东西两侧，各伸出长2.65米，呈八字状，由一面凿平的巨石砌成，用于护门、拦土；东、中两墓室之间，有一石砌台阶，朝北逐步下降，延伸长达11米，基石用石榫钉相联，现已毁坏。

杨文墓出土了《杨文神道碑》残碑，现已断成数段，碑文为阴刻直行楷书，旁边缠枝忍冬线雕。上半段宽129厘米、高56厘米、厚7厘米；下半段宽132厘米、高94厘米、厚7厘米。现存上半段出土于中室外填土之中，下半段用作东室的封门石。此碑载有杨文生前参加宋王朝抗元斗争的历史，据推测应为杨文的后代在南宋灭亡、改朝换代之后，接受了元王朝的封赏，故有意将碑砸断并埋入地下。此外，墓中还出土了《田氏墓志铭》一块，由红砂石磨制，表涂黑色，上有阴刻楷书，长64厘米、宽46厘米、厚4厘米，出土于东室门槛与棺床之沟中。另有作小花朵状薄片金头饰一件，出土于西室淤泥之中。在各室棺床上还发现生锈铁棺钉若干枚。

《杨文神道碑》碑文内容如下①：

予尝考《禹贡》，播州乃荆州之域。在春秋则隶巴子国，为翼轸分野。唐□□□□□□□□□□□□□，其奉朝贡为刺史，则先在武德也。其奉特命袭爵，则开元也。宣宗末年，大理举兵，/播州鼻祖端奉命平定，其功始著。五季乱，天日离隔，杨氏世守其土。/宋庆历间，十一世祖实平邕广之侬智高。十世祖昭，被旨讨泸，□□□□□□□□□□归职方。/圣天子嘉之，授礼宾使，许以世守。自祖入播，以迄于君，凡十有五世。□□□□□□□□□□，以恩结诸蛮，积累已久。

绍定间（揆诸史籍，事在端平二年，即 1235 年，非绍定），赵公制垣彦呐建梱，蜀事正棘。忠显奏闻于朝，欲以/其子文承袭守土，身帅将士，移闻效驰驱。得旨旌其忠，而许之特□□□□□□□□□，转中亮大夫、御使、抚使、开国上将军。解青原之围，剿白水之溃，多赖忠显之力。方叔屏□/山樊□□。士大夫自巴蜀相过者，皆言杨君文数十年救蜀之功，宅家□□□□□□□□□。正音问阻隔，忽播州吏卒踵门，则云：郡统、御使、抚使、上将军已为古人，今其子见知播州。/状其行实，求予言，以铭其墓。予以其累世忠孝，护我巴蜀边陲。杨君文□□□□□□□□。巴蜀，吾乡国也，杨君勋在吾乡，义不得辞，乃掇其行实以书之：

君讳文，字全斌。本系出唐虞/之后，伯侨食采于杨，子孙因氏焉。汉以来聚族会稽，至鼻祖端，始入□□□□□□□□□于巴蜀之南鄙，近接珍、涪、南平、施、黔，远通湖北之沅、靖，及广右之邕、宜等处。播乃我/国家藩屏也，予家青□以下，号天下大峨山，尚羁贯时，杨播州间岁必□□□□□□□□荐芗福，皆意其惠。当忠烈御郡时，士类羽

---

① 李飞：《家事与国事：关于贵州遵义出土<杨文神道碑>的几个问题》，《四川文物》2021 年第 3 期，第 44—54 页。

流，皆称其乐善而种德，喜儒而好礼。最是寓兵于/农，且耕且战，得富国强兵之策，有古规模。自忠烈至忠显，世守疆场，久□□□□□□高，人物瓌伟。其生也，和政郡夫人得异梦，殆与释氏抱送之祥相符。其祖忠烈钟爱，常抱置膝/上。自入小学，性资敏慧，记诵即了其义。其师为诵《诸侯章》及《保社稷》，和□□□曰："诸侯之孝，自有大体。初不存乎三牲之养。"上侍忠烈暨忠显，以至两世慈亲，惟以色难、养志为孝。奉旨/甘，问安寝，皆得其懽心。忠烈及忠显尝面命之曰："吾家自唐守播，至□□□以迄于今日，杨氏累世恪守忠节。吾老矣，勉继吾志，勿堕家声。世世子孙，不离忠孝二字。"君领郡，式遵家法，/□于农隙之时作新政，教以坐作进退。无事则耕，有事则战，兵民两利，乐为之用。

嘉熙间（1237—1240 年），虏酋达罕（即《元史·塔海传》之"塔海"）举兵饮江，制使彭君大雅调播军戍江面。君即禀命忠显，委总管赵遹领步骑三千，/拒虏于石洞峡。□□帅宣叶力剿遏。寻迁武德郎，閤门祇侯。岁癸卯（淳祐三年，1243 年），忠显即世。君哀慕摧毁，有诏夺情，强起授职。淳祐六年（1245 年），以累次功赏转武功大夫，閤门宣赞舍人。纶词褒拂，甚/□□宠。

制使余君玠奉命建阃，时蜀事转亟，君条陈保蜀三策，献之制使曰："连年虏寇如蹈无人之境，由不能御敌于门户故也。莫若进司利、阆之间，节次经理三关，为久驻计，此为上/策。今纵未能大举，莫若于诸路险要去处，众□城筑，以为根柢，此为中策。至于保一江以自守，敌去敌来，纵其所之，此为下策。若夫意外之忧，近年西蕃部落为贼所诱，势必绕雪/外以图云南，由云南以并吞蛮部，阚邕广，窥我沅靖，则后户斡腹为患。"不意君数十语，实切于今日料敌之奇策。蜀相前后连筑诸城，若兵若民，始有驻足之地。君发明之力居多。/

淳祐戊申（八年，1248 年），制使调雄威步骑三千，由碉门出雪外。遇虏于岩州之马鞍山，三战三捷，擒贼酋秃懑于大渡河。捷闻，升职环卫。

淳祐辛亥（十一年，1251 年），制使余君欲搉汉中，君承阃令，选锐卒五千，命/总管赵寅领之。首战于罗村，再战于梢子头，三战于西县，皆我军贾勇先登，俘获颇众。余帅当时亲书"忠勇赵寅"之旗以旌之。/天朝擢寅，君不□□功，以回授祖刘封通安郡夫人。训词略曰："文之有功□也，其诸孝也。"君谓吾家有敌忾之勋，皆忠显基之，遂请于/朝，觐□□恩霈□□光前，恩诏奖谕/，赐庙忠显，领两□节度使，开府仪同三司，加封咸灵侯，又照四戎司例，升雄威为御前军，给五军统帅印。边屯之得升为御前军者，始此。

淳祐壬子（十二年，1252 年），虏前铁骑火鲁赤寇蜀之嘉定，为/四川巨镇，顺势□重。余帅急调其赴援。君选马步五千，委总管田万部□，从间道攻凌云，播军周夜袭贼过江。嘉定一城，唯万山、必胜两堡最要。专以播军任责，我军以强弩射中粉/青，一大酋应弦而倒。诸军相继，贾勇获胜，重围遂解。特授右武大夫。盖自累年以来，谍者屡报：鞑虏有斡腹之谋，由攻大理、善阐、特磨，以寇邕、笻。十余年间，□□□朝□议，欲设备广西/者不一，□东关右□，道取沅靖之说。

岁甲寅（宝祐二年，1254 年），谍者又报：鞑虏已破大理，将□道首攻南播，以捣我沅靖。予正居军席，谓此路无瘴，心甚忧之。犹幸有杨君父子，忠孝夙著，必能护此一方。/遂亲作御鞑四策：一曰待敌，不可轻战；二曰保山险，不可散居平地；三曰用夜劫，不可昼战；四曰收聚粮食，毋以资敌。其□则以诸国唇齿相依，利害相关，平日不可各分彼此，缓急/必须相为之救援。宣蜀闻镂此榜文，首以达之思、播二郡。又遍及诸蛮部□。杨君智识过人，深以此说为是。见之施行，且用心结纳诸蛮部，使不为鞑用。

宝祐乙卯（三年，1255 年），大使李公曾伯宣威/蜀道，贼酋买住觯（据其音，似为《元史》卷 120 所载之"抹兀答儿"，但据《元史·兀良哈台传》，分道入寇的是"铁哥带儿"）□□分道入寇，自乌蒙渡马湖，入宣化。宣阃劄调我军助战。君委其弟大声，提步骑五千赴调，出奇九战九捷，立获阿狙等人。捷闻于/朝，特转左武大夫。是时，鞑入大理，迫近乌琐、罗鬼，拒播不远。制阃移书勉其□，君复书曰："此虏势必遣一溜向特磨（特磨道，今云南广南一带），以窥我邕广；遣一溜出罗鬼，以窥我南鄙。虏势得合，非特蜀事炭/炭，而湖广凛凛矣。"君之此言，可谓精于料敌，其中事机。制使蒲君以其事闻，被/□□遣中使宣谕，押赐凤樽、金钟、金盏、绫锦等物，令漕宪赵定应、幕参冉从周，深入诸蛮宣布/上意，兼授以杀贼方略，始得贼虏盘泊大理等情状。自是置定北诸仓，以储军粮；创安南诸寨，以扼贼冲。申儆军实，遴选人才，除械器，明间谍，护斥候，常如虏至。

宝祐丁巳（五年，1257年），虏酋悟浪葛鳟（酋名《简报》仅得一"鳟"字；《文物志》作"惕滚葛鳟"；《墓志》作"恨浪鳟"。合而观之，应为"悟浪葛鳟"，即元将"兀良哈台"之音转）出大理，由卜卤、乌琐以攻罗鬼。杨君具以实闻/，上忧之，乃□命今节使两府吕公文德驻黄坪。既而播军于阆中生致贼之头目胡撒桂者。/御笔："杨文，国之藩篱，斡腹之防，正赖其力□援。转两官，可特与转符节使。"吕公与杨君相会，面言当为申/朝廷，行下□□□制阃，置一城以为播州根本。我且驻黄坪，以蔽沅靖。于是筑龙岩新城。既而两府御使吕公，偕杨君深□□□，□酋勃先率诸酋跪马□□□□□来，南蛮部复□矣。/两府节使吕公谕以朝廷恩意，勃先□□，赐以金帛、袍□、笏有差。赏其从前□□□□□。未几，蒙酋□□入寇蜀□□□□□□投□而起。□/……

2. 杨昇墓

土司杨昇墓位于衙院山梁东侧，墓向北偏东20度，前有墓碑、墓志，外有围城。墓门宽10.80米，墓底面积4.85×10.65米，墓底距地表3.40米。三间墓室并联。中室（男）底至顶2.84米，东西两室结构和尺寸与中室相同。

杨昇墓出土墓志铭一块，装在石盒之中，位于墓门外中轴线深土之中，碑上有阴刻楷书，内容如下：

……有明正统庚申秋八月己亥，怀远将军、播州宣慰使司宣慰使恒斋，……将葬，孤子纲泣血茹哀，问铭于越升，……按杨氏自太师公端，逮公之考庸斋府君为世二十有一，官伐行绩，载诸世家及宋景镰所著《家传》传世者，兹不泛述，乃断自公书之。公讳异，字孟高……封域之内千里，……自领政以来入朝者九……永乐十四年，迎渴大驾于徐州……剿清水江叛蛮，率众督战两年，……享年六十有三……

另有残墓碑两块，在墓前地表上发现，刻有篆书"……慰使杨公之墓"和楷书"……庚午良吉孤哀子杨纲立"。

3. 杨纲墓（M5）

土司杨纲墓位于地瓜堡之北端，墓向北偏东25度，旁有护墙，前有墓志，墓门宽8.2米，墓底面积5.27×7.59米，墓底距离地表4.2米。墓穴结构为双墓室，西室（男）底至顶高2.82米，面积5.2×2.4平方米。东室结构与西室相同。

杨纲墓中出土墓志铭一盒，发现于西室墓门外，志盒长108厘米、宽98厘米、高48厘米，墓志两方合拢长80厘米、宽80厘米、高22厘米。志文为楷书，已经残缺，可辨认内容如下：

> 唐太师端二十二代孙，先公恒斋之仲子也。按程文宪公拒夫所撰《忠烈公庙碑》及宋翰林景镰所著《家传》，太师受命靖南边之乱，奋有播土……若忠烈杨架、忠显杨价、崇德杨文之于宋，惠敏邦宪、忠宣汉英、左承嘉贞之于元，入我圣朝，则庸斋、恒斋尤英伟特达者也。……爱恤黎庶，故在政八年……民安如一日。……孤子辉……其以一姓相承五六百载之间，保有土地人民……公生于洪武壬午，享年四一十有七，夫人余氏……子二人，长曰辉，次曰耀，女二人。以是年十二月二十六日戊寅，柑葬于高平十五世祖崇德公之墓次。

西室、前室墓底靠近墓门处，还出土了一批排列成行的陶俑，已被盗墓者摔碎，修复后有骑马陶俑七尊、彩绘陶马一件、牵马人俑一件。其中，骑马俑每尊高20厘米、长20厘米，有的手持喇叭，有的腰悬皂靴、背负囊箧，原有彩绘已脱落。

东室前填土中出土绿色彩绘女俑、铜筷一双、带环铜锁、铜匙各一件。彩绘女俑残高19厘米，穿对襟连衣裙，绿色彩绘已脱落。带环铜锁长14厘米、高4.5厘米、宽1.5厘米，侧开。铜匙长20厘米，铜筷长18.5厘米。

4. 杨爱墓

土司杨爱墓，位于衙院山梁西侧，墓向北偏西 3 度，外有围城，墓碑位于墓门外中轴线上，墓门宽 14.3 米，墓底面积为 5.93×13.25 米，底部距地表 3.1 米，四间墓室并联。

墓中出土修墓题记一方，系方形条石，长 21.5 厘米、高 37 厘米、宽 37 厘米，刻有竖字三行：

> 弘治十一年十一月初二日起工统领大水田等庄局并围子□马军大总□□□砌立石坟、石门、八字墙周围城至弘治十二年七月初一日工程完修谨记。

> 提调：石永安、王寿龄、董辅、赵基、阎昂、阎晟、李文富、杨鹿
> 提领：住明、梁初、李成、梁旗、吕志和

（五）道真明真安州城垣遗址①

明万历二十八年（1600 年），播州土司杨应龙反叛，不久兵败被杀，史称"平播之役"。为加强对播州的统治，知州郭维屏选址于思宁的橘水园建新州城，该工程于当年的四月动工，次年秋竣工。明万历四十八年（1620 年），州城迁往今天的新州镇老城村，史学界称之为"明真安州州城"。

明真安州古城遗址位于道真旧城镇所在地以西约 200 米处的芙蓉江边。始建于明万历二十九年（1601 年），为真安州州府所在地。1987 年被列为贵州省级文物保护单位。州城占地 44 万平方米，城垣周长 2340 米，在东西南北四面建巩昌、永清、兴化、崇明四个城门，各门均建有城楼。西、南、北三门建造于江边平地，东门坐落于土岗之上，原有堞垛城墙，早已坍塌，现仅存月城跨西门衔接北门高低不等的犬牙段落，约 800 米，高均不及 4 米。毁损的城墙，仍可见零散的或整段的夯土泥墩残迹。城原有四门：东巩昌、南兴化、西永清、北崇明。东门于 20 世纪 60 年代开荒毁弃。原券拱跨度泥口依稀可辨。西门于 70 年代倾圮，幸余两侧托拱石基和零散条石。原石级踏

---

① 赵宜聪：《由真安州建城窥明代对播州的改土归流》，《郑州航空工业管理学院学报（社会科学版）》2016 年第 4 期，第 66—69 页。

道尚未全毁。北门稍好，但也略有毁损。唯南门城拱最完整，券门拱顶一如旧貌。南门现高 4.5 米，宽 3.6 米，通深 10.5 米；北门现高 5.5 米，宽 4.4 米，纵深仅存 3 米。

城垣石墙金以长方料石垒砌，五面加工，黏合坚实，极少崩裂。西北门之间凸出部位原为炮台旧址，现高 4.75 米，三面方正规整，是御敌瞭望哨所。西门外城脚建有底层甬道（暗道），已探明的十多米券顶极为完好。内深处弧顶增高，高低结合部左右墙腰各凿门杠方孔。雨道年久被淤泥乱石堵塞，早已被人遗忘，但仅此也是城内外保存最完整的建筑了。离雨道不远的右侧山坡上，原建六角攒尖状形字库一座，惜已遭毁，仅存底座残基所遗半壁石门上镌刻"读书敬书祥开泰运"字样，横额题铭只剩"为善"二字。通体采用阳刻浮雕式手法，书法遒劲，俊秀清逸，具赵体书法神韵，为边远山区金石碑文所罕见。道光《遵义府志》有真州书院记叙，此残碑断碣料是当年书院遗物。

大城之西紧临芙蓉江边有月城一座。月城又名内城、耳城或子城，是城垣内现存的大型填方台地建筑。长方形，占地约 2200 平方米。南北两端边角石墙呈凸形外伸，其上原有耳房做谯楼，今房毁基存。北端石级路道往下，经小拱门通月城底部，即《遵义府志》所云之"狱层"。月城围墙石料与大城无异。西壁临江，藉大城为墙，四周高度三至四米不等。此城现在是旧城小学校舍。在方圆四十多万平方米的城垣内，20 世纪 50—60 年代初期，还能看到明万历年间遗存下来的街道市井。南北门之间和西门滴水关（芙蓉江流经旧城段古称"儞水"，关以水得名），均为通衢大道，至今还能寻觅到石板铺墁的路面遗迹。

城垣内古代遗物甚多。南门真武观遗址，上中下三殿已荡然无存，唯余上殿月台陛石。其上的线刻文饰，刀法简洁，线条粗犷，很少剥蚀。另有散置田边土角和出土的明清碑刻十余通，其中尤以明万历四十六年（1618 年）都察院"禁关约"，以及另外几通明代残碑最为珍贵，都是官府的晓谕告示。众多的清碑记述真安州州治迁徙年代，符合史实，与文献记载无异。原置于南门口的"兴化门"碑，是万历三十年（1602 年）秋季石城竣工后的勒石碑记，为断代之物，借被剔平改制"语录碑"，后又填入离城南约 300 米的公路涵洞作盖板石，至今仍可辨识原刻锋迹。

三、贵阳土司遗址

（一）开阳马头寨建筑群遗址

马头寨位于开阳县禾丰布依族苗族乡马头村，是一个布依族汉族杂居的民族村寨，开寨于南宋，最初由于是杨姓、黄姓族居而得名杨黄寨，明代由于布依族马图腾形成洪边十二马头，且杨黄寨是底窝马头治所而改名马头寨至今。马头寨古建筑以寺庙和民居为主，为布依文化与汉文化相互交融的典型。

马头寨是中国现存最古老的土司官寨、唯一的布依族土司官寨和唯一的布依族全国重点文物保护单位，马头村是中国目前唯一的布依族中国历史文化名村，马头寨还先后被列入贵州十大特色民族建筑和中国第一批传统村落名录，是千年水东文化的重要历史物证，集中体现了水东文化的核心价值。马头寨早在元初至元二十年（1283 年）土司制度形成初期，就设置了底窝紫江等处（相当于下州），并建有底窝总管府，以仡佬族首领龙郎为总管。宋隆济抗元时龙郎率仡佬族积极响应，龙郎是水东地区最早的土司之一。明初水东宋氏旁支宋德茂任底窝马头，直到崇祯三年（1630 年）革除，因此，马头寨作为土司官寨的历史长达 340 多年。

马头寨作为土司官寨，背靠百花山，面对底窝坝，前有青龙河和深水河做为天然屏障，易守难攻。寨中古建筑包括衙门、寺庙、民居、寨墙等，完全围绕土司官寨的安全和土司利益需要按等级而建，即土司官衙地位最高，位于寨中地位最高、最险要的大朝门；宋氏家庙兴隆寺地位次之，位于衙门之下；普通民居地位再次，位于兴隆寺侧及其下，还在进寨的 3 个路口处建有高大的石质寨墙，完全符合古代土司官寨的规制和安全需要。

1. 水东宋氏土司简史

唐初武德三年（620 年）设置蛮州于同知衙，以宋氏为蛮州刺史，水东宋氏从此登上历史舞台；北宋初宋景阳改蛮州为大万谷落总管府，仍治同知衙；元初宋隆济任雍真葛蛮土官，治所也在同知衙，大德时宋阿重建立顺元

宣抚同知衙门，同知衙因此得名。马头寨唐宋时期为蛮州辖地。大德五年
（1301年），宋隆济由于不满元朝军队奉命远征云南八百媳妇国，经过水东时
横征暴敛而起兵反元，率领苗族、仡佬族、紫江（包括布依族）等各族人民
4000多人围攻底窝杨黄寨总管府（今禾丰马头寨大朝门），在底窝紫江总管
府避难的雍真总管府达鲁花赤（蒙古族或色目人掌印官）也里千只身仓皇逃
走，妻子忙葛农和家丁等全部被义军杀死，义军还缴获了也里千所带"雍真
等处蛮夷管民官印"（八思巴文铜印，现藏于黔西县文管所）。宋隆济随即率
领起义大军9次围攻贵州城（今贵阳），朝野震动，杨黄寨和贵州城的重要
战略地位因此凸显并首次记入《元史》。水西土官蛇节等纷纷起兵响应，很
快形成了西南地区最大规模的抗元运动。正是宋隆济领导抗元运动时各族人
民相互支持、并肩作战，有效促进了水东地区布依族、苗族、仡佬族、汉族
等各族人民的大融合，水东文化也在水东各族人民的大融合中初步形成。宋
隆济平定后，底窝紫江等处仍治马头寨，明初马头寨成为水东宋氏洪边十二
马头之底窝马头治所。

2. 开阳马头寨建筑群遗址概观

马头寨元代就建有元兴寺和底窝紫江总管府，明代扩建了底窝马头衙
门，新建了底窝宋氏家庙兴隆寺，供奉底窝马头宋德茂等，清乾隆时又新建
了水东宋氏家庙朝阳寺，供奉水东宋氏宋景阳、宋永高、宋阿重、宋钦、宋
斌、宋昂等。因此，马头寨为元代水东文化初步形成的重要标志，也是千年
水东文化的历史物证。

（1）底窝紫江总管府遗址

新旧《唐书·地理志》均载有蛮州，《贵阳府志》说唐代设蛮州于开州
西同知衙。民国《开阳县志稿》"土司"载："宋氏衙署在同知衙，即蛮州
治，后移底窝坝，又移大羊场，再移杨黄寨，即今开阳县治。宋万化附安邦
彦叛，革其职，以其地置开州，以杨黄寨为州城。"因此，水东宋氏衙门，
唐、宋、元三代都在今开阳县双流镇白马村同知衙，明初奉命迁贵阳（今贵
阳市喷水池偏南），洪熙元年（1425年）宋斌把私宅迁洪边寨（今贵阳市乌
当区），新添寨镇并作为临时私衙，成化时宋然一度以底窝总管府为临时衙
署，随即迁大羊场（今开阳县龙岗镇），后又迁回洪边寨，明末洪边衙署被

明军攻毁后迁开科龙场（今开阳县城）。底窝总管府是明初宋德茂在元代底窝紫江总管府基础上扩建增修的土司衙门，即水东十二马头之一底窝马头衙门。《元史·地理六》"至元二十年，四川行省讨平九溪十八洞，以其酋长赴阙，定其地之可以设官与其人之可以为官者，大处为州，小处为县，并立总管府，并听顺元路宣慰司节制。"其中，管番民总管府所属"底窝紫江等处"治底窝所杨黄寨就是今马头寨，马头寨后部台地上宋光海宅处古名大朝门，即民间对衙门的俗称。

底窝紫江总管府遗址，俗名大朝门，位于马头寨西后部山腰台地上，坐北朝南，占地 600 多平方米，现存元明时期石照壁 30 多米，石天井 2 个，寿字变形纹石雕 1 块，"长发万□"石刻以及遗址前象征权威的 72 级石梯等，是马头寨现存最古老的历史文化遗迹。

（2）宋阿重墓

宋阿重墓，俗名宋大坟，封土呈圆丘形，位于开阳县永丰布依族苗族乡底窝坝祖阳寨祖蒙宋氏祖坟山，由于年久失修，山与墓合为一体，故名宋大坟。宋阿重不仅是水东宋氏土司中获中央王朝封号最多的土司，而且也是元代西南地区最著名的大土司之一。据《元史》和万历《贵州通志》等所载，宋阿重（1242—1324 年），宋代贵州经略安抚使宋永高玄孙，九岁成孤儿，随同族长大，元初任曾竹（今贵阳西北）土官。至元十二年（1275 年），元朝平定西蜀、南诏（今云南大理），宋阿重仗剑归附，受任为顺元同知安抚使，旋迁武略将军、安抚使。大德五年（1301 年），拜明威将军，同知顺元安抚使，佩三珠，金虎符。大德八年（1304 年）宋阿重到大都（今北京）献平定其叔宋隆济叛乱之计，率所部土兵深入蔺州水东（今四川叙永一带）大破宋隆济叛军并生擒之献元朝，元廷于是在宋隆济故地置顺元军民宣慰同知，宋阿重为同知宣抚使。自此，马头寨等地成为水东宋氏直辖地。不久，宋阿重升怀远大将军、顺元等处军民宣慰使，加昭毅大将军、靖江路总管、佩三珠、金虎符、荣禄大夫、平章政事、柱国、顺元侯。泰定元年（1324 年）病逝，又被追赠为贵国公，谥忠宣。葬于顺元（今贵阳）城北一百二十里地名竹蒙，即底窝坝祖蒙（见万历《贵州通志》和《宋氏旧话》，祖蒙与竹蒙为音近之讹）。宋阿重墓是元代马头寨等地成为水东宋氏直辖地的重要历史物证。

（3）宋德茂墓

宋德茂墓，位于修文县久长镇清水村洗马塘，土封石围呈圆丘形，清末立有青石质方首形墓碑，正中阴刻"皇明调故平蛮将军晋守宣慰使司追赠让平侯鼻祖考宋公讳德茂之墓"，碑左阴刻"腊□、底窝、杨梅三寨宋姓合族耳孙等敬祀，大清光绪三十四年仲春月下浣谷旦"（即光绪三十四年，1908年）。2004年2月，宋氏后裔又在清代墓碑前重立新碑。据民国《开阳县志稿》等史料载，宋德茂（1348—1427年），水东宋氏旁支，为马头寨宋氏村民直系祖先，明初底窝马头头目（总府）。元至正二十四年（1364年），归附吴王朱元璋于金陵（今南京），随总兵余通海征讨苏州、山东等地，北沟河、鄱阳湖诸战役皆有功。明洪武二年（1369年），授副总府，领军征云贵蛮夷，因功升平蛮将军，晋蛮夷招付使；后受命为底窝马头头目（自称底窝总管府），世袭统治底窝马头（水东十二马头之一），代管附近仲家苗（布依族），并在元代杨黄寨底窝紫江总管府遗址上重建底窝马头行署。宣德二年（1427年）宋德茂卒后，其子宋世家袭任头目。宣德六年（1431年）明朝派张朝德到底窝踏勘土司田土，宋世家自恃其父有功，不服勘验，将京官打死，于是明宣宗有旨罢官，但蒙贵州宣慰使宋斌启奏，才得纳粟抵罪，仍管底窝马头，但从此却只负责催办粮马而已。正统二年（1437年）明朝将底窝马头地一分为三，由宋世家三子分别管理，其中，宋景尧仅管底窝三排地，子孙世袭直至明末。天启三年至崇祯三年（1623—1630年），水东宋氏宋万化、宋嗣殷父子与水西安邦彦反明被剿灭。次年，明朝革除水东宋氏的宣慰使职及宋德茂裔孙底窝马头头目宋矩等十二马头头目之职，将水东十二马头地改土归流设置开州（今开阳县），彻底结束了水东宋氏对水东地区（今鸭池河以东贵阳及黔南龙里、贵定县地）长达千余年的土司统治。禾丰马头寨是明代水东十二马头中现存历史最悠久、古建筑保存最多、历史文化内涵最丰富的马头。

（4）宋万化墓

宋万化墓位于开阳县禾丰布依族苗族乡底窝坝大磨坟，土封石围呈鱼尾形，清道光年间重立青石质壁盒式墓碑，碑文楷书阴刻，正中刻"明故宣慰宋公讳万化墓",碑右侧刻"道光辛丑仲春月吉旦重建",碑右刻"男嗣殷暨安官寨,平寨……",碑联刻"乔木发千枝宁非一本,长江分万派总是同源"(道光辛丑即 1841 年)。从碑文看,与马头寨相邻的平寨、安官寨宋氏村民系宋万化直系子孙。据《明史》等所载,宋万化(1576—1623 年),明代水东宋氏第十八任土司,天启元年(1621 年)袭贵州宣慰使职,次年二月,水西土司贵州宣慰同知安邦彦挟其侄贵州宣慰使安位,与四川永宁(今叙永)宣抚使奢崇明一道叛明,宋万化纠集洪边(今贵阳市乌当区新添寨)、底窝等地苗仲(布依族等)九股同叛并攻陷龙里,成为安奢叛乱中有名的骁将。安邦彦趁势率数万大军围攻省城贵阳,全省震动。天启三年(1623 年)正月,贵州巡抚王三善率两万明军深入水西平叛,大败安氏等于陆广河,四月,安邦彦又纠合宋万化等分三路再次围攻省城贵阳,宋万化督洪边苗仲为左翼,吴楚汉另率一路叛军为右翼,安邦彦亲率水西叛军从西围攻。王三善采取各个击破战术,先平龙里叛军,次平青岩、定番(今惠水)叛军,而安邦彦命洪边和八姑荡(今开阳县龙岗镇大水塘)两路叛军共同围攻贵阳,王三善夜派兵一万五千进剿八姑荡一带宋万化叛军,烧毁八姑荡周围苗寨两百余处,断绝了宋万化叛军粮草。宋万化急而遣人诈降,想窥视明军动静,王三善将计就计佯攻之,并调监军督刘志敏等率军突袭八姑荡,宋万化仓皇出战被擒,其妻子及军师刘洪祖等一起皆被擒斩。同年五月,明军攻破宋万化老巢洪边寨。其子宋嗣殷自称贵州宣慰使又叛,于崇祯三年(1630 年)被剿灭。明朝于次年以水东宋氏所辖洪边十二马头地置开州(今开阳县)。宋万化被擒斩于大水塘后,其子孙明末清初逃避于底窝坝等地,秘密收其遗骸遗物安葬于底窝杨方寨附近,后于清代乾隆年间修整墓葬并秘密立碑于墓内。道光二十一年(1841 年)又重建墓并立新碑。清代,底窝宋氏子孙还在马头寨新建了宋氏祠堂,并供奉"始祖宣慰使宋公万化香位""宋氏历代左昭考妣之香位""宋氏历代右穆考妣之香位"等牌位。民国二十九年(1930 年),水东宋氏后裔宋汉成等在宋氏祠内设私立小学(今马头小学),后因改建学校而将宋氏祠堂拆毁,但三块神祖牌保存于平寨朝阳寺内。宋万化墓不仅是迄今为止已发现的唯一保存比较完整的水东宋氏土司古墓,而且也是水东地区改土归流设置开州的重要历史物证。

（5）朝阳寺和兴隆寺

朝阳寺位于马头寨东南角与平寨交界处，坐北朝南，占地千余平方米，建于清乾隆二年（1737年），原为三进四合院木构建筑，前二殿及两厢毁于咸同战火，仅存石基址、石廊、石天井、正殿等。现存正殿面阔五间，通面阔25.3米，进深3间，通进深95米，穿斗抬梁式木结构，悬山青瓦顶，房柱直径达1米左右，是贵阳地区现存最古老的佛教寺庙之一。门、窗、门簪饰精致莲花、福禄寿喜等吉祥图案。咸同战乱时，黄号军数次攻占底窝坝各寨，马头寨及周围建筑大多毁于战火，唯朝阳寺正殿等少量木构建筑得以幸存至今，实属万幸。由于咸同战乱使寺内僧人全部逃散，战乱平息后，朝阳寺基本上由平寨宋万化后裔宋氏村民照管。因此，在马头寨宋氏祠堂改建为小学后，宋氏后裔将宋万化香位等三块木质神祖牌收存供奉于朝阳寺重建的左厢内，并一直供奉至今。兴隆寺位于马头寨北隅，始建于清顺治三年（1646年），毁于咸同战乱，光绪二年（1876年）重建。现存大殿五间，坐北朝南，穿斗抬梁式木结构，通面阔21.5米，通过深8.4米，门窗饰莲花及猴、花草等精致木雕图案。据道光《贵阳府志》等史籍载，元明清时期，以马头寨为中心的底窝坝布依八寨即建有元代圆兴寺（杨方寨），明清马头寺、兴隆寺、朝阳寺、永兴寺、安官寺等十余座寺庙，经过咸同战乱，仅平寨朝阳寺和马头寨兴隆寺保存至今。朝阳寺和兴隆寺是底窝坝一带明末改土归流后人丁兴旺、佛教兴盛的重要历史见证。

（二）宋氏别业遗址①

宋氏别业遗址分为二处，分别位于贵阳市乌当区东风镇整个云锦村和新添寨镇北衙村洪边寨。

宋氏别业始建于明洪武四年（1731年）。元将宋蒙古歹归附明朝，朱元璋赐其名为"钦"，授怀远将军，世袭贵州宣慰使司宣慰使。其在云锦庄建家业，修景致，葬祖茔。原庄内建有房屋、亭、阁、石拱桥、石拱门等，今残存石拱桥、石碑枋柱等，原"擂鼓台""练武场"也成为地名沿用至今。

---

① 韦廉舟：《贵阳文物志》（第二辑），贵阳市文物管理委员会，贵州市文化局，1985年，第51—54页。

明洪熙元年（1425年），宋钦之孙宋斌在新添寨镇洪边建私宅、修会景亭等，洪边风景闻名贵阳。天启二年（1622年），十七任同知宋万化起义抗明，后其子宋嗣自称同知继续抗击明军。崇祯三年（1630年），被剿灭。崇祯四年（1631年），被罢废同知。云锦、洪边宋宅被毁，祖茔被掘。

（三）喇平宣抚司治所遗址

喇平宣抚司治所遗址，位于今贵阳市乌当区下坝镇喇平村。唐德宗时，命宋氏先祖宋鼎为蛮州刺史，其后裔宋景阳于宋太祖开宝八年（975年），驱逐乌蛮于黑羊大箐（今贵阳），朝廷因之置宁远军蛮州总管府，以宋景阳为宁远军节度使、蛮州总管府都总管。南宋绍兴二十三年（1153年），朝廷授其后裔宋锡华为喇平宣抚司宣抚使，正三品，治所设在喇平。庆元四年（1198年），宋永高袭任喇平宣抚使，受朝廷羁縻。其后兵力渐强，兴师征伐思南、石阡、镇远、平伐、乖西等处。嘉定二年（1209年），克矩州（今贵阳）。次年，朝廷因宋永高征南夷有功，升任为贵州经略安抚使兼镇南都总管。嘉定十年（1217年），宋永高征讨乐平、都匀、雒坝、同林地、松板水等处，势力达到极盛时期。嘉定十二年（1219年），宋永高死，长子宋都福袭任贵州经略安抚使，仍居喇平。

元朝成宗大德二年（1298年），土官宋隆济同水西折节造反，朝廷命宋景阳的十世孙宋阿重为顺元宣抚同知，宋阿重灭宋隆济、折节后，朝廷命宋阿重为靖江路总管，佩三珠虎符，阶昭毅大将军，进云南平章政事，阶荣禄大夫，封顺元侯，卒赠贵国公谥忠宣。宋阿重之孙宋蒙古歹，平寇有功，朝廷封为八番顺元等处沿边宣慰使。

明洪武初年，改顺元为贵州，明太祖朱元璋赐宋蒙古歹名钦，并授怀远将军，世袭贵州宣抚使同知。洪武五年（1372年），升贵州宣慰使同知，隶四川布政使司。宋氏领水东、贵竹等十长官司，洪边、陈湖等十二马头。正统七年（1442年），宋昂世袭贵州宣慰使同知。宋昂与其父宋斌、其弟宋昱三人，皆好学工文，服勤持俭，爱民礼士，唯日不足。苗民有弄兵者，昂必自咎。于政不加诛责，以故政治旁洽，边鄙辑和。又多收致经史，以崇文教，时人称其"循良如文翁焉"。

喇平宣抚司治所，经宋氏代代世袭，延续 531 年，历经宋、元、明、清四个朝代。至康熙二十二年（1683 年），因奏请世袭的文书措词不当，更主要的是清廷要"改土归流"，遂借此不准承袭。喇平宣抚司被废除距今已达 300 余年。喇平宣抚司遗址，今可见到规模之大，雕刻精美的石基础。喇平宣抚司遗址，不仅对研究贵阳、贵州历史有价值，而且对研究水东宋氏的兴衰也有益处。

（四）花溪中曹长官司土司庄园

中曹蛮夷长官司最初治所位于今贵阳市花溪区中曹司大寨村，其衙署有头门、二门、大堂穿道等房屋建筑，因天启年间水西安氏叛乱（指明末奢安之乱）被烧毁，此后用作民居，不再建置署衙。

1. 中曹正长官司

中曹正长官司长官谢氏，土家族人，洪武五年归附，授长官司职，治所即今贵州贵阳花溪区中曹司。

其世系为：谢石宝—谢恩—谢乾—谢芳—谢正伦—谢天恩—谢士斌—谢维璋—谢国玺—谢君重—谢玉珽。

2. 中曹副长官司

中曹司副长官刘礼宾，明洪武四年（1371 年）归附，授副长司职。清雍正四年（1726 年）改土归流，末代土司降为外委土千总。

其世系为：刘礼宾—刘荣—刘俊—刘龙—刘承兴—刘崇恩—刘崇照—刘正卿—刘永元—刘芳德—刘起渭。

四、毕节土司遗址

（一）水西土司遗址

1. 水西宣慰使司历史

水西地区位于今贵州西北部，大致为今织金、大方、毕节、黔西、水城一带，地处贵州、四川、云南三省交界之处，是历朝历代重要的咽喉之地。其民族成分主要以彝族为主，统治大权世代掌握在土司安氏家族手中。

"水西"之名，因其地位于贵州乌江上游的鸭池河以西而得名。宋朝末年，长期生活在水西地区的彝族人以鸭池河为界，将其地分为水西、水东两部分。元以前水西地区民族成分十分单一，其族属主要为彝族六祖系统中的默支系。

三国时期，水西彝族之祖慕齐齐因助蜀相诸葛亮南征，被封为罗甸国王，辖地为今云南东川及迤东一带。

南北朝时期，第二十世首领勿阿纳率族人迁往水西，始创贵州基业。自第二十五世妥阿乍以来，水西彝族逐渐征服了周边的仡佬族部落，成为一方之长，并开始建立政权。

唐朝时期，第四十七世阿更阿委曾内附称臣（《新唐书·南蛮传》载"开成元年，鬼主阿佩内附"，据考，阿佩即水西彝族第四十七世阿更阿委）。

宋初，五十六世普贵归附，宋太祖封其为矩州刺史，命其世守其地，水西彝族首领逐渐成为黔西北名正言顺的统治者。北宋熙宁年间，第六十三世普额，担任姚州刺史，号"罗氏鬼主"，建立"罗氏鬼国"，并与宋王朝保持着长期友好关系。

宋末，元军南下，罗氏鬼国遂与南宋王朝联合抵抗。元至元十九年（1281年），元军进驻水西，罗氏鬼国灭亡，以其地置亦奚不薛宣慰司（"亦奚不薛"，即"水西"之意）。鉴于土酋在当地的崇高地位，外人难以控制，遂采取以土人做官掌印、流官辅佐的方式进行统治。值得一提的是，元朝还设有宣慰司之职，但因其为要职，多由蒙古人担任，土人仅任宣抚使或总管等职，而水西土司阿画以其忠勇得到元朝统治者的信任，被任命为八番顺元宣慰使，赐名"帖木儿不花"，晋升"云南行省左丞"，封罗甸侯，死后赠济国公。①

明王朝建立之初，土司首领霭翠归附，明王朝对其进行招抚。洪武四年（1371年），撤去八番顺元宣慰司，改为贵州宣抚司，任命霭翠为"宣慰使从三品衔"，位在诸土司之上，治所设于贵州城内。洪武十四年（1381年），霭翠卒，其子年幼不能继位，其妻奢香代理土司职。奢香夫人在任期间，进一步加强同明王朝的友好关系，定期遣使者向中央纳贡，同时在其辖区内大

---

① 吉毛仔:《元朝在贵州水西地区的统治研究》，中南民族大学硕士学位论文，2011年。

力开展交通设施建设，修建了两条重要交通干道，西线自水东（今贵州东北）过乌撒（今威宁）至乌蒙（今云南昭通），北线经草塘（今瓮安县东北）到容山（今湄潭县）。除此之外，还建有驿站九个：龙场驿、陆广驿、谷里驿、水西驿、奢香驿、金鸡驿、阁鸦驿、归化驿、毕节驿，各驿站之间修建道路相连，全长达四百余里，明王朝于驿站间各设隘口。奢香夫人顺应历史发展潮流，在维持明王朝边疆稳定、促进民族地区经济文化交流往来方面功不可没，被封为"顺德夫人"，死后朝廷遣使祭之。为了培养下一代接班人，霭翠之子于洪武二十二年（1389 年）进京求入太学，太祖令国子监官员"善为教训"，并赐给其"安"姓，名曰"的"，自此始有"水西安氏"之称。安的求学归去之时，太祖赐其"三品服并袭衣金带"，厚加赏赐。正是在明中央与水西土司家族的共同努力之下，水西地区保持着相对稳定的状态，经济、文化等各个方面得到了极大的发展。

明王朝完全统一全国后，逐渐放松对整个西南地区的控制，以至于水西地区的离心力逐渐暴露出来，水西彝族部分部族开始进行小规模的反明活动，抢劫烧毁明军屯堡，明政府对此采取姑息和退让的政策，此后水西彝土司更加肆意骄横。天顺三年（1460 年），与水西相邻的苗族地区发生叛乱，朝廷派兵镇压，土司安陇富拒绝输纳粮草，引起了明政府的不满，后又迫于压力"贡马谢罪"。隆庆二年（1568 年），水西宣慰使安国亨勾结云南、四川等地土司发动叛乱，明政府发兵镇压，最终平息了叛乱，但却赦免了安国亨。次年，安国亨再次发动叛乱，并挫败明军先头部队，后明政府发重兵进剿，引发了安国亨极大的恐惧，最后采纳巡抚都御使阮文中的建议，献出同党阿弟、吴琼等人，并赔偿明军出征时所损耗的粮草。万历二十六年（1598年），播州土司杨应龙起兵叛乱，明政府发兵征讨，水西土司在此期间采取观望态度，企图坐收渔翁之力，明廷恐其助杨为乱，遂许其土地换取出兵，与此同时，杨氏节节败退，安氏立即发兵共伐播州。杨氏覆灭之后，水西安氏的实力大大增强，成为明王朝的"尾大不掉之患"。万历四十一年（1613年），土司安尧臣派兵数万进入云南，攻克数城。水西土司与明王朝彻底决裂，其标志当属明熹宗天启年间的"奢安之乱"。时四川永宁宣抚使奢崇明于天启元年（1621 年）九月起兵叛乱，占领重庆，随后与其互通婚姻的水西安氏也起兵造反，贵州水西宣慰同知安邦彦挟持宣慰使安位（安邦彦为安位之叔父），自称"罗甸王"，其下属其他土司头目纷纷响应，在前期的交锋中，明军始终处于劣势，西南地区局势持续恶化。崇祯元年（1627年），明军总结经验教训，改变之前分省统兵的方式，集中优势兵力作战。次年，安邦彦自称"四裔大长老"，统兵十余万攻打永宁，明军诱敌深入，擒杀安邦彦，后又陆续平息各处叛乱，宣慰使安位投降，朝廷以其年幼受迫，赦其无罪，同时改"贵州宣慰司"为"水西宣慰司"，仍令安位任宣慰使，与之前相比，其辖区大大缩小。水西土司与明王朝关系的变化，是双方力量消长和明政府对民族地区统治政策成败的反映，是一定时期内阶级矛盾、民族矛盾表现。[①]

　　清朝之时，安氏家族已成弱势。顺治十五年（1658年），清军南下攻贵州、云南等地，水西土司安坤归附，并为清军引路，后叙其功，封水西宣慰使，准其世袭。吴三桂被封为"平西王"后，为了达到其分裂割据的目的，大规模扩充军队，并加紧对云贵土司的搜刮勒索，紧邻云南的水西地区成为其首要掠夺对象。康熙三年（1664年），吴三桂令总兵官李世耀进军水西，擒杀安坤，其妻禄氏逃至乌蒙，生子安胜祖（又作"安世宗"）。后吴三桂反叛，清政府派兵征讨，禄氏接济有功，战后仍设水西宣慰使，令安胜祖袭任，但也是仅有头衔，而无军事实权。康熙三十七年（1698年），胜祖卒，无子，清政府采纳云贵总督王继文的建议，对水西地区进行改土归流，安氏家族统治时代自此结束。[②]

　　2. 奢香夫人墓遗址

　　奢香夫人墓位于大方县城北云龙山脚洗马塘畔，占地面积2万平方米，是全国重点文物保护单位。奢香是明代贵州著名的彝族女土司，洪武初年代夫袭贵州宣慰使职。洪武十九年（1386年）奢香死后，朝廷曾派专使参加其葬礼。清道光十八年（1838年）重修奢香墓，置奢香夫人故里碑，保存

---

① 林建筑：《明代水西彝族及其与中央政权的关系》，内蒙古大学硕士学位论文，2005年。
② 欧阳大霖：《清初贵州水西土司叛乱史实考辨》，《作家》2010年第16期，第153—154页。

至今。

墓前依地形筑砌两道堡坎劳动力石平台，各高 1.5 米。第一平台长 46.8 米，中为 9 米宽的 9 级踏云梦山，踏垛左右为 120 厘米×60 厘米栏板立柱浮雕各 3 块，平台左右为 36 块 120 厘米×80 厘米白石双面虎头纹图案的浮雕栏板，和 38 根 120 厘米×30 厘米白石虎头圆雕的立柱镶嵌而成；第二平台长 23.4 米，中仍为 9 级踏垛，左右各安栏板 3 块，立柱 3 根，左右平台仍镶嵌栏板 18 板块，立柱 20 根。

第一平台中轴线上立墓碑 1 块，高 3.6 米，宽 1.45 米，碑面刻彝、汉文合璧的"明顺德夫人摄贵州宣慰使奢香墓"各 14 字，背面刻《奢香夫人赞》五言诗，共 248 字。第一平台前，左右为石狮 1 对，各高 2.6 米。平台前的神道宽 7 米，长 70 米，立有华表 1 对，全高 6.4 米，华表下各为 120 厘米×80 厘米的白石浮雕护础立柱栏板 16 块 16 柱，华表上为云鹤高浮雕，顶为坐兽。墓地四周为仿古马前汉墙圈围环护，内有水池亭榭，石栏小桥，花树草坪，构成可供游息欣赏的幽雅环境。

奢香陵墓九层台，人龙文虎彝象开。墓葬坐北向南，左面有条"青龙"，乃是"万山环地拱，一岭向天撑"的云龙山，登高放眼，层峦叠嶂，云雾缭绕，伟岸如海，会使人顿生胸襟宏阔、意兴高远的情怀；右边有条"活龙"，则是已经通车、川流不息的黔西北第一条高等级公路，由大方县城抵四川的纳溪，直接与长江水运相连的大纳公路。前有浪风台"驰逐于其南"，后有将军山"坐镇于其北"。

3. 水西宣慰衙门遗址

宣慰府遗址位于纳雍县东 7.5 千米的乐治镇杨家湾史家街村，旧称卧这城。宣慰府遗址占地面积 1 万平方米，坐北朝南，自下而上分为六级。院宇四周有约 1 千米的石墙围绕。现院内残存基石、柱础、雕花石坎。院门前有长 22 米，高 2.5 米，厚 1.5 米的照壁和高 5 米，长 22 米的石壁。1985 年省人民政府公布为省级文物保护单位。1999 年 11 月，纳雍县国土局、建设局等有关单位对遗址进行地界勘定，划定保护范围和控制地带。纳雍县人民政府发文对宣慰府遗址进行有效保护。

（二）大屯土司庄园遗址

贵州毕节大屯土司庄园位于毕节市大屯彝族乡，为彝族土司后裔余象仪所始建。其后复经养子余达父增修、扩建，最终形成横宽 50 余米，纵深 60 余米、占地 3000 余平方米的庞大建筑群。该建筑群，依山就势，次第升高，呈三层台。整座庄园，三路三进，布局严谨，错落有致。中路为其核心，由面阔均为五间的大堂、二堂、正堂构成中轴线。左路主要建筑有轿厅、书房、鱼池、花桥和家庙。右路主要建筑有花园、客房、绣楼和仓库。四周筑有 2 米多高的砖石垣墙，沿墙建有 6 座碉楼，每座高 8 至 12 米不等。大屯土司庄园的最大特点是在柱础、栏板、望柱、月梁、门板、门斗、山墙等部位上，雕刻或绘画有众多的"虎头纹"。作为土司制度的历史见证，大屯土司庄园具有很高的文物价值，已于 1988 年被国务院公布为全国重点文物保护单位，迄今保存完好。

1. 永宁宣抚使历史沿革

大屯土司庄园的主人是明末四川永宁宣抚使奢崇明的后裔。

四川永宁（今叙永）奢家与贵州水西（乌江上游鸭池河以西，即今黔西、大方、织金，纳雍一带）安家世代联姻。明万历末年，贵州宣慰使安尧臣的妻子奢社辉是四川永宁宣抚使奢崇明的胞妹。安尧臣辞世后，其子安位尚幼，由奢社辉摄事，而实权掌握在安位叔父安邦彦手中。天启元年（1621年），奢崇明举兵反明，原因据载是"时以边事急，征兵四万，奢崇明遂上疏请提兵三万赴援，遣其将樊龙，樊虎以兵至重庆。四川巡抚徐可求点核，汰其老弱发饷。饷复不继，龙等遂鼓众反"。有些史书认为，"崇明与其子奢寅久怀逆志，因调兵援辽，遣其婿樊龙部党张彤等领兵至重庆，久驻不发，而巡抚徐可求为调兵科道明时举所挟，移镇重庆。是日，于教场内点发各兵，而樊、张二恶以曾行粮为名，乘机作乱，杀抚臣及道、府各官。"接着，安邦彦起兵响应，史称"奢安之乱"。一时间，四川方面，奢崇明攻下重庆，进逼成都。贵州方面，安邦彦统水西兵东渡六广河，直指贵阳。洪边土司宋万化攻下龙里。从天启元年（1621年）冬天起，安邦彦率众长时围困贵阳。当年贵阳城中"升米二十金""谷糠、草木、败革皆尽"。先"食死人肉，后乃生食人，至亲属相啖"，其状惨不忍睹。明王朝调兵遣将，前往镇压。贵州巡抚王三善领兵深入彝区，从大方返回贵阳，"兵败于鸭池河。自刎不死，拥众执之，不屈遇害。"他死后227年，黔西知州蒋斯崇为其镌立一通"明赠兵部尚书巡抚贵州右佥都御史永城王公讳三善大人神道"碑。内中记："前明天启三年，由太常卿出抚贵州，时值水西安邦彦之变，公屡战克捷。三年冬，率马炯等三大帅兵四万深入大方。贼潜从间道邀其归路，至内庄兵溃，公殉节焉。"

"奢安之乱"平息后，奢崇明的后裔为免满门抄斩，改为余姓，避难隐居于川黔交界深山老林中。清末，奢崇明的第十一世孙余达父过继给其伯父余象仪，移居毕节大屯。至于余象仪何时定居大屯，史无确切记载，据有关人士推算，余象仪于清道光元年（1821年）在大屯大兴土木，修建庄园。余达父过继给余象仪后，又对庄园进行扩建和装修。如今保存下来的大屯彝族土司庄园，基本上是余象仪始建时候的格局。

2. 大屯土司庄园环境与选址

大屯土司庄园所在的七星关地区，处于毕节市域辖区的东北部，属乌蒙山脉腹地，降雨量的丰沛、起伏深切的地形和喀斯特地貌，造成了山间地形较为破碎，也造就了众多汇入长江的溪流和相对平坦的山间盆地。连接云南、四川的长江支流赤水河，由西向东流过七星关区的北部边界，丰富的水资源和山川植被资源，造就了山青水绿、气候宜人的环境条件。

大屯彝族乡位于七星关区的东北部，整体地势南高北低，年降雨量700—900毫米，年平均气温15℃，雨热同季，使其拥有较为优越的农业耕作气候条件。乡域范围内土地面积约为56平方千米，耕地面积占乡域土地面积的18%，其中水田面积占耕地面积约为7%，耕地资源相对充沛，产水稻、玉米和红薯等粮食作物。除此以外，大屯乡还拥有经济作物、林果、植物、畜牧和矿产资源，支撑着世代聚居于此人们的生产生活，支撑着与外界物资交换的商业贸易，也为聚居物质空间的建造提供了丰富多样的材料。

在生活空间和生产设施建造上，不仅有大量的木材、石材资源，也有当今已难见使用的生土和茅草资源。这些材料源于地方性自然环境的出产，从而使得物质的建造带有浓厚的自然环境特征。

大屯彝族乡中有汉、彝、苗、白、仡佬等多个民族聚居，其中彝族占到总人口的 32.18%，占少数民族人口的 91.94%。作为中国第六大人口数量的少数民族，彝族有其独特的民族语言和完备的文字系统，其语言有六种方言和多种次级土语。彝族有着悠久的历史以及独特的文化、生活习俗和宗教信仰，其人群的社会组织方式和经济组织方式构成了彝族聚居地区人文环境的发展沿革脉络。

在选址和布局上，强调风水理念与实用功能相结合，整体规划体现出依山就势的特征。据《大方县志》记载："今考，城东十五里有九层衙，久圮，惟级石九层尚存，故名。此即宋初姚州之遗址。"其九重宫殿遗址位于大方鸡场乡，是阿哲部在水西的官衙，也称九层衙。从遗址上可以看到，整座建筑坐落在九层台阶之上，其规模之宏伟可见一斑。

从民俗的角度推断，在选址时，出于阴阳地理的考虑，首先遵循彝族对祖先的崇拜习俗，即"笃""沽""维""哺""喳""娄""博""濮""斯"（彝族"六部"始祖笃慕俄开始的九代天君）的九序之规，其形制"象天九重，法地八层"。由于彝族聚居地处于山区，彝族王府建筑选址多在地势险要的高山坡地或河谷地带的向阳山歧，依照背靠大山，面向开阔的风水理念，在建筑时仍就斜坡地势依山而建，进行台阶式的营造。环境一般为依山傍水，向阳避风，体现出"山环水抱必有气"的传统风水理念和"天人合一"的朴素哲学思想。而连环的四合院建筑的左右厢房，犹如双臂成环抱之势，同样是"山环水抱"的另一种体现。值得注意的是，整座罗甸王府直接体现出"九扯九纵"的政治体系结构（以职能分设 9 个办事机构，又按官职大小而列为 9 个品级，两相结合），构成"一场八院九层"的建筑形制。根据慕俄格王府遗址挖掘残垣考证：一场，指府衙前的广场，占地约 30 余亩；八院，指九座正堂、正厅与两侧的偏殿合围而成的八个四合院；九层，指依山梯建在九层台阶上的九座正堂、正厅。在实用功能上，以军事上的需要为首要考虑因素，有所谓"东依珠乍山，山峦叠嶂，山石巉巉，危石示险，若来犯军，也难以伏兵；南有穿岩、阆风，奇峰怪石，树木荫翳，犯军难入；西有铜关、石关，驻军护前，易守难攻；北有木弄关和东关，关上设卡，万夫莫入"。

3. 大屯土司庄园遗址概貌

庄园在总体规划上，显然受到中原汉族地区王宫建筑的影响，以中轴线对称的平面设计为基础。在规划上追求方正、对称、"大雅"的同时，兼顾含蓄、幽曲的美学追求，通过丰富的层次变化，获得博大幽深的艺术效果。贵州宣慰司自明初奢香夫人摄职贵州宣慰使后，依据各级官员和基层政权组织的设置，各级"衙院"建筑均按"九扯九纵"的结构分品级建造。地方土司、土目庄园建筑的形制一般则是以三层台阶进行建造。始建于清乾隆年间的毕节市大屯土司庄园（另一说始建于康熙年间，又经乾隆、道光年间不断扩建东西两个花园，清末民初不断修葺达到了如今的规模），是现存土司建筑文化中较为完好的一处，为四川叙永扯勒部后裔余姓土司所建。其建筑依山就势，第次升高，为三层台。

整座庄园，三路三进，布局严谨，错落有致。中路由面阔五间的大堂、二堂、正堂组成中轴线。左路主要建筑有轿厅、客厅、鱼池、书房和家祠。右路主要建筑有花园、客房、绣楼、厨房和仓库。大屯土司庄园的主体建筑虽然也是依山而建，但在九重宫殿的基础上已有变化，不是在一条中轴线上建九重宫殿，而是将中轴线分为三路，修建为每路三重的九栋殿宇，这是一种变异了的九重宫殿。除此以外，从毕节市还保留的安山土司庄园、湾溪土司庄园、海嘎土司庄园，到金沙的契默土目庄园，威宁的牛棚土目庄园、大观寨土目庄园等遗迹上都反映出明清时代土司、土目庄园的这种建筑特点。

在营造方式上，体现出彝族文化与汉族王宫建筑相结合的特点。黔西北彝族王府建筑中，在南方汉族地区建筑中常见的穿斗式结构的基础上，还采用了汉族王宫建筑中普遍使用的华丽的叠压式斗拱组合。有资料显示，妥阿哲从云南请来一批能工巧匠来建造罗甸王府。如果这种说法成立的话，也就是说，在很大程度上，当时慕俄格的罗甸王府受到云南土司衙门建筑的影响，或者说是按照当时云南的土司衙门的建筑形制而建造的。

《彝族源流》卷二十三《阿芋陡家九十重宫殿》记载："九十重宫殿，二十四大厅，三十八个面，阳降阴升，错落有致。"从云南现存的具有代表性的王府建筑，如始建于明清年代的元阳土司衙门来看，其优美的重檐歇山翘脊顶、叠压式斗拱以及正脊上的"雄鹰展翅"（板螯垛脊），明显体现出歇山顶与云南地方建筑融合的结果,在很大程度上可以看出,慕俄格罗甸王府的形制受到云南土司衙门建筑影响。这一时期土司王府建筑普遍采用重檐歇山翘脊顶和庑殿顶,盖筒瓦,且气势很大;而土司、土目"衙院"建筑则普遍采用重檐歇山顶和单檐硬山顶相结合,一般盖小青瓦。

在装饰风格上,以繁缛细节凸显贵族气派。从上述提到的《彝族源流》卷二十三《阿芋陡家九十重宫殿》中可以看到较为详尽的描述:"画林中鸟、鹤、鹃、鹿为道,各种飞禽,都画在房上,林中的野兽,以虎豹为首,突出大老虎,中看的动物,都画在房上,画林中草木,松柏最突出,桑蒿为陪衬,开花结果的都画在房上,各门匠人,刻艺都精湛,镶刻属上乘。"另外,《西南彝志》卷十五中《论宏伟的九重宫殿》(约唐宋时期)记载:"雕梁又画栋,有鄂莫图影,有禽鸟形象""有翅能飞的,全部都绘上""行动迅速的,一概都绘上"。据说,妥阿哲从云南点苍(大理)、协本(东川)请来一批能工巧匠,"雕雁鹰鹄鸟之梁,刻虎豹獐鹿之栋""最美的有二十四处,金银包椽角,挂十二双金铃"。整座建筑,正面看去有"龙腾珠乍之势",背面有"虎跃绿水之威"。

从现存的土司建筑痕迹上看,土司建筑的装饰手法一般为深浮雕和镂空雕刻。由下至上分为石雕、木雕(绘)和"板鳌垛脊"几种。石雕常见于栏杆、柱础、墓室等处,内容一般有鹤、杜鹃以及鹰、龙、虎的图腾形象。木雕主要见于斜撑、门楣、梁枋、拱架、木隔板上,除日、月、鸟、兽、花草等手绘图案和雕刻以外,还能看见中原地区古建筑中常见的雀替雕刻。这种在额枋下的柱子相交处,以加强额枋和减少跨距的装饰性构建,是建筑结构与美学完美结合的范例,在明清时期黔西北地区的彝族王府建筑中已屡见不鲜。从大屯土司庄园中普遍雕刻或绘制的"虎头纹"中不难看出它与汉族传统文化中"如意纹"的联系。汉族建筑中的木楼瓜柱,在彝族王府建筑中显现出更为丰富华丽和独特的民族风格,如牛头瓜柱和山墙悬鱼,以及檐挑、垂花柱、屋内的梁枋、拱架等。汉民族建筑中广泛使用的石雕,也常见于彝族王府建筑中的柱础、踏垛、墓室、桥梁等建筑的装饰上,其表现内容与木雕大致相似。在黔西北王府建筑中的"雄鹰展翅"(即民间俗称的"板鳌垛脊",是指在屋脊、檐角、檐挑以及墙头的装饰造型,一般采用泥灰塑造),

主要体现为虎、鹰、龙的组合，也是彝族雕塑艺术中常见的形式，规模和造型工艺都极为精细和讲究。硬山顶建筑的山墙拱尖处常见泥灰浮塑或泥灰面的手绘图案，一般是蝙蝠、虎头和如意纹组合而成的适合纹样，取黔西北方言中"蝠""虎"和"福"字的谐音，象征吉祥如意。

（三）九层衙门遗址

九层衙门，又称"九重衙门"，遗址位于大方县羊场镇陇公村西北5千米五指山，面积约7000平方米。按彝族土官"九扯九纵"等级制度依山势修建。现存堡坎、石阶、柱础及残砖、碎瓦等，为省级文物保护单位。水西宣慰府，位于纳雍县乐治镇史家街村，为明代和清初"水西宣慰府"衙署，自下而上共六进。清康熙三年（1664年），吴三桂进剿水西宣慰使安坤，被焚毁。现残存石墙、柱础、基石等，为省级文物保护单位。威宁土司府署，位于盐仓镇盐仓村。始建于明代，清康熙六年（1667年）毁。现存部分基石、石虎、石水缸等。1958年曾出土铜锭5块。榕江孖略土司衙门，位于朗洞镇高略村孖略寨，建于清嘉庆二十四年（1819年）。原有仪门、大堂、二堂、两厢、后室及下房等。现存青石台阶、石柱础及清嘉庆二十四年（1819年）"或陋堂"修建碑，记修建土司衙门事。福泉杨义长官司衙门，位于城厢镇杨义司村，始建于明洪武年间。原有土衙、禄衙两组四合院，均有对厅、两厢、正堂等。咸丰同治年间毁于兵燹。现存屋基、柱础及记事碑，记杨义长官司历史及田产。贵定小平伐长官司衙署，位于盘江镇平堡村。明初设小平伐长官司，旋即修建衙署，由过厅、厢房、正堂组成。毁于20世纪80年代。曾出土清乾隆五十九年（1794年）颁发的铜质官印，满汉文各半，书"小平伐长官司之印"。思南苗民长官司衙署，位于塘头镇街子村。始建于明洪武七年（1374年），后屡次维修扩建，清同治十二年（1874年）重修。由前厅、两厢、正堂组成四合院。现存正堂、左厢。正堂三间，进深四间，穿斗式木结构封火山墙青瓦顶，为县级文物保护单位。

（四）千岁衢及摩崖石刻遗址

千岁衢及摩崖石刻位于贵州省大方县对江镇石桅村。千岁衢为明代摄贵州宣慰使安万铨执政后，捐银三百两修筑白布河洛启坡至鼠场大石板之石梯山道，长 2000 米，宽 3 米，路成后，行人称便，祝其千岁，因以命名"千岁衢"。

千岁衢摩崖石刻位于洛启坡麓崖壁上，离地 1 米，高 1.5 米，宽 0.85 米，额题"新修千岁衢碑记"，碑文阴刻有汉、彝两种文字，汉文 14 行，满行 35 字，可识者 283 字；彝文 6 行，满行 70 字，可识者 241 字，记嘉靖二十四年（1545 年）摄贵州宣慰使安万铨捐银修筑"千岁衢"事，刻于嘉靖二十五年（1546 年）。彝文部分已收入《爨文丛刻》，美国波士顿国家博物馆有该文拓片收藏，是著名的彝文古迹。

千岁衢及摩崖石刻是著名的水西彝族文化遗存，1982 年 2 月贵州省人民政府将其公布为省级文物保护单位。

（五）牛棚土目庄园

牛棚土目庄园位于今贵州省威宁县牛棚镇镇政府所在地，为土木结构建筑。牛棚土目庄园原来一共是七个天井，后来几经损毁。

相传宋元时期牛棚就设有驿站，建有许多供过往客商喂马的马圈和马棚，后彝族土目阿底家兴旺，将马圈马棚改建关牛，牛棚之名便由此而得。牛棚土目庄园修建于清光绪年间，占地约 7000 平方米，是彝族土目禄贞祥亲自主持修建，禄贞祥系威宁"八大土目"之一。整个庄园坐南向北，依山而建，设有七个天井，其中有五个正天井，第二个天井的左右两侧各有一个小天井（小天井内种植四季花卉，是庄园主人休闲散心的地方），整个建筑被称为"真五假七"重。每个天井都是一个标准的四合院，内侧第二层楼都是雕栏画栋的走马转角楼。由于地势略带坡度，每个天井内都有一道石梯，每道石梯有三、五或七、九等单数台阶不等。天井内地面均用五面石铺就，但正中处的铺法与其他地方有异，中间似乎成一条大道一直通向石梯。现存这个天井的上方是一排五间的正房，中间一间稍大，设有案台，供祭祀时用。左边第一间是土目园主经堂，第二间存放贵重物品。右边第一间放供品，第二间住庄园女主人。祭祀案台外也是一道双扇大门，大门下面是个十一级的石台阶。台阶两边各有一个石柱做成的灯台，右边廊下有个长方形的石缸，大概是消防取水之用。正房整体吊檐垛脊，风檐扣筒瓦五沟，吊檐压筒瓦三块。据说，原来在正房和左右厢房屋脊正中塑有"忠孝仁爱"四个大字，正房屋脊两端塑有蛟龙和骏马，照壁墙内外有草书的"福""禄"两个红色大字，在平常供家人出入的门头上分别还有"德延山""广化里"等字样，大门两侧各有一个石缸，做工精细，上面刻有日月星辰、花草树木、飞禽走兽等图案，栩栩如生。

（六）金沙契默土司庄园

金沙契默土司庄园，旧名"陇官寨"。位于距金沙县城80余千米的契默沟，其西南与毕节接壤，南与大方县相连。

庄园建在一平缓山地，占地面积3960平方米。原上、下厅堂殿毁于清末鄢子庭匪燹，遂为陇氏五世袭职陇贯洲重修，民国初年复原。相传，契默土司庄园系首任土目陇氏"朱沙眼"所建，续为陇尧廷、陇壁贞、官三娘（即陇氏三女）、陇贯洲、陇成武、陇成德世袭土司住址。

陇氏号"朱沙眼"，自滇徙入黔后，即为治理地方的头人，属摄贵州宣慰史奢香48家土司之一。家有内外总管、师爷、庄兵及佣人50余人，统辖契默、马路、铸钟等地800户人家。

庄园由垂花门楼、上下厅堂、花厅、书舍、闺阁、绣楼、茶室、餐厅、粮仓、兵居以及防御工事石碉等建筑物组成。除碉楼外，各建筑均为木结构穿斗式悬山顶，小青瓦房盖。周置石础砖墙护围，垂花门楼，坐东朝西，一楼一顶，门洞三楹，两侧配有刀枪班守卫的耳房，面阔3间，通面阔12.1米，通进深6米。上下厅均坐东北朝西南。上厅面阔9间，通面阔36.45米，进深2间，通进深8.2米；下厅面阔5间，通面阔28米；进深2间，通进深6.4米；其左右两侧厢，各面阔6米，进深5米。花厅面阔3间，通面阔13.7米，进深2间，通进深6米。石础砖围墙全长240多米，高3.4米，厚0.4米。围墙与垂花门楼左右山墙紧连，右后侧与石碉相接，形成一高大开阔、戒备森严院落。园内各建筑物体，参差错落，布局严谨，结构别致，造型美观，特别是各主体建筑的石雕、木刻，做工细致，竟与可供四季观赏的翠竹、古木、奇花异草浑然一体，呈现出我国南方群体建筑的独特风貌。

（七）镰刀湾土司庄园

镰刀湾土司庄园位于毕节市七星关区生机镇。镰刀湾土司庄园始建于清朝中叶，先后有王、苏、杨等土司住过。庄园坐南向北，面对赤水河，背靠岩背上，历经数百年的风雨沧桑，整个庄园仅存少量建筑和柱基、门方石等石刻和部分木雕构件，是毕节"八大土司庄园"之一。

庄园为木结构五重堂字，三条纵轴线布局，中轴线上依次为大朝门、门楼、二堂、三楼、正堂五重建筑。从纵轴线上有厢房、仓库、石碉堡、花厅和兵房等。建筑规模较大，布局严谨，原占地7000平方米，现占地4200平方米，庄园现存大朝门照壁，长约20米，高3米，两侧为硬山顶青砖墙，楼层背面设有美人蕉栏杆走廊，其通面阔19.3米，进深7米，现为村委会驻地，堂前设一屋基，约70平方米，青石板铺地，地上镶有六个雕刻精美的石柱础式坐凳。据传为王生土司居住时所设之审案堂，其左右原设有朝门，穿过二堂是一青石板铺地院坝，院左右两边院墙分另别设小门各一，正前方上踏跺是三堂，面阔五间长20米，进深两间，深10米，一楼一底木结构，1983年该大队将此房卖给四川古蔺农民拆毁，现仅存石柱础六个，上有浮雕花鸟等图案。正堂为面阔五间进深二间木结构房，早年毁，屋基尚存。左纵轴线的石雕煲、厢房、粮仓均毁，今尚存的花厅系歇山顶式砖木结构，其左侧山墙为斗砖砌筑，面阔三间，长7.35米，进深一间7.5米，该厅前面为长宽11.7米正方形青石板铺地院坝，右纵轴线上的厢房早毁，马房于1959年失火烧毁，现存屋基，农民修了住房。

现存的土木碉堡一座，原有九层，顶部早年已毁，现残墙高10余米，整个庄园现状残破，但许多桩基，门方石、门楣以及碌墩等各部石刻、木雕构件尚存，造型逼真，具有浓郁的民族风格和艺术特色，是彝族土司制度和民族艺术的实物资料。

五、黔东南土司遗址

(一) 岑巩木召土司庄园遗址

木召村，包括上木召、中木召和下木召三个自然村寨，分布在约10千米的南北向狭长地带，地势平缓，土壤肥沃，汤江溪迤逦其间，向东南流入潕阳河。木召古遗址群就分布在这个狭长地带5—6平方千米的范围内，遗存的文化内涵丰富，独具特色，其中位于中木召刘氏村寨的古城遗址已于1985年11月2日公布为贵州省重点文物保护单位。

整个古城遗址位于山前台地上，坐南朝北，现为刘氏居民房屋占据。地上建筑基本不存在，但石构的墙基、路基、地基保存比较完整，地面上残存有砖墙、门栏、石水缸及零星的柱础石、门砧等，青砖和瓦片随处可见。古城后面坡地是翠竹修茂，前面则有长500多米、宽2.5米的石板路，路旁有数十株苍劲古柏，还有银杏树两株，母树早年死亡，子树高约三十米，树干围长6米。从显露的遗迹看，整个古城布局比较规整，平面大致呈长方形，长约500米，宽约100米，四周有石墙。城内以7条纵向巷道间隔6列房屋，巷道和房屋地面皆以石板铺筑。每列有3—5排庭院式房屋，每排由3座独立的房屋构成，至少共有50座房屋。每座房屋大小不一，基本结构为三合院，即正房和两厢，正房正对面有照壁。前后房屋紧邻而高低错落，从山前向半山坡延伸，房屋之间以石墙相隔，有石板路、石台阶和八字大门连接。城内地面基本用凿制规整的青石板铺砌，排列有序，石板上有的刻有花纹和图案，特别是石门栏、石柱础、石门砧纹饰多阴刻和浅浮雕，风格粗犷古朴。整个城址结构完整而连贯，风格一致，当是事先规划、短时间内建成。

（二）岑巩田氏土司衙院遗址

衙院田氏土司古建筑群遗址，位于岑巩县县城西面，龙江河南岸，距县城18千米。它是思州田氏土司后裔的世居地，元代属台蓬若洞注溪等处长官司，明、清两代属思州府都坪司，今属岑巩注溪乡。

当地人称四合院叫窨子。据《衙院田氏家谱》记载，窨子修建于清乾隆年间。当时，田氏弟子考中功名并在思州府做官后，又回归衙院故里，重振家邦，决定将衙院老宅搬迁下山，在注溪老街对面选中一块风水宝地，建起了15座大窨子。衙院房屋建筑规模宏大，工程艰巨，雄伟壮丽。

每座窨子都有宽敞的院落，砌有精心打制雕刻的石墙、石门、石踏跺、石巷道等，石门重檐翘角，显得古朴庄重。窨子内建造木质正房、厢房，还建有对厅，构成"四合院"式，院内以料石铺砌四角天井，十分幽雅。所建造的木屋不用一钉一铆，梁柱间的衔接是用凿栅紧扣而异常坚固，体现了土家人的聪明才智和精湛的建筑艺术。木屋的花檐和窗棂，雕刻古雅，有"喜鹊含梅""龙凤呈祥""二龙抢宝""松鹤遐年"等图案。每个窨子正屋均装"六合门"，取"天地四方""天地一统"之意，标榜衙院田氏门第显赫。

衙院寨中，还有人家保留着祖上在清朝做官时戴的红顶官帽，神龛上供奉着历代官员的灵位牌，神龛下面的神柜上雕刻着"七龙朝凤"等图案。寨口，矗立着田氏考中功名的大小各式功名碑。寨前，出现了一座又一座雕工精美的功名华表和贞节牌坊。衙院寨前还竖有功名华表20余座、贞节牌坊7座，上刻圣旨、龙凤、花鸟，彰显田门雄风。寨后祖坟山葬着清代10余位大小文武官员的坟墓，他们的墓地奢华高大，有碑石铭文。衙院寨种种遗迹表明，田氏先祖曾经显赫的身份及其特殊的地位。

民国时期，衙院窨子被火焚14座，只有1座留存至今。目前衙民居建筑均为1949年之后恢复和兴修的。

（三）黄平岩门司城垣遗址

岩门长官司，始设于明成化四年（1468年），首任土司官何清，汉族，四川重庆人。明成化四年因征战九股夭干夭坝（今剑河、丹寨等地）有功，于成化六年（1470年）授凯里安抚司左副长官（官阶四品），隶播州宣慰司。何清殁后其子何良承袭，何良殁后其子何世臣承袭，何世臣殁后其子何鳌承袭。万历二十八年（1600年），神宗帝调动十三省兵力共计24万人平息了播州杨应龙叛乱后改属黄平州。何鳌殁子秉政承袭，秉政殁子世洪承袭。清顺治十五年（1658年）改授岩门长官司，何仕洪降，准袭长官，世代承袭。康熙十三年（1674年），吴三桂追缴号纸（明清时代政府所颁记载土司袭位者职衔，世系、承袭年月的书状），十九年（1680年）平吴三桂，仍予仕洪子瓒远承袭。四十年（1701年）瓒远率兵与苗族义军交战而卒，瓒远长子何楫承袭，何楫殁，长子何其仁承袭。雍正十三年（1735年），岩门土司何其仁、重安土司张纯金、朗城土司冯秉文聚岩门司城，共谋守城计谋，以阻台拱（今台江）苗民，后因土城薄恶而力不能支，皆赴水而死。何其仁战死其子何宗应承袭，何宗应袭而殁，其子何腾辉承袭，何腾辉殁后无后，由堂弟何梦之子何焕待袭，何焕由于年幼未达到承袭的年龄，由腾辉堂叔何宗璧代理。

张秀眉起义时，将岩门司列为首批攻占的城池之一。咸丰五年（1855年）五月中旬，张秀眉率义军2万余人围攻岩门司，数次进攻皆因城池坚固，炮火猛烈未克。6月3日，张秀眉亲自指挥义军智取，部分佯攻诈败，守军误认援军已到，迅速出城追击。而义军伏兵四起，前后夹击，全歼城内守军600余人，土官何化隆等皆被击毙。岩门司城陷化隆殉难时正冠警未能计，乃至肃清来藩署扎催承袭，何兆基随川军援黔回籍乃暂代理若干余年，化隆胞弟绪隆开始办理承袭事宜，在办理袭替手续过程中，因交纳清朝政府费用而荡尽千金家产。绪隆在光绪二十五年（1899年）病卒，其遗子何子衡年幼，何氏家族纷起争袭，黄平绅士李承栋和乡团龙玉章为子衡袭职一事竭尽叙说苦况，何州牧德源悯念他孤贫准予子衡承袭。为疏远族侄关系，化隆妻暂时代理其夫职务近20余年，何子衡年将三十岁时他母亲才将袭职交与他，清末为何宗璧代理。民国二十四年（1935年），国民党省政府通令全省各地彻底废除土司制度。岩门司沿袭最后一任土司官何仲文至此结束。

岩门司古城垣位于今黄平县谷陇镇岩门司村，距县城50千米，南临清水江，对岸为台江县属。岩门司城垣始建于明代，清顺治十五年（1658年）设岩门长官司。原在清水江南岸筑有土城，后迁于今址。乾隆六年（1741年）建石城，它是贵州东部修建得最为完整和最为坚固的屯堡。1972年当地村民拆取城石修整河道，毁城墙107米，南门无存，东门仅余一侧，其余旧貌依存。岩门司地势险要，后依高山，前阻深江，上接重安、凯里，下达沅江、靖州，系清水江上游咽喉，确有"一夫当关，万夫莫开"之势，是清政府"约束屯堡、弹压诸苗"的政治、军事要地。清政府长期驻兵，以制"苗夷"。清代岩门司城内设有土司衙门，衙门设把总和黄平卫千总署。1982年岩门司城被列为贵州省级文物保护单位，国务院《关于核定和公布第七批全国重点文物保护单位的通知》，将黄平岩门长官司城列入古建筑类。岩门司古城垣，对于研究清王朝苗族历史文化、土司社会历史和土司军事等方面具有较高的价值。如今何姓家族已全部搬离岩门司，据说一部分去了贵阳，一部分居住在谷陇加巴，一部分居住在施秉等地。

（四）榕江孖略土司衙门遗址

孖略土司衙门，位于黔东南苗族侗族自治州榕江县朗洞镇高略村，始建于清嘉庆二十四年（1819 年），后遭焚毁（时间不详）。现存青石台阶、石柱础及清嘉庆二十四年立的"或陋堂"修建碑，碑记修建土司衙门之事。

六、铜仁土司遗址

（一）新业任氏土司衙门遗址

任氏土司衙门即指清道光年间并县后土司任氏迁建的新衙署，其遗址位于今印江土家族苗族县新业乡木良村，衙署主厅仍存，其堂屋左侧还设立了一个衙门敬拜牌位。

土司任氏，即朗溪长官司副长官，据印江板溪《任氏族谱》，其始祖任占国原居江西，后迁入陕西，据《任氏族谱·总序》记载，其在任期间"率三元（原）之民而治化兴，开署府而终升，统八台之令而操守固，自是而后遂寄迹于西安三元（原）"。任氏入黔可追溯到宋朝的任俸信，任占国在陕西西安三元县立足稳固后，其三世孙"俸明、俸信、俸祯三祖，先奉命而由秦入蜀，遂定西蛮，继奉命而自蜀来黔，又平南贼。"由于军功卓著，帝封任俸信为"蛮彝武节将军"，命其留镇南黔。元时，任氏后裔任文贵授任石洞长官司。明洪武七年（1374 年），设厥栅溪长官司，以任氏担任长官；后又置隘门巡检司，以任氏为土巡检。洪武十五年（1382 年），沱江宣抚使田儒铭率兵攻打黔东北地区各自为政的土司势力，建立起为明政府所认可的土司政权。永乐四年（1406 年），并厥栅溪长官司为朗溪长官司，田儒铭以其第五子田茂能为长官司正长官，以任氏后裔任嗣宗担任副长官。清道光十年（1830 年）三月，朗溪蛮夷长官司并入印江县，朗溪地区仍保留土司衙署和长官司级别，但不再行使土司政权，同时责令各级长官司长官将衙署迁走，任氏副长官衙署搬迁至木社寨（即今木良村）。

（二）盘石田氏土司衙门遗址

盘石土司衙门旧址位于印江土家族苗族自治县木黄镇盘石村官寨组，地处金厂河畔，坐落于玉屏山麓。盘石田氏土司衙门建于清康熙九年（1670

年），为约束苗民，催收袭粮，土司衙署由朗溪迁于该地。

衙署为木结构三进院落古建筑，坐西北向东南，占地面积 800 平方米，其中建筑占地 150 平方米。原建筑共三进厅堂，建有龙门、天井、正堂、花厅、后院、厢房、牢房、库房等。1900 年，许多建筑被大火烧毁，现存正堂房屋三间，厢房三间，屋后现存昔日用来惩罚"犯人"的蚂蟥池。1983 年，印江县民族宗教事务管理委员会在民族识别中，从土司后裔田茂扬处征集到土司印鉴三枚："贵州思南府朗溪正长官司之钤记"印、"朗溪行营关防"印（木质、金属各一枚），现陈列于印江县民族陈列馆内。1986 年 5 月 6 日，该遗址被印江县人民政府公布为第二批县级文物保护单位。

（三）朗溪蛮夷长官司遗址

1. 朗溪长官司历史①

朗溪之地，元时曾设朗溪洞，隶属于思州军民安抚司。元至元二十八年（1291 年），为便于管理，规范土司的行为，元政府于思州军民安抚司下设思邛江长官司、朗溪蛮夷长官司、厥栅蛮夷长官司、隘门巡检司等土司机构。明初，田氏祖先田儒铭平定十五峒苗民起义有功，授沱江宣抚使职，封"昭信校尉定蛮威武大将军敦武侯"，其五子从征有功，各加封赏，颁发印信，田儒铭以其平乱后征服之地分封给五个儿子，第五子田茂能封朗溪蛮夷长官司正长官职，田氏始治朗溪。前两任土司田茂能及其子田仁泰因在外征战并未赴朗溪任职，仅接受封号，在此期间平定了治古、答意两地生苗起义。至第三代土司田宏高袭职时，田氏家族才开始迁入朗溪，并于此处修建治所。清朝为加强对朗溪等处土司的管理，规定土官九品以上袭替皆要上奏，朗溪长官司作为正六品官员即在此列。清朝初年，清军占领贵州，土司田养民率民众归顺，仍授予原职，此后历任朗溪长官司正长官之职，皆由田氏后人继承。清道光年间，朗溪司并入印江县，朗溪长官司各级职务虽保留，但已有名无实。民国四年（1915 年），废朗溪司，朗溪田氏统治的时代正式结束。

---

① 龚荫：《中国土司制度》，昆明：云南民族出版社，1992 年，第 979—980 页，第 1199—1200 页。

2. 朗溪长官司司城概况

朗溪田氏土司署衙，郎溪第三任土司田宏高在任期间所建，明弘治年间，朗溪第五任土司田稷又着手修建朗溪司城，城内西北角建有鼓楼，城内建筑多为四合院式的"封火桶子屋"。清朝康熙年间，土司长官于原署衙的基址上修建田氏宗祠，形成了祠堂—衙门一体化的建筑风格。宗祠坐东向西，占地面积约有五千平方米，由三重檐四柱三层的牌楼式头门、正殿、寝殿、厢房、花园、戏楼、天井等部分组成，多为砖石结构，两翼建有围墙。头门外有约三百平方米的空地，外侧是朗溪大堰水渠，宗祠南北两面还建有封火墙。中华人民共和国成立后田氏宗祠被用于朗溪区革委会办公场所，后遭焚毁，现已经不复存在。其后朗溪区革委会又于原寝殿的基址上建造新的办公楼，即今朗溪镇政府办公楼。此外在原宗祠的基础上又陆续修建文化站、政府食堂、财政所、派出所办公楼以及今"土司食品厂"等建筑。1996年，朗溪镇发生滑坡，大量古建筑物遭到毁坏。印江县现存田氏古建筑有燕子岩田氏宗祠，位于木黄镇南部2千米的燕子岩村，始建于清光绪二十三年（1897年），砖木结构，系三进高封火墙围护建筑，布局仿照朗溪田氏宗祠，现存有照壁、牌楼式大门、戏楼、厢房、天井、正殿、围墙、燕翼亭等建筑遗址。1986年，燕子岩田氏宗祠被列为县级文物保护单位。

（四）思南苗民长官司衙署遗址①

思南苗民长官司，明洪武年间设置，治所位于今思南县城城南25千米的塘头区尧民乡，衙署尚有残存。苗民长官司原属思南宣慰司，永乐十一年（1413年）废思南、思州两宣慰司，其地分置思南、石阡、铜仁、乌当、思州、镇远、新化、黎平八府，苗民长官司改隶于石阡府。清康熙五十年（1711年），废苗民长官司，其地划归思南府。

首任苗民长官司名为汪育德，苗族人，原任龙里蛮夷长官司副长官（今锦屏县龙里乡），明建文元年（1399年），思南宣慰使田大雅保荐其为苗民长官司正长官，共计传十二代，至清康熙二十三年（1684年），其世系为：

---

① 政协思南县委员会，文史资料研究委员会：《思南文史资料选辑》（第12辑），1988年，第80—81页。

汪育英（封颍川侯）—汪元宝（封洋川侯）—汪世隆—汪浩—汪壁—汪誉—汪牧—汪大箎—汪若济—汪自达—汪玺—汪浴—汪洪祚。

康熙十二年（1673 年），吴三桂反叛，收缴了清政府颁发的符券，另发给其吴三桂符券。康熙二十三年（1684 年），清军平息吴三桂叛乱，令汪洪祚上缴符券，并撤其苗民长官职务。康熙五十年（1711 年），废其司。

七、黔南土司遗址

（一）贵定大平伐长官司衙署遗址

1. 大平伐长官司世系情况

大平伐长官司长官宋氏，其先祖为钟离人宋隆豆之部曲，蜀汉时从征南中，遂留居于此，世守其地。明太祖洪武四年（1371 年），后裔宋臣从征黑羊箐，又随征云南，授予其长官司长官之职，世袭其职，至光绪季年止。其世系为：宋臣—宋瑛—宋文—宋全—宋本—宋标—宋铭—宋杰—宋偬—宋维弼—宋应祥—宋三锡—宋三策（三锡之弟）—宋三桂（三策之弟）—宋世昌（清顺治十五年归附，仍授原职）—宋珩—宋承勋—宋之符（承勋之弟宋承爵之子）—宋安远—宋鸿远（安远之弟，摄理司事）—宋思萌（安远之子）—宋广才。[①]

2. 大平伐长官司衙门遗址

衙署位于今贵定县抱管乡大平司，占地面积约 50 亩，由衙门、大庙和祠堂三部分组成。

（1）土司衙门

衙门主体房屋基本完好，呈四合院形状。中间院子约 180 平方米，正房长约 18 米，左右厢房长约各项 10 米，过厅长约 18 米，过厅四重门，前廊约 6 米，左右耳房各长约 5 米，院墙高 3 至 5 米，长约 50 米。土司执法水牢屋基尚存，宽约 200 平方米，水牢坑已被泥土填满。衙门后花园 500 平方米，已成为农家菜园，据耕种者称，土下全是麻条石。

---

① 龚荫：《中国土司制度》，昆明：云南民族出版社，1992 年，第 791—792 页。其原文节录自民国《贵定县志稿》。

衙门建筑主体后侧为衙门土司寝殿，面积约 150 平方米，屋基清晰可见。衙门驿馆在衙门的左侧，面积约 200 平方米，房屋尚存。

（2）大　庙

四合院式建筑，占地约 350 平方米，由正房、左右厢房、前厅、过厅、石梯等组成，屋基保存完好，除左厢房幸存外，其余毁于破"四旧"运动。此外，还有庙钟一口，现悬挂于衙门前的柏树上，庙钟下直径 80 厘米。

（3）宋氏祠堂

现已被毁坏，仅存祠堂屋基及功德碑一面。

（二）贵定小平伐长官司衙署遗址

小平伐长官司宋氏，相传为宋景阳之后，其始祖宋阿里于元大德年间以功授小平伐司长官。明洪武十五年（1382 年），其后裔宋斌保归附明政府，仍授长官司长官之职。

自宋斌保归附起，传袭至清光绪季年止，其世系为：宋斌保—宋昭—宋海—宋宽—宋亶—宋继恩—宋文寿—宋国臣—宋国才（国臣之弟）—宋天培（清顺治十五年归附，仍授原职）—宋世隆—宋立—宋光远—宋德彰—宋思敬—宋毓珠—宋均—宋钊（宋均之弟）—宋□（其名不可知，光绪季年，未袭任）。①

小平伐长官司衙署遗址位于今贵定县盘江镇平堡村，建于明初，20 世纪 80 年代遭到毁坏，曾出土过 1794 年颁发的"小平伐长官司印"，铜质，满、汉文各半。

（三）贵定新添长官司衙署遗址②

新添长官司，明初设置，属新添葛蛮宣抚司，治所即今贵定县。历任长官为宋姓，据传其始祖为镇州人宋阿重。洪武四年（1371 年），其后裔宋仁贵归附，授新添长官司长官职，管辖新添、米孔诸寨。

---

① 龚荫：《中国土司制度》，昆明：云南民族出版社，1992 年，第 792—793 页。其原文节录自民国《贵定县志稿》。

② 龚荫：《中国土司制度》，昆明：云南民族出版社，1992 年，第 789—790 页。其原文节录自民国《贵定县志稿》。

自宋仁贵任职起，传至清朝光绪三十二年（1906年），其世系为：宋仁贵—宋升—宋安—宋略—宋时勋—宋维垣—宋肇元—宋鸿基（顺治十五年归附清政府，授原职）—宋纯祖—宋源—宋廷玺—宋遐龄—宋体祁—宋辉祁（宋体祁之弟）—宋垲—宋兰英—宋光斗—宋兆龙（为邑庠生，未袭职）。

（四）福泉杨义长官司衙门遗址

杨义长官司，明洪武年间设置，隶属于平越卫军民指挥使司，在卫城东三十里，其长官为金氏。唐朝时，其先人金密定曾任贵阳金筑安抚司。宋元时期，改为金筑土知府。明洪武二十一年（1388年），改置杨义长官司，授予长官司职。清以前其世系暂不能详考。传袭至清顺治十五年（1658年），金氏后裔金榜率众归附清政府，被授予原职，一直传袭至清末。自金榜起至清末，其世系为：金榜—金震生—金履殿—金玉—金光宸—金坤—金之元—金家良—金承敬（家良之侄，咸丰十一年［1861年］，家良城陷殉节）。①

杨义长官司衙门位于黔南州福泉市城厢镇杨义司村，始建于明洪武年间。原有土司衙门、禄衙两组四合院，结构布局大体相似，均有对厅、两侧厢房、正堂等。咸丰年间毁于兵燹。现存衙门屋基、柱础及一块记事碑，该碑记录了杨义长官司的历史沿革及土司的田产状况。

---

① 龚荫：《中国土司制度》，昆明：云南民族出版社，1992年，第881页。其原文节录自光绪《平越直隶州志·土官》。

第四章　云南土司遗址

一、普洱土司遗址

(一) 孟连宣抚司署遗址

孟连宣抚司署，傣语称"贺罕"，意为"金色的王宫"，坐落于云南省普洱市孟连傣族拉祜族佤族自治县的娜允古镇内。从第一任土司罕罢法于公元1289年始建孟连城起，宣抚司署历经元、明、清、民国500余年。曾在清代被焚毁，现存建筑重建于1878至1919年，占地总面积10248平方米，建筑面积6738平方米，它是云南清代土司衙署的代表，更是云南唯一的一座傣、汉合璧的大型建筑群。

1. 孟连宣抚司历史沿革

孟连在唐南诏时称"茫天连"，居住在此的傣族先民被称"茫蛮"。南宋宝祐元年（1253年），助卯（今瑞丽）傣王去世，二子分裂争权，其中的罕罢法王子带领部分臣民大举南迁，进入阿佤山后，分三路寻找立国安身之地，经过千难万险，寻找到了一个美丽的河谷坝子，在这里建立村寨，伐木开垦，人们称这里为孟连，傣语意为"寻找到的好地方"。在南迁途中，王子罕罢法的人马经过马散（今西盟县）佤族部落，受到佤族首领的热情接待，并把女儿改名叶连嫁给了王子罕罢法。婚礼上宰象剽牛后互赠象牙牛角为信物，并盟誓："象牙不会枯，牛角不会烂，傣族和佤族永远是亲戚。"傣历年（1289年），罕罢法在孟连建傣城——娜允，元朝廷在此设"木连路军民府"，并派使臣前来巡行安抚，征收贡赋。

明永乐四年（1406 年），明廷设孟连长官司，直隶云南都指挥使。赐土司姓刀，孟连长官司官居六品。清康熙四十八年（1709 年），清廷升孟连长官司为宣抚司，"孟连世袭宣抚司"官居从四品。1949 年 1 月，孟连获得解放，孟连土司最终被废置。

2. 孟连宣抚司署遗址概观

宣抚司署坐落于上城区的高地上，现存的宣抚司署重建于 1878 至 1919 年，整个建筑由门堂、议事厅、正厅、东西厢房、粮仓、厨房及监狱、奴仆住房组成，后两项现已无存。门堂为二叠小歇山飞檐头拱大门，大门前后各设置 4 个突出的小阙，观其细部及风格，显然出自晚清白族工匠的高超技艺。

议事厅是整个建筑群规模最大的一座，为三檐歇山顶干栏式建筑，干栏柱 6 排 47 根对称排列，其主体是傣族的干栏式，内部和后侧保留了傣族的传统形式，但底层与三面的外廊是仿汉风格，正面外檐起翘，柱头均以汉族建筑的斗拱和木雕加以装饰，木雕内容大都是"双凤朝阳""犀牛望月""鹬蚌相争""宝象升平"等汉族典故，斗供上方姿态各异的象鼻昂却傣味十足，体现了边疆少数民族的智慧和独创精神。

议事厅楼上是土司召集傣族、拉祜族、佤族、布朗族头人议事和决断政务的地方，当年土司高坐在宝座上，头人、官员席地而坐在其下，门戟华盖等排列左右。楼下设有地楼和坐栏，是土司和官员的休闲之处。每逢重大节日和喜庆之日对百姓开放三天，底楼能成批接纳百姓。

议事厅与东西厢房和正厅紧密相连，形成一个土司府日常生活办公的四合院，又叫走马转角楼。厢房是一楼一底硬山顶沿廊式对称建筑，是土司和官员日常办公的地方。正厅是一楼一底重檐硬山顶式建筑，楼上是土司和其家属的居室，西侧是厨房、东侧是粮仓，这两座建筑系傣式建筑。

议事厅南面原设有监狱，有兵丁驻守，还有一座供奴仆纺织和居住的建筑，这两座建筑已不存在。整个土司建筑布局合理、完整。如今，它是云南土司建筑中保存最完好的，也是云南清代土司衙署的代表，作为云南唯一的一座傣、汉合璧的大型建筑群，孟连宣抚司署本身就是一部建筑史和艺术史，是前人留给后人的一座历史丰碑。

　　馆藏文物中有清王朝赐给土司的官服、印章、仪仗等物，有贝叶经和土司的记田户簿，有历代土司遗留的汉傣两种文字的公文，有用傣纳、傣绷两种文字记载的故事、诗歌、经文、历史、法规等，有祭神的器具及日常生活用具。这些都是研究西南少数民族土司制度的重要实物，具有较高的历史和艺术价值。

（二）景东卫城遗址

1. 景东府陶氏土司历史沿革

　　南诏地区，唐代设银生节度使，宋代大理国前期延续南诏旧制仍设银生节度使。后傣族势力逐渐壮大，攻占节度使所在之银生城（今景东县城），其所统辖的地区也逐渐被其他势力占据，后开南傣族势力占领景东全境，成为新的统治者。1253年，忽必烈领兵南下，采取"以夷制夷"的政策，联合各地部族头领，以其任路、府、州、县等行政长官。

　　景东府，元至顺二年（1331年）设置，明朝因之，清朝改为直隶厅，民国时设县。陶氏土司之祖阿只鲁（又作"阿只弄"），傣族人。1276年设"开南州"，命阿只鲁任开南州管理一职，统辖威远及案板、母龙、猛统三甸。明洪武十四年（1381年），朱元璋调集三十万大军，以傅友德为主帅，蓝玉、沐英为副帅，从贵州和广西向云南进军。

　　次年，明军兵至楚雄，知府俄陶向明政府内附归诚，并派通事姜固宗等前往楚雄慰问明军，为嘉奖其忠心，仍按元制以其地置景东府，明太祖封其"知府事正四品衔"，赐文绮、袭衣、颁印，并赐姓陶，令世传其职，统辖景东、镇沅、威远（景谷）、勐缅（临沧）、大侯（云县）等地，陶氏势力范围因此得到扩大。明洪武十八年（1385年），麓川傣族土司思伦起兵叛乱，攻打景东，俄陶率众御敌，但由于寡不敌众而招致惨败，遂率民众逃避至大理府白崖川。后叛乱平息，太祖嘉其忠勇，令俄陶仍复任原职，并赐给刻有"诚心报国"四字的金带一条。景东府作为军事重镇，为防止土司势力再次叛乱，明军屯守于此，俄陶让出上万亩良田供其屯种，并出让自己旧宅以供屯军之用。俄陶死后，其子陶干袭任。陶干传子陶等。陶等传子陶瓒，正统年间，率兵调征麓川者张羽牙、杀奉撒等，以军功进阶大中大夫、资治少尹。陶瓒传陶洪。陶洪传陶棻。陶棻传陶炳。陶炳传陶化起（又名陶龙）。化起传陶金，未及袭任，东甸傣族头领领兵来犯，将印信劫走，陶金率兵追剿之，夺回印信，此役之后，陶金便以其勇而闻名，并多次随朝廷出征，屡立战功，诏赐白金贮丝一袭。陶金卒，其子陶淞袭职，嘉靖年间，率兵参与征剿铁索、米鲁、那鉴、安铨、凤继祖、乌撒等战役，其在任期间也大力倡办郡学，因此受到当时文人的景仰。陶淞卒，其子陶明卿袭任。万历十八年（1590 年），贵州水西安帮彦反叛，率大军进犯云南。陶明卿以象阵从左翼冲击，拦腰侧击，安邦彦军大乱，陶明卿率众追击，叛军溃不成军，此役当推明卿为首功，加三品服。明卿卒，其子陶玺袭任。陶玺传子陶尔鉴，继任时仅八岁。后彝族起义，尔鉴死于乱兵之中，年仅十八岁，无子，遂以明卿弟陶明弼之子陶垄袭任。

清初平滇，陶垄内附投诚，仍授世职。陶垄告休，其子陶秉鉴于清康熙二十八年（1689 年）继袭知府。秉鉴传子陶楚。楚无子，故由陶垄第三子、秉鉴之弟陶大鉴袭任知府位。大鉴卒，其子陶淳袭任，后淳染病而卒，无子，故其弟陶澄袭任。陶澄传子陶士標。士標传子陶应昌。应昌传子陶熊，后因罪革职，知府之位暂由陶熊之弟陶烺代理。次年，陶熊之子陶德增袭知府职。德增传子陶琨，期间景东再次爆发战争，土司印信也在战火中遗失。琨传子陶珍，同治元年（1875 年），死于杜文秀起义，陶府被杀者一百二十余人，宅院为战火所焚毁，陶氏统治时代自此结束。陶土府世袭后期，为了维持荒淫生活和庞大支出，对农民盘剥加重，民族矛盾进一步激化，是促成其灭亡的重要原因。

2. 景东卫城的建设沿革

景东卫城遗址位于景东县城西北御笔山麓，是景东傣族世袭土司俄陶旧宅，始建于明洪武二十三年（1390 年），次年竣工，距今约六百多年历史，现仅存南门门堡及部分残墙。

明王朝建立之初，由于忙于稳定中原的政治局面，无暇对西南边疆用兵，当地大小土司据地称雄，致使祸乱频发、民不聊生，严重威胁明王朝的边疆稳定。后明军平息叛乱，朝廷为加强云南防务，特设军事机构景东卫，调军屯守于此。土司俄陶感激明廷恩典，奉宅为城以供屯军之用，此即为景东卫城之雏形。

卫军进驻后，曾多次于原有基础上进行完善扩建。据《景东府志》记载："元时土司居此，因缅蛮寇景，土司战退弥渡大庄，投诚西平侯，请神策卫保障，因让宅为城。洪武二十二年（1389年）建卫城，周二里零二百四十余步，设四门。"土司俄陶让出原住宅后，另建府宅于河对岸的凤山西麓。建城所置东、西、南、北四门中现仅存南门遗址，据《滇志·建设志·城设》记载，卫城四门"南为'泰安'门，北为'肃静'门，东为'利城门'，西为'定夷'门，南门外东为府署，卫府同城而治"。洪武二十六年（1393年），朝廷命洱海镇守使程达到景东镇守，他到任后，在原城基础上继续进行完善扩建，卫城达到空前规模。

清朝以来，随着各地的割据势力被逐一铲除，全社会趋于稳定，各地的军事力量开始被逐步裁减，景东卫城的军事地位和维护支出开始降低。到了清咸丰、同治年间，因军事机构调整和驻军力量的削弱，加之反清民族起义战火波及，卫城大量建筑被毁。民国十五年（1926年），景东卫城遗址上曾建有三方一照壁的四合院，用作县级初中的校舍。中华人民共和国成立后，1950年景东县立初级中学定名为"云南省景东县第一中学"，其校址就在卫城遗址之上。后卫城原有城墙及建筑遭到严重破坏。1978年后，随着《中华人民共和国文物保护法》的颁布，卫城遗址作为文物得到保护，1986年8月公布为县级文物保护单位，1998年11月公布为云南省第五批省级文物保护单位。

3. 景东卫城遗址概况

现存城墙依山而建，为砖石结构。1992年曾对南门门堡进行修复，门堡长33.4米、宽20米、高7.8米，门洞高5.5米、宽3.2米、深18.2米，门洞下半部用五面石错缝平砌，上半部用长41厘米、宽19厘米、厚9厘米的青砖砌成拱顶。东门遗址至南门遗址还保留一段长66.6米、宽3.6米、高4.7米用五面石砌筑的城墙。南门以上残存断断续续的砖墙160米，最高处6米。西边保存一段长35米、高3.6米的石墙及120米断断续续的砖墙。卫城遗址上的城墙均用条石、青砖、石灰纸浆支砌，内用砂土、毛石夯实而成，虽保留得不够完整，但亦可看出原建筑规模之宏大、建筑技术之高超。

2008 年 4 月，在遗址中心区的东北部，即原卫城东门附近，发现了一条南北走向的地下坑道，对暴露在外的 30 米部分清理之后，其距地表仍有约 2 米左右，坑道深 82 厘米，宽 66 厘米，壁厚 40 厘米，上盖有石板，底部和两壁都用砖支砌或平铺，由于盖板石遭到破坏，道内填土较多，清理后采集到许多陶片、瓷片、房屋构件等，另有石弹丸一枚。坑道底部镶砌红、青砖上，有规则的凹凸不平纹理，是明显的使用痕迹。坑道北端洞口 4 米处，有一规则长方形坑，用砖块砌成，壁厚 40 厘米，距地表仅 20 厘米，其与坑道相连，清理后未发现任何物品，也无明显痕迹，其用途暂不明。整个坑道除南北延伸外，还向西部、东部分叉延伸，具体的布局和范围如何，还有待于进一步清理。

二、德宏土司遗址

（一）南甸宣抚司署遗址①

1. 南甸宣抚司历史沿革

南甸宣抚使是云南土司中著名的边地"三宣六慰"之一，明清时被称为德宏境内"十司领袖"。南甸的"南"是指位于腾冲南部而言，"甸"是指郊外坝子，所以叫"南甸"。南甸西汉时属益州郡不韦县，东汉时属永昌郡哀牢县，元代时元廷在此设南甸军民总管府，从元置南甸军民总管府起，开始成为一个独立的政区。明设南甸宣抚司。清袭明制。民国时期土流并治，先后设置八撮县佐和梁河设治局，1950 年被废置。

南甸土司头人刀氏龚姓，原籍南京应天府上元县人。元大德五年（1301年）皇赐姓刀，所以又称刀龚氏，民国元年复姓龚，正式称龚姓仅四代有余。刀氏先祖明初随师征讨云南，因屡建战功加封为宣抚使，从此定居于此，逐渐融合当地傣族文化，成为汉傣文化交融的典范。

2. 南甸宣抚司署遗址概貌

南甸宣抚司署住地曾几次易址。我们现在所说的土司司署遗址，是其第

---

① 参考姬刚：《云南土司司署建筑形制及其文化内涵研究——以南甸和孟连宣抚司署为例》，昆明理工大学硕士学位论文，2013 年。

三个衙址。元代最早司署遗址位于县城正北 13 千米的大地老官城，现仅存
坟地和残石狮及瓦砾等。明正统九年（1444 年）升为宣抚使后迁司署到团
山，即现县城东北 2.5 千米处的九保太平寺一带。清乾隆三十一年（1767
年），为防缅兵窜入和苦于应付过往官兵，又把司署迁到距县城东郊 3 千米
多的新城村，取希望长治久安之意，故名永安司署。清咸丰元年（1851 年）
勐蚌等五撮各族人民反土司苛政，焚毁了永安司署。同年，土司又到"田
心"① 建衙门，即现在的南甸宣抚司署。南甸宣抚司署是历经三代土司近八
十四年的不断扩修，直至 1935 年最终建成。其主体有五进四院，逐级升高，
旁设七拐二十四间耳房，是目前全国规模最大、文物保护最好的土司衙署
之一，当地人称之为"傣家故宫"。

（1）南甸宣抚司署遗址格局

南甸宣抚司署建筑群按汉式衙署式布局，由五进四院，4 个主院落，10
个旁院落，47 幢，149 间房屋组成，占地面积 10625 平方米，建筑面积 3672
平方米。气势恢宏，其建筑实属罕见。整个房屋规划整齐，主次分明，可谓
"层层院进八方通，幢幢署阁殿中殿"木质结构，粗梁大柱，雕梁画栋，如
此大规模的建筑在全国土司司署中并不多见。

衙署进门第一院是门房，它原本是警卫与牢差们的住处，现已损毁，门
房已不存在，院落的右边是一幢三开间土木结构小屋，是在原地模拟建造的
牢房。牢房中间的一间是守夜者的火塘、床、桌和象征狱神之图腾对联、香
炉等。左边是重犯在的地方，四边栏栅，留有门道，供犯人出入。房内有卡
脚枋、四枋枷、鱼尾枷和铁链手铐等刑具。左边的轻犯住处，四边无栏栅和
刑具。

对称的两厢楼，右是差库房，左是巡捕房。巡捕房居住勤杂人员，包括
亲兵班。亲兵班是从土司属境内外八寨各抽调一人，共计十六人组成，他们
主要负责保护土司、服侍土司生活。如早点摆饭、倒水、打扫清洁卫生等。
土司外出，亲兵就配备武器随从。如果遇到审案，便站班侍立，以助威风，

---

① 遮岛，原名"田心"，始见记载于明洪武二年（1396 年）。当时田心范围即现在克
　家巷、李家巷、王家井一带。清咸丰元年（1851 年）南甸宣抚司从永安迁署于此，
　取名"金莲城"，后改名遮岛。

他们的薪资都由抵兵役村寨负担，相当于民国时期的宪兵。茶库房，是由二至四人组成，专供应司署内所需要的茶水，另外充当炮手鸣放礼炮，兼巡打扫清洁等。

这幢五开间的公堂，是第二十六代土司刀守忠建盖的。堂前为大门，门外立"永镇边夷""德政碑"两块石碑和一对石狮。石狮长5尺，高3尺，坐高5尺。木结构的大门中高两低。中门常开，高5米，上面悬挂一块长3尺，宽2尺，红漆底金字面的直匾，上书"世袭南甸宣抚使司宣抚使署"。场中植常绿三叶豆树两株。抬头看看中梁上的墨迹，上面还写有建造年代，整间房屋还是历史原件。如地铺中的窥视孔内就是1851年的原貌，上面这些是复制品，下面孔内是香草纹图原件，中格是土司审案的公堂，其中两次间是旁听室和通道，明间公案桌上坊挂有"卫我边陲"，前坊上挂有"南极冠冕""南天锁钥"等匾。堂后壁是六幅麒麟格子门为屏风，一旁留有通道，平时严禁闲人踏入公堂之上。整个公堂非常威严，上有雕龙画凤的穹顶，精工细作。再看左右排列的仪仗，乃明正统九年（1444年）皇帝赐封给的"半副銮架"复制品。另外审案桌后的两块芭蕉扇，为御扇牌，右幅是一座建筑的雕刻，雕刻精湛，逐级增高，是典型的傣族塔式建筑，左幅雕有一个欲飞的孔雀。左右有万民伞，一是土司外出时遮荫，二是代表福音高照万众臣民之意。公案桌是放在一平台之上，桌灯俱高置。桌没有经过精雕，有一围布饰之。桌上摆有签筒、笔架、朱笔、朱砚、惊堂木等。平台前一块圆形拼花地墁，是专供犯人和击鼓喊冤者下跪用。

第二院：第二院右厢是属官班住房，相当于现在的办公室。左边是军械库，也就是大家通常叫的文官、武官公务处，军械库也叫做军装房，楼上住看守军械的兵丁，主管看守的人必须具有军事常识，主要负责购买枪支弹药，兼修理武器。土司的武器很早以前是些刀、枪（长矛）、棍棒、弓弩等冷作武器。光绪年代后开始有了毛瑟枪、九响枪、汉阳五子枪。到了民国末年，远征军留下一部分，那时已有六〇炮、轻重机枪、步枪，足可以装备一个团的兵力。左厢"属官班"，他们是由十二个召朗或波朗以及被土司提为署职的办事人员组成，他们都是一些德高望重的人，轮流到衙门值班，早晚可以陪同土司吃饭，协助土司处理民事诉讼，接待宾客。

第三院：这里有一大太阳门，太阳门非常威严。第三院议事厅里曾有重大意义的要事两件：

一、土司是"土司领袖"，经常召集其他土司头人来此会盟、议事；

二、1950年5月中旬，梁河、盈江、莲山工委书记、团政治处主任邀请梁河土司龚绶、盈江土司刀京版、莲山土司思鸿升在此开会，共商建立各族行政委员会等问题。现仍有珍贵的历史照片在展厅里。

第四院：南甸宣抚司署建筑群最为华丽的就是这第四大殿，在整个建筑群中所投入的财力、物力最多。左厢是书房，右厢是账房。账房是由一总管和副员组成，主要负责司署内的财政、钱粮收支。买办司署内的日用品，执掌开支，大宗项目的列支要经得土司同意。另外附设粮仓，设专人收放粮食，屋内有账本、量箩（傣族篾编量斗）和上刻"司署制"字样的木制斗等。书房人员是由秘书、师爷、誊录员组成。专司誊写，起草文稿整理诉讼卷宗，管理文稿和各项收租票据。师爷的地位较高，他可以代理土司外出代办，可以与土司同桌共餐。20世纪50年代，楼上曾为"各族行政委员会办公室"。

戏楼区：左厢楼上是专供土司和眷属看戏的楼子，形似现在的包厢，但男不跟女混。在旧社会阶级等级、老幼男女、主仆平民都划分得比较严格。楼中为土司、夫人，左儿子、右女子专座，侧厢楼檐为官员看区，地面为百姓看区。这座戏楼四角飞翘，虽不十分精湛，但具有特色。傣戏以唱功戏为主，没有像其他民族有过多武打之武功戏，所以无须过大的台面。戏楼右厢楼除看戏外，曾做学堂。这所土司大院内有学堂二所，有子弟学堂和平民学堂，是土司在民国末年前办的私塾学堂。中华人民共和国成立前土司就重视教育，曾有堂伯叔二人毕业于日本早稻田大学。学堂外面是一个可容千余人的大练兵场，每年土司都有"霜降操练"的习惯。每当操练时，调来各路兵勇，时间一天，练习跑马射箭等。

小姐楼：大殿左是小姐楼，是小姐专门玩耍、梳妆打扮的地方。当时女人行动是要受到节制的，只能在一定区域活动。

后花园：土司每天早上起床有三件重要的事，一是习武坐禅，二是诵经，念傣文经，三是有人击鼓喊冤才去办理公务。后花园左前角这一幢三开间房，过去就是经书房。小院相通，是土司习武之后必去之处。

整个司署五进四院逐级升高，周围另有二十四间耳房、花园、佛堂、戏楼、小姐楼、佣人住房、厨房、粮库、马房、军械库、监狱等建筑应有尽有，而且各有用场。南甸宣抚司署是由三代人先后完成，用了八十四年的时间，整个建筑群，虽然是分期施工，却宛如一气呵成。规划整齐，主次分明，土木结构，粗梁大柱，筒瓦盖顶，雕梁画栋。

（二）陇川邦角山官衙署遗址

邦角山官署位于云南德宏傣族景颇族自治州陇川县王子树乡邦角行政村内，系原石婆坡隘抚夷，景颇族山官尚自贵于 1935 年所建，旧称邦角抚夷署。石婆坡隘系明代所设"八关九隘"的九隘之一，隶属南甸宣抚司署。抚夷是土司制度下在景颇族、汉族地区设置的隶属于土司的行政官员，其职责是替土司管理辖区内的各项事务，权限相当于低级的小土司，拥有辖区的政治、经济、行政管理权，且拥有部分武装，有权调派兵役。山官制度是历史上存在于景颇族聚居地区的一种政治制度，是在氏族家长制瓦解的过程中逐步演变形成的。山官乃景颇族在一定地区范围内的最高政治领袖，景颇语称"布姆杜"，载瓦语称"布姆早"，为世袭制。山官对外代表本辖区，对内享有多种特权。尚氏为世袭山官。尚自贵初为石婆坡隘的六个卡目（山官）之一，后历任石婆坡隘副、正抚夷等职，解放初期曾任德宏州政协副主席。该衙署占地 1148 平方米，建筑面积约 800 平方米，整体为土木结构建筑，局部砖石砌筑。坐南向北，由南向北依次排列有正堂、左右厢楼、厅堂。左右厢楼，西侧建有库房、厨房和旁院，东北角还建有一座石砌碉堡。正堂面阔 5 间，宽 23 米，进深 3 间，长 8 米，抬梁式土木结构，单层单顶；厅堂面阔 5 间，宽 23 米，进深 3 间，长 7 米，抬梁式土木结构，单层单顶，板瓦屋面；两进厢楼均为抬梁式木结构一楼一底，单层檐顶。厅堂为山官夫妻与长子夫妻的住房及供"家鬼"的"鬼房"；正堂为山官议事、处理公务处；厢楼则为长子以下子女及管事人的住所与议事待客处。整座建筑四面围墙。碉堡、围墙及建筑墙体上开有众多射孔，以防匪患和仇杀纷争。该衙署的结构布局俨如城堡，兼有要塞的功能，独具特色。邦角山官衙署系国内目前保存完整，规模较大的唯一的景颇族山官衙署，具有较高的文物保护价值。1993 年 11 月，被云南省人民政府公布为第四批云南省文物保护单位。1996 年经政府拨款加以维修。

（三）陇川宣抚司署遗址①

陇川宣抚司署为第二十四代土司多慰桢于清咸丰年间修建，其遗址位于今陇川县城子镇城子村委会南伞村民小组团结路西南段，2012 年被列为德宏州文物保护单位。官署坐北朝南，四进宫殿式建筑，其内曾设有门房、账房、仓库、文案房、总管房、书房、监狱等，现仅存第四进正殿及左右厢房。

第四进院落占地面积约 2000 平方米，建筑面积 658.25 平方米。正殿建于石砌台基之上，面阔五间 20.3 米，进深三间 9.6 米，抬梁式土木结构，单檐硬山顶式屋顶，檐高约 4.5 米，内檐为拱形天花，呈穹隆式。梁、柱间有雕刻图案，枋头为龙凤圆雕，梁垫、雀替为透雕，门窗上有各类花饰，墙壁绘有山水画。

正殿前后皆有走廊，正中为天井，两侧即为厢房，皆为三开间，面阔 20.3 米，进深 7.2 米。厢房亦为抬梁式土木结构，单檐硬山顶，檐高 3.8 米。建筑左右墙壁上绘有山水风景画，砖墙拐角处绘有动物图案。

2003 年 6 月，陇川县文物管理所在县人民政府和县文体局的支持下，曾对濒临倒塌的司署进行抢救性维修，工作人员采用半落架方法对仅存的第四进院落及厢房进行修缮，在一系列的努力之后，终于使得司署再现当年风貌。②

2019 年 5 月 21 日，城子镇市场监督管理所在建盖新办公楼时在官署旧址范围内发掘出两尊石刻狮子，据鉴定为陇川宣抚司署旧址保护文物，现已安放到陇川宣抚司署旧址院内进行保护管理。

---

① 遗址介绍主要参考《德宏州文物保护单位简介之陇川宣抚司署旧址》。
② 德宏年鉴编辑部：《德宏年鉴 2004》，芒市：德宏民族出版社，2004 年，第 354 页。

（四）芒市安抚司护印府遗址①

芒市安抚司护印府旧址位于芒市勐焕街道办原供销社大院内，阔时路上段南侧。该建筑建于清朝光绪年间，为原芒市土司安抚司护印（中衙门）方正立的住宅。原建筑建有照壁、花园，两侧有厢房、水池等，后因战争等原因遭到破坏，现只遗留下正房和南侧厢房，建筑面积约160平方米。2009年被公布为德宏州文物保护单位。

正房主体三间开，宽12米，进深约9米，每间中部都设双开门，坐东面西，土木结构，单层檐，硬山筒瓦顶，红色梁柱，雕梁画栋、刻花窗、木门，图案丰富，色彩艳丽，原地面用青砖铺设。正厅左侧上方挂有木牌匾，正厅内还摆放有祭祀用木桌。南厢房三间开，面阔9米，进深6米余。因年久无人使用，其损坏也较严重。

该建筑是目前芒市土司衙门遗留下的建筑之一，为研究德宏傣族史、地方史、土司制度提供了实物资料，有着重要参考价值。

（五）芒市遮放多土司墓群遗址②

遮放土司墓群位于潞西市遮放镇以东2千米处的山坡上，由3座长方形牌楼式单墓墓体组成，分别是遮放第十五代副宣抚使多定邦、第十六代副宣抚使多有寿、第十七代副宣抚使多懋修的墓葬。

墓葬坐东向西，由砖石砌成。其中多定邦墓长2.8米、宽1.6米、残高1.3米，墓体保存较差，墓体形制已基本不可辨，墓碑尚存，具体建墓年代不详；多有寿墓长2.8米、宽1.8米、高1.9米，墓体保存一般，有墓碑2块，墓志刻于1896年；多懋修墓长2.95米、宽1.8米、高3.2米，墓体保存较好，有墓碑3块，墓志刻于1926年。新墓冢于2014年清明节修葺。

遮放多氏土司墓为研究德宏土司制度和土司墓葬制度提供了重要的实物资料。2011年8月被芒市人民政府公布为县级文物保护单位。

---

① 本部分内容参见芒市文化和旅游局2021年3月发布的《芒市最全的非遗项目和文物保护单位》一栏。

② 此部分遗址介绍参见《德宏州文物保护单位简介之遮放多氏土司墓》一文。

（六）盈江土司遗址

1. 云南傣族干崖宣抚司的历史沿革

从明代设置干崖副长官司开始，直到中华人民共和国成立后废除干崖土司，云南干崖土司治理地方长达500余年。

在《元史·地理志》记述镇西路："其地曰干赖赕，曰巨澜赕……"《明实录》中永乐元年（1403年）记作"千崖"。永乐二年（1404年）以后记作"干崖"。清乾隆二十四年（1759年）铸造的宣抚司印为"千崖宣抚司印"。在清《腾越州志》中记载："其地曰：干赖（崖）赕、渠澜赕。""其地"指干崖，同时也记作"千崖"，这是较早对"干崖"名称由来的考订。民国元年（1912年），启用"云南腾冲府干崖宣抚司印"。由此可见，"千崖""干崖"均见史籍，但其意则无从考证，一般认为原干崖长官司著后有一山名"崃帕法练"，意为干崖子山，干崖地名之由来或与此山有关。

《明史·土司列传》中记载："洪武十五年改镇西府。永乐元年设干崖副长官司。"干崖土司开始设立，"二年颁给信符、金字红牌并赐冠服。三年，干崖长官曩欢遣头目奏表贡马及犀、象、金银器，谢恩，赐钞币。曩欢复遣子刀思曩朝贡，赐赉如例。自是，三年一朝贡不绝。"由此，在干崖地方设立土司长官司一职，由刀氏任职，确立了三年一贡的朝贡体系。在隶属关系上，"宣德六年改隶云南都司""正统三年命仍隶金齿军民指挥使司"。明正统"六年升干崖副长官刀怕便为长官司，赐彩币，以归附后屡立功，从总兵官沐昂请也""九年升干崖为宣抚司，以刀怕便为宣抚副使，刘英为同知，从总督王骥请也"。清初平滇，"顺治十六年，镇国子建勋投诚，仍授世职""康熙二十四年，接领宣抚司印"。于是，干崖宣抚司在清代得到了清政府的许可，颁给印信，继续沿袭。民国元年设干崖弹压委员会，1916年改行政委员，仍然隶腾越道尹，1929年设干崖行政区，1932年改设盈江设治局，为第一殖边督办所辖。在民国时期，在云南傣族干崖宣抚司的辖地不断进行改制，政府想用循序渐进的办法对干崖土司进行改土归流，干崖宣抚司的权力因此受到了一定的约束和限制。

1950年5月，干崖宣抚司所在地盈江解放。1955年，党中央正式批准云南省委在云南边疆少数民族地区实行"和平协商土地改革"的报告。在云南省委的领导下，干崖宣抚司开始自上而下的和平协商的土地改革。到 1956 年，干崖宣抚司地区顺利、和平地废除土司制度。干崖宣抚司共历 26 任、24 代，计 547 年的历史。

2. 盈江干崖宣抚司护理府遗址

民国十七年（1928 年）建，盈江县文物保护单位，位于德宏州盈江县新城乡新城村一村二组。2011 年 3 月 10 日，盈江县爆发 5.8 级地震，干崖宣抚司护理府东南面厢房受损严重，已成危房，后有关部门亦对受损建筑开展维修工作。

3. 盈江干崖宣抚司刀氏墓群遗址

清代墓葬，为盈江县文物保护单位，遗址位于平原镇拱腊村委会水槽河畜牧场西北约 2 千米的咖啡地内。

4. 盈江刀安仁故居遗址

刀安仁故居位于云南省德宏傣族景颇族自治州盈江县新城乡，距离县城 30 千米，坐落着一座气势雄伟的府邸，始建于清朝康熙年间，为土木建筑结构。

刀安仁，是盈江县新城乡人，19 岁任干崖（今盈江县）第 24 任宣抚使司，终年 41 岁。他短暂的人生却成就了非凡的传奇事迹，是滇西地区当之无愧的革命先驱、民族英雄。1924 年的干崖兵灾，刀安仁的故居被毁；1925 年之后，刀安仁长子即干崖第 26 任土司刀京版对旧宅进行了修复，到了解放初期仅剩下两进两院，后刀安仁故居又再次遭到了严重破坏。刀安仁故居曾多次遭遇浩劫，在修缮之前只剩下三间厢房。2008 年当地政府出资 440 万元进行修缮，2011 年盈江"3.10"地震时曾有部分瓦片脱落，随后当地政府进行了处理，最大程度地复原了故居的容貌。

刀安仁故居是一个坐东朝西的建筑群落，分为四堂三进。大堂在前，作为审判厅使用；二堂是土司议事厅；三堂是土司贵族及元老的办公地；正堂居后，是土司的办公处及住所。每进中间是天井，两边是厢房。故居的色彩全部采用仿古原料，所用的黑、金、红、银色在土司府常见，但这样的色彩搭配在当地少数民族民居中并不多。故居内的地砖也有讲究，故居中轴线附近用的是六角砖，而其余地面铺的是四方砖。

5. 盈江刀安仁墓遗址

位于盈江县新城村新城乡凤凰山脚,后刀安仁墓被毁,1987 年列为县级文保单位,盈江县政府拨款维修,1989 年列为州级文保单位,1993 年列为省级重点文物保护单位,1994 年省政府拨款重造。

6. 盈江盏达副宣抚司刀思氏墓遗址①

盏达宣抚司,明正统年间设置,治所在今盈江县西北盏达莲花山,傣族刀思氏家族世袭其职。干崖首任宣抚使名刀帕便,明正统年间担任宣抚使职,以其子刀思效任副长官。思效传子刀思猛;思猛无子,传庶孙刀思镇;思镇传子刀思国;思国无子,其弟刀思廷袭任。万历十年(1582 年),岳凤父子勾结缅甸势力率土兵十余万内侵,攻破盏达,刀思廷一家惨遭其害,其两子因在外而幸免,次子刀思官后为叛附缅甸的木邦宣慰使罕拔所杀,后罕拔又被缅兵所杀,局势相对稳定后,其兄刀思权袭任。思权传子刀思丙;思丙传子刀思韬,明政府升其为正宣抚使,正式颁发宣抚使印敕。清顺治十六年(1659 年),刀思韬率众归附,仍授予原职。刀思氏家族自任职以来,共历经二十一代土司统治,统治长达五百多年,其辖地冬至海巴江 25 千米,南至铜壁关 60 千米,西至巨石关 40 千米,北至万仞关 35 千米。

刀思氏墓葬建于清代,位于德宏州盈江县平原镇兴和村委会岗姐龙弄寨东北约 2 千米处,属县级文物保护单位。

7. 盈江刀如玉墓遗址

刀如玉为盈江第十八任干崖宣抚司副使刀如连之弟,因如连无子而终,故袭兄之职。墓葬建于清咸丰七年(1857 年),为盈江县文物保护单位,墓址位于盈江县新城乡新城村(街)以北的凤凰山顶。②

8. 盈江刀盈廷夫妻墓遗址③

刀盈廷(1856—1906 年),字朝卿,清光绪四年(1878 年)袭宣抚使

---

① 龚荫:《中国土司制度》,云南民族出版社,1992 年,第 631 页。引自《道光云南志钞·土司志》。

② 龚荫:《中国土司制度》,云南民族出版社,1992 年,第 631 页。引自《道光云南志钞·土司志》。

③ 李德洙,胡绍华:《中国民族百科全书 15 傣族、佤族、景颇族、布朗族、阿昌族、德昂族、基诺族卷》,北京:世界图书出版公司,2016 年,第 294 页。

职，至光绪十六年（1890 年）结束。在任期间多次帮助清军镇压农民起义，在反侵略战争中也有突出表现，任职当年即协助清军镇压刘宝善领导的农民起义；光绪六年（1880 年），协助镇压回民起义，加封二品衔，赏赐顶戴花翎，赐"刚勇巴图鲁"称号；光绪九年（1883 年），镇压辖区内因租税加重而奋起反抗的起义运动；光绪十二年（1886 年），率军驻防干崖边界，抵御英军入侵；光绪十三年（1887 年），镇压干崖、盏达等地农民起义，受赏一品封典，赐"伯奇巴图鲁"称号；光绪十七年（1891 年），率兵于铁壁关抗击英军。

除此之外，刀盈廷在文化传播领域亦有杰出贡献，曾组织人员将古典名著《三国演义》《西游记》和《聊斋志异》等译为傣文。宗教方面，笃信南传佛教，卸任后于 1893 年和 1898 年两次到缅甸拜佛，归来后建大佛寺。艺术方面，刀盈廷结合滇戏、皮影戏等特点，将傣族传统演唱方式改革为新式的傣戏。

刀盈廷自幼熟读汉文经史，善作诗赋，被赞为"土司之中能诗者也"，现仅存诗两首《梦游歌》和《庚寅十月初三日梦》，镌刻于其墓碑之上。

墓葬建于清光绪三十三年（1907 年），属德宏州文物保护单位，墓址位于盈江县新城乡杏坝村芒蚌村民小组西面山坡上。

9. 盈江盏西孟氏土目墓遗址①

自明代以来，滇西南的大、小土司、土目陆续被纳入国家治理体系当中。盏西土目孟氏即在此列当中，明朝以前的家族世系情况在官方史书上鲜有记载，难以详细追溯，仅能依靠光绪年间纂修的《孟氏家谱》② 来梳理其历史脉络。

明初之际，其一世祖闷散随清军征讨南甸土司刀干猛有功，授其官职，此时盏西孟氏只是隶属于麓川思氏土司之下地区的小头目之一。至永乐四年（1406 年），盏西土目闷散进京纳贡，被授予百夫长职，表明盏西脱离与思氏

---

① 张柏惠：《生存政治与边区历史——明代以降盏西土目孟氏研究》，《西南边疆民族研究》2018 年第 3 期，第 116—123 页。

② 德宏州政协文史和学习委员会：《德宏州文史资料选辑：第十一辑》，芒市：德宏民族出版社，1988 年，第 145—147 页

的附属关系，独立开展与明政府的朝贡活动。

历史上，盏西孟氏曾与其敌对家族南甸刀氏家族发生过多次战争，其中光绪十一年（1885年）时，英军攻陷缅甸都城，清朝西南边疆各镇亦陆续告急，而此时南甸司与盏西之间又爆发内战，腾越厅同知陈宗海与南甸土司联合出兵攻打盏西，土司无力抵抗，只能出逃，后陈宗海将盏西部分领土划归南甸司，其家族田产亦被瓜分。此战之后，南甸宣抚司与盏西土目均被革职入狱。陈宗海卸任后，盏西土目曾向新任同知请求恢复原职、归还田产，均遭到拒绝。直至光绪十七年（1891年），英军攻势越来越猛烈，当地绅士联名亲求令盏西土目复业，出于边防的需要，政府召回土司孟正泰，令其复职。此后，盏西土目亦在反侵略战争中做出一定贡献。清朝灭亡后，盏西土目率众归附民国政府，仍世系其职。至民国三十一年（1942年），据其家谱记载，仍有第二十四世孟守义在任理事。

盏西孟氏墓葬建于清代，县级文物保护单位，盈江县盏西镇关上村旧城村民小组东面山坡上。

三、文山土司遗址

（一）侬氏土司衙署遗址

侬氏土司衙署遗址位于云南省文山州广南县城北街，即现城区一小校园。曾设有大小衙门，占地1.1万多平方米。衙署坐北朝南，曾设大小衙门，分大门、中门、三门三层建筑。前大门置"广南世袭清军府"匾牌，距前大门40米筑一道宽9米、高4米的青砖照壁。

广南壮族土司始于元盛于明，消亡于民国，由侬氏家族世袭28代684年之久。广南壮族侬氏土司衙署，这个中国壮族土司世袭时间最长、规模最大、保存最好的古建筑群，在县城北面的一条小街上，这里曾经深门重院，有古建筑100余间。

衙署地势高敞，沿四道阶而上，分层次设大门、中门、三门。大门上竖一块"广南世袭清军府"直匾（现已无存）。距衙署前约40米正街心处原砌筑一堵青砖照壁，宽约6米，高约5米，壁下部为红砂条石砌筑，上刻浮雕花卉。大堂口置石狮一对，左侧设供告状人击鼓申诉的鼓棚。进门后第一台旁设监狱两间，代办房、签房等。第二台有东西书房、议事厅和大堂等。后设五凤楼，右上侧有土司家庙（称白马庙）等。

衙署深门重院，规模庞大。现有衙门议事厅尚为完好，系一幢七开间、歇山屋顶、抬梁式简易木构架，高9米，通面阔14.3米，进深21米，木柱42根，用材浑圆粗大，屋宇宏伟，让人感到历史的厚重和悠久。中华人民共和国成立后土司衙署一直作为城区一小校址，大部分建筑被拆毁或改修作他用，但整个衙署严谨的建筑布局风格仍十分清晰。

整座土司衙署左右对称布局。议事大堂"麒麟堂"位于中轴线上，是土司办理日常事务的地方，还保留着旧时的样貌。大堂的主位威严肃穆，背后竖着麒麟屏风，两边立着高高的木栅栏。麒麟堂前是练兵的校场，四面植柏树，东面是监狱，西面是卫队的宿舍。

现存小衙门大堂一幢，歇山顶抬梁式建筑，七开间，通面阔14.3米，进深21米，高9米。网柱42根，柱径33厘米。其衙署建筑时代应为元代末。

现土司衙署内还有三门、公堂（议事厅）、祭祀厅、五凤楼、书楼等尚为完好，大部分建筑已经被拆除或改作他用了。

（二）富宁沈土司衙署遗址

沈土司衙署遗址位于富宁县归朝镇后州村委会龙山半山腰上，普厅河由西向东从山脚流过，遗址依山而建，坐南朝北，海拔582米。据史记载，富州土司肇于元初，盛于明清，败于清末，替袭24代，28任，共625年，隶广南府。衙署总体布局为"五进式"院落，内设前堂、正堂、三堂、乐房、兵房等，有炮台、鼓厅、石狮等。由于历史原因，大部分建筑已毁，村民在原建筑地基上建盖住房，现仅存祠堂、石灯柱、正堂的山墙部分结构、石狮，屋宇虽然不保，但是土司衙署原来的布局概况仍然保持原貌，有220级台阶从龙山坡脚逐上，台阶的两旁常见很多雕工精湛的砖瓦残件，纹饰精美。1988年，被富宁县人民政府公布列为县级文物保护单位。

清代富州沈土司衙门迁址于该村。沈土司移署归朝村委会后州村小组后，建官署，办农桑，兴壮戏，给当地人民带来了先进的文化和农耕技术，留下了许多动人的传说和遗址，现存历史文物有供奉观音的观音庙、供奉关羽的武庙等 36 个遗址，清道光皇帝御赐诰命碑和埋藏了几百年的沈氏土司母亲之墓仍然稳固，还有保存完好的有石狮、石猪、石象、石柱、雕花石缸、石墩及祠堂等可供游人参观。据史料记载，归朝后州的沈氏土司是云南历史上的四大土司之一，北宋年间，南方侬智高起义，宋朝廷派狄青将军平定叛乱，后留下部将沈达屯守，沈达是浙江绍兴汉族，在归朝第四代被同化为壮族。沈土司衙门置翠岭化麓，居高临下，依山傍水，署地建于石山斜地处，纵横 3000 平方米，从河边砌石梯至衙署，计 360 级。前门两侧立两石狮，高大狰狞，势赫然。门内设上堂、二堂、三堂、乐房、炮房、奴房、卫房、伙食、祠房、食堂、客厅、天狱、地狱、土司卧室、嫡妻住房、家眷室、女婿室、两个花园、三口水井，另有雕花石缸和石基、石柱、石墩、石猪、石象、石狮、石鼓、皮鼓及雕花古建筑材料等，庄严肃穆，房屋高大，砖木瓦结构。正堂主掌办案、二堂审批结案、三堂土官办事坐室。

（三）富宁沈明通墓遗址

沈明通墓位于归朝镇那拉村民委烂田湾村小组东侧半山坡上，墓呈马蹄封土状，坐东朝西，墓分布面积 8.5 平方米，墓高 2.6 米，宽 3 米，进深 2.85 米，墓碑高 0.8 米，宽 0.5 米，墓塚顶部封土部分坍塌，碑顶有裂痕，碑底座下陷约 30 厘米。圣道碑阴刻"明鎮國將軍震華沈公"楷书字样，两侧墓志碑阴刻墓主生卒年月。富宁清朝乾隆年间，富宁称土富州，富州沈氏土司替袭 24 代，28 任，625 年。该墓主人名为沈明通，系沈得圆之子，第 20 任土司，是沈氏土司家族中现存的一座保存比较完整的墓葬，它对研究明清时期富州土司制度及当地丧葬制度提供了重要实物。2008 年 12 月被富宁县人民政府批准为县级文物保护单位。

四、怒江土司遗址

（一）兰坪兔峨土司衙门遗址

兔峨土司衙署位于兰坪县兔峨乡街西。民国十一年（1922 年）建成。为一进二堂三院的布局，梁柱结构，占地面积 990 平方米。

兔峨土司,白族,为明洪武十五年(1382年)授封兰州土知州罗克的后裔。清初裁州入丽江府,雍正年间降为土舍迁兔峨。民国以后,传至罗星,为最后一个土司,在兰坪已有500多年的统治历史。

兔峨土司衙署建在兔峨梁岭山,建筑形式为白族传统的庭院四合五天井,建筑群保存完好,工艺精细,彩绘生动艳丽。庭院布局错落有致,共计房屋有54间,占地面积990平方米。衙署外墙各处书香流溢;衙署四周果树成林、鸟语花香。正堂为土司办公处及眷属住房,头门有警卫值班岗房。1951年后兔峨粮所曾一度在衙署办公,把正堂、两耳及二堂与头门之间的两耳房,改造为仓房。虽门窗走样,但主体建筑和外观保存完好,为全国唯一一座保存较为完好的白族土司衙署。

1958年1月,土司衙署归人民政府。1986年6月20日,经兰坪县政府公布为县级重点文物保护单位。1989年县政府决定,兔峨土司衙署由兔峨乡政府管理、保护,安排乡文化站迁入其内办公。1998年,被云南省列为省级重点文物保护单位。2000年2月,在云南省和怒江州文物部门的支持下,投资11万元,对衙署的前大门、照壁、石阶部分破损处做了修复。

(二)泸水老窝土司衙门遗址

明万历四十八年(1620年),云南道府赐予段氏后裔继续管辖澜沧江西岸老窝等地的少数民族地区,设置老窝土司。

泸水市老窝白族乡是怒江州三个民族乡之一,地处怒江东岸,碧罗雪山南缘,处于六库镇与漕涧镇之间,北连兰坪,东接云龙县旧州、表村,南与云龙县漕涧镇接壤,西连州府六库,乡政府驻地距州府六库24千米,是怒江通往内地的重要交通枢纽之一。全乡共辖6个村民委员会(分别是荣华村、中元村、崇仁村、老窝村、银坡村、云西村),67个自然村,95个村民小组,总面积312.33平方千米。

青山峡谷中的老窝土司署,地处老窝乡老窝村三组(俗称老街子),1949年之后被政府没收,一直为老窝公社、大队、村委会所用,直到2004年文化部门按照"修旧如旧"原则修复,列为州级保护文物,由专人管理。老窝土司署保留了民国时期白族土司居住的院落、建筑文化艺术和墙体绘画艺术，是研究民国时期土司政权和生活的重要遗址。

（三）泸水六库土司衙门遗址

六库土司衙署在泸水市老六库村，始建于明朝万历末年，后被烧毁，现在人们见到的是于民国年间重建的。

段氏土司统治怒江有500多年的历史。其中1684年，土司段绚率兵收复片马，"得地三百余里"。后从六库土司辖地分出登埂、卯昭两土司。

六库土司衙门始建于明朝万历末年。1927年被"永平窜入匪徒抢烧一空"，后重建。有大衙门、二衙门、三衙门、四衙门、五衙门，为兄弟分家后逐步修建而成。尽管房屋的结构和占地面积大小各不相同，但都聘请大理、剑川、四川等地的能工巧匠，以白族"三坊一照壁""四合五天井"的建筑式样修建，均雕梁画栋，勾角翘檐，梁柱压顶，牌楼立门，构成雄伟庄严的建筑群，是1949年以前怒江中上游地区最为辉煌的建筑。抗日战争时期，段氏家族积极投身于怒江抗战，大部分人力、财力均投入抗日工作，没有更多的精力扩大衙门的建设。战争结束后，怒江州泸水兵荒马乱，再也无力重振门庭，直至1949年泸水解放，大部分衙门收归国有。现仅存三衙门，为三坊一照壁庭院建筑。衙门中建有地道，连接地下溶洞，可直达怒江边。

五、迪庆、丽江土司遗址

（一）纳西叶枝土司衙署遗址

叶枝土司衙署又称三江司令府、王氏土司衙署，位于云南省迪庆藏族自治州维西傈僳族自治县叶枝镇，为历代纳西族世袭土司王氏官邸，自清乾隆年间始建，经历代王氏不断完善至清光绪年间形成现今规模。其衙署遗址占地面积50余亩，建筑面积5000平方米，融汇汉、藏、白族建筑风格，除少数房屋倒塌与重建外，其建筑规模布局还保存完整。

王氏属纳西族，其祖先为木土府所委"木瓜"，即纳西军事首领，受康普禾氏大管军节制，并与禾氏家族有婚姻关系。清代雍正改土归流时，王氏封授土外委世职，后因禾氏无嗣，将世职传给禾氏外孙即王氏子王再锡。后王氏土司第五代传人王天爵结纳县境的杨玉科，并率土练随杨玉科镇压杜文秀起义，多立战功，以军功封赏游击职衔，戴花翎，其子廷昭得授土都司衔，王氏因而声名大振，一跃而居全境土司之冠。光绪二十八年（1902 年），康叶总土司兼头人喃珠因受教案牵连被革职，叶枝土都司在袭土司王国相则因"保教保民有功"，加授贡山土弁，并赐以三品顶戴，六品军功，从此取代了康普喃珠土司对怒俅地区的管辖权，成为怒江、澜沧江上游地区的主要管民土司。

民国二十七年（1938 年），王氏土司第九代传人王嘉禄正式承袭世职，并被国民政府先后委任为"江防大队长""边防副司令""三江司令"等职，因功绩显赫，云南省长龙云曾赠以"保障功高"匾额一块。加之王氏土司利用藏传佛教在澜沧江地区的影响，施行政教合一，多次捐资修建寿国寺、兰经寺、达摩寺、来远寺、普化寺等佛教寺院，寿国寺的七代当中，有五个是王氏后裔或亲属，如第四代高马登子是王廷昭的儿子，五代共楚是王国材的儿子，六代阿喜是王文政的儿子。著名的为抗击法寇而捐躯的冯子材手下大将、民族英雄杨玉科则是王天爵的养子，成为王氏家族最得力的后台。寿国寺、兰经寺等寺庙的武装，常和王氏土司武装合二为一，统一听从土司指挥，进一步加强了王氏的统治力量。

叶枝土司衙署恢宏博大。该建筑分南北两套二进大院，坐东向西。南为三方一照壁一院和三间二层斜楼一幢。北为大门、碉楼、会客厅、公堂、厢房，各为三开间楼四合院，还有黑神殿、经堂、监狱、马厩、后花园等。建筑主次分明，自成院落，门窗格扇做工精巧。土司府四周筑有高高的围墙，四角建有碉楼。现围墙已毁，碉楼仅存北向两座。整个建筑总占地五十余亩，建筑面积约为 33500 多平方米，有大小近两百间房舍。

后经破坏和自然剥蚀，现北四合院，除两座碉楼、厢房、大门还保存尚属完整，其他建筑毁坏倒塌严重，但仍然轮廓分明。四合院落为土司府会客、公堂及住房，为三开间楼房，抬梁式结构。通面阔 12 米，进深 10.2 米，四屋檐下均有走廊。东楼与南楼转角又建两间隐蔽楼房，并盖有楼顶花园，楼层铺有地砖，属土司头人住所，装饰华丽。东楼有一 6 级青石台阶，台阶两侧各立一石狮，楼下梁头、柱头、格扇窗均有各种雕刻，工艺精细。楼前院内天井 12 米×12 米砖铺院坝。碉楼面阔 7 米，进深 5 米，下层用石砌成，粉白石灰墙，局部绘以水墨山水画，檐角下有龙头雕饰。南三方一照壁一院，单间面阔 12 米，进深 10 米，有 10 米×10 米青砖铺天井，西为品字形照壁，整座土司府建筑具有纳西民居与白族民居的建筑风格。

维西县加大了对叶枝土司衙署的保护力度，实施了维修保护工程，部分建筑物得到恢复。该土司衙署被列为省级非物质文化遗产保护单位。2019 年 10 月 7 日，叶枝土司衙署入选第八批全国重点文物保护单位名单。

（二）宁蒗永宁土司衙门遗址

宁蒗历史上分属于南北两大土司统辖区，北部为永宁阿氏土司统治区域，其衙门位于永宁乡忠实村；南部为蒗蕖阿氏土司统治区域，其衙门位于距县城 20 千米的新营盘乡衙门村。

现存永宁阿氏土司衙门的建筑坐西向东，为土木结构瓦屋面的四合院，高两层楼，属清代建筑，其建筑雕梁画栋，富丽堂皇，后傍秀丽的青山，前临宽阔的盆地。坐西向东的一栋楼为经堂，内供佛像，为日常祭祀及重要宗教活动的场所，其他三方的建筑与经堂依次连接，有走廊可环行。四合院外围筑有高达数米的围墙，墙上设有枪眼。永宁土司衙门原来的建筑规模宏大，占地面积 1500 余平方米。门前植有两棵高大的槐树，大门左右两侧立有两尊石狮子高约 1.6 米，威武庄严。整个衙门布局为四重堂，四个庭院连接在一起，肃穆壮观。屋檐四角雕刻有展翅欲飞的凤凰，形态逼真。门窗板壁应雕绘花鸟图案，可惜后来这些建筑大多遭毁灭性破坏，门前的槐树及石狮亦早已不复存在，现存建筑仅为原土司衙门的四分之一。为了保护土司衙门的古建筑，近年来，县政府多次拨款进行维修，将其列为第一批县级文物保护单位。

蒗蕖土司衙门现仅存一破旧屋舍。其原来的建筑特色与永宁土司衙门相似，为三重堂，正门前曾立有两尊大石狮子。正门左、右两侧设有月亮门、太阳门，供不同身份的人出入。蒗蕖土司衙门整个建筑面积约 20 亩，布局在一凤凰状山脊平台之上，气势非凡，屋宇门窗，雕饰华丽壮观，现仅存残余，建筑原貌已不复存在，为第一批县级文物保护单位。

六、红河、玉溪土司遗址

（一）建水纳楼长官司署遗址

纳楼长官司署遗址位于云南省南部建水县临安镇南 40 千米坡头乡，是明清至民国时期纳楼茶甸土司衙署。

元末明初，明军平定云南，纳楼茶甸土官普少缴历代印符归顺，朝廷授其为纳楼茶甸世袭长官司副长官。明清鼎革，纳楼茶甸土官普率归附清朝，仍被授予纳楼茶甸副长官职，赴京朝贡后，获授诰敕冠带。光绪九年（1883年），土司普永年死，其子普卫邦夭折，族人为争袭土司职位发生仇杀，云贵总督岑毓英和云南巡抚唐炯奏准朝廷，将纳楼司一分为四，由普氏家族的四个支系承袭，各管两个里，各盖一座衙署，总体还被冠以"纳楼司署"的名称。四个土舍中，以驻官厅的三舍普应元年纪最长，辈分最高。民国初年（1912年），纳楼四舍仍被委以土司职位。民国五年（1916年），三舍普应元因拥护袁世凯称帝，参与叛乱围攻建水城，平息后被革除土司职位，抄没家产，从此没落，其辖地改设建水县佐，负责管理。普国泰曾于民国二年（1913年）被授以"临安县纳楼乐善永顺二里及江外三猛地方土司印"一枚。两年后，因二舍安正、崇道二里土知州普安邦赴粤，其职位由普国泰代理，又因新改的县名与浙江的临安县重名，仍改称旧名，因而另授予"建水县纳楼乐善永顺二里及江外三猛地方兼理崇道安正二里土知州"衔。

纳楼长官司署占地 2.8 万平方米，建筑面积 2951 平方米，有照壁、操场、大门、大堂、前院、后院，依山而升。厢房、耳房、书斋左右对称。三进四合院有房 70 余间。大堂高大，雕刻精细，四周有土、石墙二道，四角设有碉堡样角楼。

（二）新平陇西世族庄园遗址

陇西世族庄园位于云南省玉溪市新平县戛洒镇耀南村民委员会大平掌村民小组。整个庄园分为主体建筑、花园、马厩三大部分，占地面积 4.2 亩，建筑面积为 1837.42 平方米，共由 69 间房屋组成。2013 年被公布为第七批全国重点文物保护单位。

陇西李氏兴于清乾隆三十三年（1768 年），祖先李毓芳因征战有功，被皇帝诰封为"云骑尉"，其子李显智又被封为岩旺土把总，后来数代都为世袭土司。李有富，陇西世族末代传人，这位枭雄掌权后，采取黑吃黑、走私贩盐、经商、办厂等手段，在短短的十余年间完成了资本的原始积累，使李家一步步走向富裕。1938 年冬天，李有富经筹划大兴土木建盖陇西世族庄园，并从省城用马帮驮来红毛泥（现今的水泥），在十里河开炉炼铁打制人造钢筋用于建房。经过 5 年的努力，1943 年春，这座哀牢山深处的土司庄园终于建成问世。

庄园建筑风格与形式采纳了欧洲中世纪城堡式和中国庭院式的建筑风格，能工巧匠们采取依山就势、层层深入、三院一堂的风格各异的做法，可概括为"完整平衡、宽敞适用、中西合璧、俨然紧凑"。从外观上看，庄园有坚厚的墙基、高大的外墙、雄伟的尖顶欧式大门。正大门两侧、正房厢房后檐墙等外墙处均有征粮剿匪弹痕。庄园门前有 800 平方米的广场，广场边缘有高为 2 米的 12 颗大理石石柱，石柱上刻有 12 生肖的浮雕。庄园内有百年杉树、柏枝、缅桂、金桂、杏树、铁树等珍稀树种，庄园外有银杏和核桃树等。整座庄园具备了住宅、防卫、休闲等诸多功能。陇西世族庄园是滇南地区保留最完整的土司制度历史缩影和实物，具有较高的历史、文化、艺术和科研价值。

七、楚雄武定万德土司遗址[①]

万德土司府又称万德那氏土司府、罗婺土司府，位于云南省楚雄彝族自治州武定县万德乡。武定那氏土司，是明代凤氏土司的后裔。武定县万德乡是那土司最后的驻地。

万德乡万德村是那土司政治权利中心，为土司城堡所在地，所以那土司所辖范围内遗迹主要分布在万德乡境内，其他地方的遗迹基本上已经损毁殆尽。

---

① 云南历史研究所：《云南土司发展史》，昆明：昆明理工大学出版社，2009 年，第 55—105 页。

（一）万德土司城堡

那土司城堡原占地面积约 15000 平方米，因万德村地势为东高西低的斜面，土司城堡依势而建，从西端的"大照壁"到东端的"祖公房"形成步步高之势，是典型的三进院格局建筑。布局为：大照壁—第一进大门—第二进大堂—第三殿堂。

1. 大照壁：长约 15 米，高约 10 米，南北走向。照壁前有一条宽约 10 米的通道，然后是 23 级石阶通往一约 2.5 米高，15 米宽的高坎，高坎尽头便是一进大门。

2. 第一进大门：为三间并排的平房，中间一间为大门，两侧为门房。进大门后有一小院，小院尽头为第二进大堂正门，小院右侧为马棚和奴隶住房。

3. 第二进大堂：进入第二进大堂正门后，还有第三门，之后才进入大堂内。院内布局为：左侧，土兵房—马司房；右侧，土兵房—收租房—楚司房。正面，中为公堂，左右为门房、客房、谷仓。第二进大堂为土司审案的公堂，两侧各有东西厢房，东厢中间为平板砖块和石条镶成的大院，可容千人左右。公堂后有侧门可入，为审案小憩场所。公堂后墙有三孔门，后有一横过道，然后进入第三殿堂。

4. 第三进殿堂：三进殿堂院内，左右各为管家房、客房和厨房，中为土司住所。院内还有一棵古榕树，树龄约为四百年。从大照壁到第三进殿堂，形成了土司特有的三进院格局。在第三进殿堂后，还有一道院，左右为奴隶住所，正中一间为供奉祖宗的阁子。观音寺又位于祖宗房的右上方。

5. 大、小花厅：大花厅位于第三殿堂右侧院外，小花厅位于祖宗房右侧院外。小花厅据说为土司千金居住地，有三间小楼房，院内有一方池水，池上建有曲折的回廊，雅静清幽；大花厅为一幢板楼，用途不明。那土司城堡面朝北部蜿蜒曲折的金沙江以及绵延不绝的山峦，视野广阔，此范围内皆为土司势力盘踞地。为巩固其势力，那土司曾广征劳力，修建了一条从大照壁直至金沙江边一个名叫热水塘的地方的土司官道。

（二）土司家庙①

万德那氏土司家庙，又名"观音寺"，位于今武定县万德乡万德中学内，始建于清顺治末年，道光年间重修，观音寺由观音殿、厢房、天井等组成，占地面积约 1998 平方米。

寺门东开，其右侧有古木一株，莲花池一座，据说原为一对呈八字形的小池。西、北、南三面柏树成行。观音殿内有观音三姐妹塑像。寺院内有乾隆古钟一口，悬挂于池塘边的亭子里，高 1.28 米，口径 72 厘米，重约 200 千克，据说为金、银、铜、铁等金属混合炼制而成，其上饰有云纹，还铸有"大清乾隆壹拾年孟夏吉旦"字样。寺内存有一些木雕、石雕，其中有一块九龙石刻尤为珍贵，清道光年间重修时所刻，高 1.2 米，宽 0.8 米。

1986 年，铜钟及九龙石刻被列为县级重点文物保护单位，2005 年 8 月，观音寺被列为州级重点文物保护单位。

（三）万德那德洪墓群遗址

第二十五代土司那德洪墓（清代）位于武定县万德南部滑石板行政村龙树湾阿基鲁山下，1981 年被列为州级重点文物保护单位。那氏九代土司墓均遭到不同程度的盗挖，损坏十分严重。那德洪墓志铭分为"那德洪寿墓志铭文"和"训后文"两部分，其节录如下：

　　那德洪寿墓志铭文（节录）：

　　公讳德洪，字普及，姓那氏，滇之世家也。自宋代为罗婺部长，元改授武定路长、世袭万户侯、兼北路土司总管，升云南行中书省参政，晋八百司元帅。明改授武定府知府，世袭，屡诰中顺大夫，升布政参将，赐姓凤。嘉靖间，族人有事株连，停袭。万历间，公之曾孙以功授和曲十马掌管司，易姓那。本朝公之先祖称俱以府庠生袭土职，文行足表士林。公未袭，仁厚明敏，博学孝友，沉毅有大志。

　　雍正八年，乌蒙乱，公率义勇乡兵，从征有功，由太学生特赐贡

---

① 楚雄彝族自治州博物馆：《楚雄彝族自治州文物志》，昆明：云南民族出版社，2008年，第 104 页。

士；十一年，普洱乱，公纠遣乡兵，助征有功，待旌；乾隆元年，覃恩例袭土职。公力辞，嚣然曰：吾乐山水，诗书启后，岂无正途可报国乎？夫荣利所在，人如附膻，公独恬退，盖无欲则刚，宜忠义勇功，小试辄效也。

其乡鲜知汉语，上台委公徵国赋，民得安宁。历年倡各村立科仓，多捐谷石，任民枭籴，旱涝无患。正己率物，用忧变夷，渐知礼义。间有争讼，数言劝息，无不心折，素行足以动人也。家有二塾，延师广集夷童秀者朝□也。学凡束修、书籍、笔札、食用皆给之，入泮应试渐多矣。又虑远村不级就学，率乡人建学置田，广教训不惜多费。朱太守旌以"倡仪□方"之匾。建魁星楼、文昌阁，翚飞耀日，丕振文风，不啻鸿蒙初辟也。生平好义，乡人婚丧疾苦者，曲为周济，四方知之，俱有赠遗，称贷负者不追也。其他隐德懿行，难更仆数。

予与公相处数年，知其为人，撰志者共见共闻也，然予因之有感矣。……公令嗣嘉猷，应痒彦也，英姿卓越，力学有志，从游谱以公之实迹，勒诸珉，世为子孙楷范。

乾隆四年岁次己未桂月吉旦
吉晟乡进士棟选知县年家春弟李鸿业拜手撰
云峰岁进士候选外轮年家世弟赵世昌拜书

训后文：自古垂训后裔者，或创业，或守成。世道人心，物情事变，备历艰苦，洞悉几微……特捡数条，为子孙模范，果能铭心刻骨，佩服不忘，则瓜瓞绵绵，昌炽大矣。所宜世守者，胪列于左：一敦伦纪；一端品行；一睦亲族；一择交友；一勤稼穑；一尊圣学；一崇信义；一爱人物；一择他念；一修堰塘；一读经史；一宁礼义；一远谑谈；一戒酒色；一务牧养；一正心术；一积善德；一尚节俭；一习医理；一培果木。德洪嘱。

八、曲靖、宣威土司遗址

（一）沾益州土州衙署遗址①

沾益州土州衙署建于明清之际，遗址位于宣威城东 5 千米的河东营村，其为单檐硬山顶抬梁式木质结构建筑，一栋三间，通面阔 12.9 米，进深 7.6 米，一楼一底。明间减中柱，架抬梁，梁架粗大，梁头呈卷云状，有鼓形驼峰，托九檩。整座建筑保存较为完整，曾作民用，1986 年被列为宣威市文物保护单位。

（二）宣威倘可巡检衙署遗址

倘可巡检衙署始建于清雍正十一年（1733 年），于原倘塘驿丞署旧址之上改建，其遗址位于今宣威市倘塘镇倘塘村，坐落于倘塘镇人民政府办公楼西北侧 15 米处，县人民政府于 1986 年将其列为县文物保护单位。建筑占地面积约 1000 平方米，坐北朝南，衙署分为两个四合院，前堂后寝。前院为单檐硬山顶抬梁式木质结构建筑，有正房及左右厢房共 11 间，其中正房面阔 18.5 米，进深 7 米，后山墙明间设一圆形门，直通后院。后寝院为重檐硬山顶穿斗式构架建筑，木质结构，院内有正房及左右厢房共计 10 间，正房一楼一底，面阔 18.4 米，进深 7.5 米。

九、保山、红河、昭通土司遗址

（一）保山潞江安抚司憩娱楼遗址

潞江安抚司憩娱楼，是土司衙门之内最具建筑风格特征的小楼，现在是潞江安抚司遗址的象征。该楼建于民国初年，为干栏式建筑，小楼坐北向南，楼前为花园，有荷花池，是观赏休息的地方。建筑面积 51 平方米。四角攒尖顶，楼周设回廊，通面阔 7.85 米，通进深 5.3 米。建筑地点选择考究，依山势建设。爬到楼顶眺望，北面可将土司衙门的大半主体建筑群几乎一览

---

① 邱宣充，张瑛华：《云南文物古迹大全》，昆明：云南人民出版社，1992 年，第 197 页。

无余，南边可俯视衙门中的"小衙门"，小衙门是末代土司的居住办公地，衙门中有一口人工开凿的水井至今还在。正东方能把有着水上楼阁之称的"荷花池"尽收眼底。站在"绣花楼"顶层的回廊上便有了"独上高楼""一览众山""空前绝后"的磅礴气势。据说，当年土司就在这里休息、接待宾客。

（二）元阳勐弄司署遗址

勐弄司署位于元阳县城以南 20 千米的攀枝花乡政府所在地，建于民国年间。勐弄司署占地约 8 千平方米，三院三天井，二层楼，砖、石、木结构，硬山顶建筑，大门横匾上刻"皇封世袭勐弄司署"。整个建筑群由高大厚实的石墙围砌。勐弄司署内按级别分为里长、团长、师爷、管家、老总、岳头、监狱长等住房，后层四合院由土司家人居住。

勐弄司署周围群山环抱，古木参天，雄伟壮观。进入第一道大门，须上126 级台阶，现仅存台阶、大门及二门内的"兵头房""监狱长房"两耳楼房。1983 年公布为红河哈尼族彝族自治州文物保护单位。

（三）元阳宗瓦寨土司掌寨衙门遗址

宗瓦掌寨马豸，族属待考，明万历四十二年（1614 年）归附受封，传十一世（皆无考）。清乾隆五十七年（1792 年），末代正掌寨马宣泰被副掌寨普万（彝族）、白鹤鸣（哈尼族）夺权，宗瓦寨一分为三：宗哈、瓦遮、宗瓦，以马氏、白氏、普氏分掌。[1]

宗瓦土司掌寨衙门遗址位于元阳县城东部 53 千米处，与黄草岭梯田景点、普高老寨梯田景点和多依树梯田景点共同组成了元阳哈尼梯田景区中的多依树景区。

（四）永善安土司墓遗址

云南省永善县桧溪镇强胜村古墓群，属清雍正年间以来，安氏（马湖土知府后裔）家族墓葬群。桧溪地处金沙江下游上段右岸，桧溪小河入江口，

---

① 红河彝族辞典编纂委员会：《红河彝族辞典》，昆明：云南民族出版社，2002 年，第69 页。

江北岸为天姑密土司安氏辖地，南与乌蒙土司属地相连，遥相呼应，为当地要冲，军事重镇。

明末安氏从四川渡江移居桧溪堡，康熙年间安氏逐渐发展强大，酋长安永长（彝名，哈拉阿兴）主动说服周边各族民众，向清政府投诚，康熙三十六年（1697 年），朝廷授安永长为世袭土千户，正五品，武官职，颁发了印信号纸。清雍正六年（1728 年），境内吞都、米贴发生叛乱，安氏不幸遭难，故将衙署从山上迁至江边（现桧溪场），现尚存土司衙门遗址。安氏从安永长至安家珍共世袭土司官职八代，历时 200 年。

安氏墓明显的有 3 座，其中，安清墓建于清道光三年（1823 年），安清墓保存完整，属双棺墓，坐南向北，墓成圆形，条石围绕，高 1.6 米，直径5.6 米。墓前立有棺山一座，高 5 米，宽 8.8 米，设计巧妙，雕工精美，规模雄伟。另二座与安清墓近似，但棺山稍显矮小，无法与安清墓相比较。笔者发现桧溪安氏墓与南岸古墓，建造特点完全不一样，桧溪安氏墓带有一定的彝族"向天坟"特征，但也应和了朝廷赋予的特权，修石棺山，立石望柱，这是不同历史发展中的典型表现。

第五章　广西土司遗址

一、忻城莫氏土司遗址

莫土司衙署建筑群位于广西忻城县县城翠屏山北麓，明万历十年（1582年）由忻城县第七任土司莫镇威始建，后经历任土司先后拓建，总面积38.9万平方米，建筑面积4万平方米，主要由土司衙门、土司祠堂、土司官邸、大夫第、练兵场、三界庙等主要建筑组成。衙署建筑群既有汉族建筑特色，又不乏壮族文化元素，恢宏壮观，优美典雅，是全国现存规模最大、保存最完好的土司建筑群，被誉为"壮乡故宫"。

（一）莫氏土司历史

元朝至正年间，忻城莫氏始祖莫保参加镇压粤西农民起义有功，获任宜山八仙屯千户；明洪武初年，莫保被罢官后遂徙居忻城境；永乐二年（1404年），莫保领土兵镇压忻城陈公宣领导的农民起义，县宰荐莫保为忻城副理知县；宣德二年（1427年），莫保玄孙莫敬诚领土兵镇压忻城谭团领导的农民起义有功，被荐为土官，并获世袭知县，于是忻城县有二令，土流合治；弘治九年（1496年），裁忻城流官，"止留土官知县掌印管事"，忻城由此降为土县，忻城莫氏从此世袭土官，历明、清两朝，直至清光绪三十二年（1906年）最后一个土官莫绳武被革职，实行改土归流，改由"弹压"官主持县政。民国十七年（1928年），改"弹压"为"县长"，忻城成为正县，直接受当时广西省政府管辖。

（二）莫土司衙署遗址

忻城莫土司衙署，始建于明万历十年（1582年）。衙署建成后，因土司族内斗争和农民起义等原因，衙署建筑曾两度被焚烧殆尽，几经毁建，民国时期又曾遭兵燹。据文献记载，莫土司衙署曾经历过三次较大的维修与重建，第一次于明万历三十三年（1605年），第二次为清顺治年间，第三次为清道光十年（1830年）。

莫土司衙署坐南朝北，由五组南北走向的建筑群组成，包括主轴线上的土司衙门、东一轴线的土司祠堂、东二轴线的三清阁、西一轴线的代理土司官邸、西二轴线的大夫第等，总建筑面积4400平方米，总占地面积54000平方米。

土司衙门是莫土司衙署的主要建筑，由照壁、大门、兵房、牢房、头堂、花廊、二堂、东花厅、西花厅、东厢房、西厢房、三堂、后苑及各进天井等组成，是忻城土县第六任土官莫镇威于明万历十年（1582年）所建。此前莫镇威的土司衙门原在范团，传说那里原有一藤，后藤伤出血水，以为不吉，需迁衙以避凶。时土司的马在放牧时常跑到翠屏山北面山下不走，土司认为此地有宝，是吉地，遂迁衙于此地。

土司衙门建筑群的各座单体建筑均依翠屏山山麓的地势而建，沿着南北向的轴线，依次有序布列衙署庭院建筑，其各进地坪沿主轴线逐进抬高，寓意"步步高"。

土司衙门照壁，位于主轴线的北端，是裹垄瓦顶"一"字硬山影壁。照壁与大门间是门前小广场，县城老街西宁街横穿而过，东西两侧各设一座跨街辕门（已毁，现存为后期修复），辕门洞作半圆券，券顶墙面分别灰塑有"庆南要地""粤西边隅"八字。

衙署大门坐南朝北，三开间，小青瓦屋面，穿斗式与抬梁式结合的混合大木构架，两山搁檩，硬山顶砖木结构建筑。前檐两根木檐柱悬挂楹联"守斯土，往斯民，十六堡群黎谁非赤子""辟其疆，利其赋，三百里区域尽隶王封"；正脊、垂脊表面均着彩色，绘图案花纹，色彩以红色为主，黑白两色调配，正脊塑鳌鱼吞脊，两山垂脊端塑以彩绘的卷草花叶。

过大门进入一进天井，东面是牢房，西面是兵房（驻守土兵），牢房与兵房相对列，均为前后两进的封闭式格局。现存的牢房、兵房均为后期修复。

沿一进天井居中的砖铺道路前行，登素面抱鼓石垂带踏跺上到头堂前月台，月台往南登高一石级则到了头堂。头堂是土司审案、理政之所，坐南朝北，三开间，小青瓦屋面硬山顶砖木结构建筑，设有穿斗式与抬梁式结合的混合大木构架四榀，现正脊析下保存有清道光十年（1830年）重修的墨书题记，印证了历史文献关于衙署重修的有关记载。两山墙不承重，仅作围护结构。堂中设有一块高出地面一步的木制台面，台面上置台案，台案后为可开启门扇的板门式屏风，平时门扇大多关闭，出入多从两次间绕行到屏风后以出头堂。屋脊样式的做法、色彩使用等与大门类似。

穿越头堂前月台东西两侧围墙上的门洞，可分别进入衙门的东苑、西苑。两苑内均辟有小花园，东苑更有假山、水池作景，两苑各有东、西花厅一处，东花厅原为土司宴会之所，原物已毁，后期则在原址上仿西花厅予以修复。西花厅是土司审犯用刑的场所，历史上亦经过较大规模的修葺，但基本保持原样，是一座三开间、小青瓦屋面硬山顶勾连搭的砖木结构建筑，内有楹联曰"如得其情哀矜勿喜；期于无讼讯漱惟公"，正脊、垂脊均为砖灰砌塑的异形博古脊饰，脊身以红色为基色、黑白色间以调配。

由头堂的后门走出，即为连接头堂、二堂的花廊（连廊），是一座四面通透无围护的小青瓦屋面卷棚顶木结构建筑。抬梁式大木构架，木构件表面着朱红漆，梁仿表面绘有颇具地方风格的花草图案，中部设权花隔扇。廊东、西两侧为种植花卉的花坛，花坛旁则为院墙，将东、西花苑与主轴线建筑隔断，院墙上开有拱券门洞，可通往东、西花苑。

经花廊可直抵二堂。二堂是土司与师爷处理日常公务的场所及师爷住所，坐南朝北，三开间，小青瓦屋面硬山顶砖木结构建筑。室内采用四棍穿斗式与抬梁式结合的混合大木构架，山墙不承重，和大门一样起围护结构作用。室内后檐居中的金里木装修的板壁上左右各洞开一门以供行穿越二堂。前檐左右两次间的镂空权花槛窗则具有浓郁的地方风格，其上的动植物木雕，形态生动逼真，色彩丰富。屋顶样式做法类同于大门屋顶。

由二堂出来进入天井三。天井三的东西两侧为四开间的厢房，是土司儿子居住的地方，都是小青瓦屋面硬山顶砖木结构建筑，均置前廊且带有廊步架，后无廊乃砖墙封护到檐，室内隔墙及山墙搁衍承重。

从天井三的南面拾级而上即是三堂，坐南朝北，三开间，是土司夫妇的居室。原物已于清光绪年间焚毁，解放后在原址重建，形制、结构和装修装饰做法等与二堂相仿。

三堂背后即为后苑。后苑内有东西两座厢房以及南面的土司女儿的闺房一座，均为小青瓦屋面硬山顶砖木结构建筑。苑内空地除了砖铺的走道外，其余则遍植花草、灌木及乔木，四季常青，苑内空气清新怡人。民国时，后苑曾遭兵火焚毁，解放后在原址上修复。

清乾隆九年（1744年）始，上司莫景隆在土司衙门东侧，陆续修建了由照壁、大门、祭堂、寝堂及各进天井等组成的上司祠堂建筑组群。土司祠堂建筑组群亦是依山麓地势沿着东一轴线逐进营造。

祠堂照壁也是"一"字硬山影壁，照壁居中，东西两端并列牌楼式外门，照壁为素面砖砌结构。东、西两侧的牌楼式外门，为小青瓦屋面悬山顶砖木结构建筑，居中设对开直权板门，东侧外门首灰塑"本支百世"四字，西侧外门首则灰塑有"列国一同"四字。外门与东、西围墙连作，围墙与祠堂大门则撇山相连，使外门、照壁、大门相连形成一个整体，并围合出祠堂大门前的绿化庭院。

祠堂大门坐南朝北，三开间，小青瓦屋面硬山顶砖木结构建筑。台明前为青石垂带踏跺，分心墙居中设板门，板门两侧前置缠花抱鼓石一对，左右两次间前檐各设有1.5米高的"十"字通花砖砌栏墙，明间设有穿斗式与抬梁式结合的混合大木构架两榀。

从大门经天井即来到祠堂头堂（祭堂）。祭堂是每年土司举行祭祀仪式的场所。坐南朝北，三开间，前置单开间雨搭，小青瓦屋面悬山顶砖木结构建筑，其后勾连搭以硬山顶的三开间主体，小青瓦屋面砖木结构建筑。仅明间有两榀穿斗式与抬梁式结合的混合梁架，硬山搁檩。左右两次间设有高1.5米的"十"字通花砖砌栏墙，前檐台明东、西两端乃砖砌围墙，西围墙上开有一拱券门洞可通往土司衙门的东苑。后檐金里木装修为槛框、横批和可开启的隔扇，左右两次间前后都满装镂空的权花槛窗，权花样式风格独特，壮族地区的地方风格极为明显。屋脊在整个莫土司衙署建筑中是最为特别的，和岭南地区古建筑上常见的砖灰砌塑的博古脊风格相同，却有别于衙署内其他建筑上带有壮族地方特色的屋脊样式做法。

祠堂中堂（寝堂）位于头堂后天井的南面，是东一轴线南端的主体建筑，为供奉土司历代祖宗牌位的场所。坐南朝北，三开间，除无雨搭和室内金里木装修外，其余布局和结构做法与头堂类似。左右两次间前檐无槛墙、槛窗，乃设槛框、隔扇、横批等木装修，后檐墙则封护到檐，屋脊做法不同于头堂，又回归到了衙署内其他建筑上带有壮族地方特色的屋脊的样式做法。

莫镇威时期还在司衙东面修建了"三清观"，光绪十一年（1885年）土司莫绳武又重修，后又称为"三界庙"，由大门、戏台、大殿和院落组成了一建筑组群。大门坐南朝北，三开间，小青瓦屋面硬山顶砖木结构建筑，前檐两根石柱镌刻有楹联"三界庆云朝朝朝朝朝朝散朝朝朝散朝朝庆云朝三界；芝江春水长长长长长长流长长长流长长春水长芝江"。大殿坐南朝北，三开间，小青瓦屋面硬山顶砖木结构建筑，内供"三界公"，为传说中的壮族药神。

明清时期，莫氏土司还在衙门四周营建了大夫第、参军第、汉堂邸、龙隐洞、城隍庙、花婆庙、文庙、关帝庙、观音庙、后花园、伴云亭、镇威亭、土司陵园、土兵练武场和土司官塘等建筑物或构筑物，构成一组具有壮族特色、巍峨壮观的土司建筑群。

清光绪年间，代理土司莫传经又于土司衙门西侧另辟西一轴线，相继修建了沿轴线由北到南分布的大门、东厢房（已毁）、西厢房（已毁）、头堂、东连廊、西连廊、中堂、后堂（已毁）、后苑（已毁）等单体建筑，各进单体建筑均为三开间的小青瓦屋面硬山顶砖木结构建筑。现存代理土司官邸大门和头堂。

莫氏土司衙署依山就势，形成了山水与建筑自然结合的独特风格，对衙的选择，建筑的布局、形式、结构、装饰以至于构配件的制作、安装等，都是匠心独具，有着浓厚的民族特点和地方手法，特别是石刻、木雕、灰塑、彩画等，都具有强烈的民族意识和生活气息。同时，又融合了中原及岭南地区的建筑技术、手法、艺术装饰，如在一座单体建筑的大木作构架中，同时使用北方多用的抬梁式和南方惯用的穿斗式结构；建筑色彩上既采用了壮族地区喜用的黑白相配的色调，又采用了中原汉族象征吉祥的朱红色等。它是研究中原及岭南地区民族文化交流、古代西南地区少数民族建筑技术和艺术以及我国土司制度不可多得的实物资料。

二、西林岑氏土司遗址

（一）岑氏土司历史①

西林岑氏家族其源出于上林岑氏。上林之地，元时设上林州，本为依氏土司家族之地，后为来安路土民总管岑世兴所夺，设上林寨，以其弟岑世忠为寨官。世兴死后，其子岑怒木罕袭任。元末，怒木罕长子岑汉忠袭任，次子岑善忠出任来安路下属的泗城州知州。明洪武二年（1369年），改来安路为来安府，以岑汉忠任知府。洪武五年（1372年），其子岑郎广袭任，后因为家族纠纷被其堂叔、田州知府岑伯颜诬陷致死，来安府被撤销并入田州府。时任泗城州知州的岑善忠看到局数忽变，以其长子岑子振袭任知州，令次子岑子得占据安隆，季子岑子成占据守上林之地。泗城州岑氏常自恃兵多将广，加强对上林岑氏的控制，干涉其土官世袭权。明永乐七年（1409年），设上林长官司，岑子成之孙岑志威任长官司长官，脱离泗城州隶属，直隶于广西布政使司，泗城岑氏对此感到十分不满，决定采取强硬措施迫使上林岑氏归附，甚至痛下杀手。天顺八年（1464年），泗城知州岑豹（岑子振之孙）出兵上林，杀害长官司长官岑志杰（岑志威之弟），夺走土司印信，并扶植土目黄杰摄理司务。弘治六年（1493年），岑豹长子岑应袭知州职。同年，父子二人被恩城州土官岑钦所杀，岑豹次子岑接袭职，不久后其在上林地区的代理人黄杰也死去了，故岑接将上林土司印信交予黄杰之子黄富保管，后双方关系恶化，黄富恐遭其害，交出印信，徙居贵州。由于此时上林长官司群龙无首，广西督抚要求岑接交出印信，皆被拒绝。嘉靖二年（1523年），岑接被田州府岑猛所杀，上林司得以摆脱泗城岑氏的控制，司务由土目梁谢代理，司印则由另一土目黄舍保管，政印分开，相互掣肘。此时有个

---

① 白耀天：《上林长官司岑氏土官与岑毓英的"土司后"》，《广西民族研究》1997年第1期，第93—100页。

名叫岑杨的人，自称为岑志杰的直系后裔，后又作罢。由于上林司无人袭任，故设流官进行管理。又据上林岑氏后裔岑毓英在光绪年间纂修的《西林岑氏族谱》记载，西林岑氏第十七世祖岑密于永乐年间袭职后，为远离泗城岑氏，将司治迁往那劳寨（今西林县那劳村）。①

（二）岑氏土司古建筑群遗址②

西林县明、清岑氏古建筑群位于西林县城东约 50 千米的那劳乡那劳村内，据传为明上林长官司土官岑密的庄园旧址，也是岑密的后人清云贵总督、受封"太子太保"的抗法将领岑毓英和清四川总督、云贵总督、两广总督、民国四期护法军政府主席总裁岑春煊父子的故居。1994 年被定为广西壮族自治区级文物保护单位。

整座建筑群落占地面积 4 万多平方米，由土司衙门、岑氏祠堂、南阳书院、将军庙、思子楼、围墙、炮楼等建筑组成。

土司府建于明朝，是土司庄园中年代最久远的建筑，位于整座庄园的北面高地上，坐西向东，三进三路式院落，砖木结构，其后有开阔坡地，据传原为土司用于休闲娱乐的花园。府衙今仅存中轴线上的两进院落和南北路的部分建筑。中轴线上的两进式建筑前进面阔三间，共 9.5 米，进深 7.2 米，高 5.3 米，大门内凹 60 厘米，墙上 1.5 米处开小窗采光。后进建筑面阔 9.5 米，进深 8 米，高 5.9 米，入口处内凹 20 厘米，墙面及门扇上有花窗。整座建筑中间为天井，进深 5 米，两侧为厢房。南边建筑仅剩前座和门前厢房，前座面阔三间，一明两暗，明间 3.4 米，暗间各 2.4 米，总进深 9 米，前有廊道，深 1.6 米。后进建筑已被拆除，中间天井深 5.4 米，可通向中路建筑。

宗祠位于土司府衙旁边，清光绪三十二年（1906 年）岑毓英之子岑春煊所建，四合院式建筑，天井中间的方形石台上建有六角形亭子，其上绘有飞鹤，名曰"鹤亭"。

---

① 白耀天在其《上林长官司岑氏土官与岑毓英的"土司后"》一文中引用两广总督应槚《苍梧总督军门志》及《读史方舆纪要》等史料认为上林岑氏自嘉靖后无人袭替，岑毓英可能并非上林岑氏的直系后裔，其先人可能只是当地岑姓土目，《西林岑氏族谱》中的部分内容是岑毓英在参阅史书后揣酌联想而成的，不可尽信。

② 银晓琼：《明清时期壮族地区土司建筑研究》，广西大学硕士学位论文，2018 年。

宫保府，三进四合院式建筑，清云贵总督岑毓英于同治十三年（1874年）受封"太子太保衔"时建造。

荣禄第，位于宫保府北部两百米处，原为岑毓英担任二品盐运使时修的住宅，光绪三十年（1904年）为纪念其被封为"荣禄大夫"的父亲而取名"荣禄第"。其建筑规制与宫保府类似，三进四合式建筑，砖木结构。最后一进建筑为壮族干栏式地居建筑，底层架起两米高，用以放置杂物。上层居室高约四米，左右两侧皆有入口。南阳书院，位于荣禄第南面，与其同时建造。

三、靖西土司遗址

（一）旧州岑氏土司墓群遗址①

旧州岑氏土司墓群位于靖西市旧州镇旧州街以西约 2 千米的依赞山麓，为归顺州土司及其家属墓冢。墓地面积约 500 平方米，现存 4 座土司墓葬。

明代墓 3 座，分别为明代土官岑瑾（1 号墓）、岑琅琯（2 号墓，岑瑾之子）及妻子赵淑人之墓（4 号墓）。3 座墓葬规制相近，墓冢呈平顶圆堡形，墓堆四周用黄糖、油、石灰、沙石混合构成，墓高 2.1 米，直径 3.2 米，墓碑尚存。

清代墓 1 座，为清奉训大夫岑承乾之墓（3 号墓），墓冢为八角形亭阁式，墓包采用三合土夯成，其上镶嵌青石板，还刻有麒麟、龙、龟等浮雕图案。墓高 2.65 米，直径 1.68 米，墓碑尚存，四周建有土墙，墓前设有祭台，两边列有石麒麟、石鼓、石华表等。墓群现正在进行修缮工作。

（二）瓦氏夫人墓遗址

1. 瓦氏夫人抗倭事迹

瓦氏夫人（1496—1556 年），原名岑花，归顺直隶州（今靖西市旧州村）土官岑璋之女、田州府指挥同知岑猛之妻，壮族历史上有名的抗倭女英雄。

---

① 潘其旭，覃乃昌：《壮族百科辞典》，南宁：广西人民出版社，1993 年，第 546 页。

明朝后期，倭寇势力抬头，兵犯东南沿海地区。嘉靖三十二年（1553年），日本倭寇徐海部，陈东、叶麻部，洪东冈、黄侃部联合入侵江浙地区，沿海要地嘉兴、崇明、苏州等地相继沦陷，各地相继告急。情急之下，明政府决定征调两广土兵前往御敌。嘉靖三十三年（1554年）十二月中旬，瓦氏夫人亲率田州俍兵由梧州出发，次年二月底到达江浙抗倭前线。东起上海，西至浙江嘉兴府，北从江苏昆山，南到金山卫，田州兵在这方圆数百里的土地上浴血奋战，为国家立下不朽战功。在不到一年的时间里，瓦氏夫人率领的俍兵与倭寇恶战十余次，现一一列出，如下：①

（1）苏州盛墩之战

嘉靖三十四年（1555年）二月二十六日，瓦氏夫人率兵刚抵达嘉兴，时倭寇兵犯苏州，知府林懋请求发兵支援。三月一日，瓦氏夫人率兵在苏州城外的盛墩县（今苏州吴江区）大败倭寇。

（2）金山卫保卫战

苏州之战结束后，瓦氏夫人率兵进驻战略要地金山卫，倭寇闻讯后，想趁田州兵立足未稳，夺回金山。四月，瓦氏领兵与之多次展开激战，倭寇败退。此次战役中，田州将领岑匡殉国。

（3）漕泾之战

漕泾位于金山以东，南面为大海，东部临近倭寇巢穴柘林。嘉靖三十四年（1555年）四月，严嵩义子、工部侍郎赵文华前来祭海，凭借其朝中权势进行越级指挥，遣瓦氏夫人率兵出击柘林。最终，田州军在漕泾遭到埋伏，损失惨重，将领钟富、黄维阵亡。

（4）王江泾之战

王江泾位于江苏、浙江结合部，南部为嘉兴府，东为金山、上海，西为杭州，北边为苏州，直通金山卫出海口。倭寇经常进犯此地。五月初，瓦氏夫人受抗倭总督张经之命，由金山卫出发，追击进犯王江泾的倭寇，截断其退路，最终于王江泾镇杜家村倭墩浜围歼倭寇一千九百余人。

---

① 黄明标：《明朝女英雄瓦氏夫人的历史考察》，《百色学院学报》2021年第2期，第76—84页。

（5）柘林之战

柘林为松浦氏倭寇的大本营，屯军两万余人。嘉靖三十四年（1555年）六月，赵文华调田州、湖南土兵进攻柘林，无功而返。

（6）双溪桥之战

双溪桥位于嘉兴府城东六里，是抗倭总督府出入的必经之处。王江泾战役之前，倭寇进攻总督府，张经调田州兵四百余人守卫双溪桥，保障了总督府的安全。

（7）嘉善之战

嘉善县位于嘉兴府以东，是富庶的丝绸之乡。嘉靖三十四年（1555年）四月辛巳，倭寇三百余人突然来犯，调田州俍兵四百前来御敌，倭寇败退。

（8）松江之战

松江府位于上海、苏州、嘉兴之间，嘉靖三十四年（1555年）六月初，倭寇五百余人来犯，调俍兵御敌，歼敌五十余人，尸体埋于今松江区华阳桥乡东市梢沈家太屯农民沈新堂家的菜园里，今倭墓尚存，还立有一座"平倭碑"。

（9）昆山之战

昆山为华东各州县适中之地，嘉靖三十四年（1555年）四月至五月二十五日，倭寇围困昆山，江苏巡抚请求调兵解围，俍兵至昆山，击退倭寇，解救了昆山。

（10）陆泾坝之战

陆泾坝位于苏州城东十里的跨塘乡。嘉靖三十四年（1555年）五月乙巳，倭寇乘船三十余艘进犯苏州，总兵余大猷率俍兵御敌，斩杀二百七十余人，舰船皆焚毁。

（11）漕河泾血战

漕河泾即今上海漕河泾镇，六月间，瓦氏率兵于此地大战倭寇。此役为瓦氏抗倭以来所面临的最残酷的战斗，双方皆死伤惨重，田州俍兵血染漕河泾，最终倭寇战败退去。

六月二十四日，总督张经遭严嵩陷害，被押解进京处死，瓦氏得知后，忧愤成疾，遂告病还乡。嘉靖三十五年（1556年），瓦氏夫人经长途跋涉后回到田州，不久后因为积劳成疾而离开人世，葬于田州城东婆地。

2. 瓦氏夫人墓

瓦氏夫人墓位于今百色市田阳区田州镇布洛陀大道东，建于明嘉靖年间，清嘉庆年间重修。墓前原立有石碑、石狮、石狗等，后遭到破坏，均已不存。现存墓身侧面刻有浮雕，一为瓦氏夫人像，旁边还有两名侍从；另一面上刻有麒麟浮雕。墓碑上刻有"前明嘉靖特封淑人岑门十六世祖妣瓦氏太君之墓"。1994 年，该墓被公布为区文物保护单位。

第六章　四川、重庆、甘肃土司遗址

一、马尔康土司遗址

（一）卓克基土司历史沿革

卓克基长官司，"嘉绒十八土司"之一。"卓克基"，又称"卓克采"，嘉绒地区藏语，汉语意为"像桌子一样的地方"，因土司治所为台地地貌而得名。

卓克基地区，原属梭磨土司辖地，元至正二十三年（1286 年），卓克基地区小头目集体商议，准备迎请吐蕃藩王后裔前来执政，梭磨土司、吐蕃藏王后裔日迦查完磐派第三子斯达崩（又作"斯岩崩"或"斯宕崩"）前往就职，是为卓克基土司之祖。自此，卓克基敬称"卓克基斯达崩"，自斯达崩执政开始至 1951 年中国人民解放军进军卓克基、马尔康县成立"四土①阿坝绰斯甲临时军政委员会"时为止，卓克基土司历经十七代，前后延续长达 665 年之久。

（二）卓克基土司官寨遗址②

卓克基土司官寨位于距今马尔康市区 7 千米的卓克基镇③西索村，始建于清朝末年，1936 年红军长征经过卓克基后，当地反动上层为嫁祸红军，放

---

① "四土"即梭磨土司、卓克基土司、松岗土司、党坝土司，四处土司辖地构成了今马尔康市的雏形。

② 郝占鹏：《川西北土司官寨建筑研究》，西南交通大学硕士学位论文，2005 年。

③ 卓克基镇现已撤销，其行政区域划归马尔康镇管辖。

火烧毁官寨，由于许多了解老官寨状况的知情者已经去世，所以其原貌已难以考证。1938 年至 1940 年，土司索观瀛征调民力及工匠在原有基础上建造新官寨，占地 15100 平方米，建筑面积 5400 平方米，即现存的卓克基土司官寨。1988 年，卓克基官寨被国务院列为第三批国家重点文物保护单位。

由于索观瀛长期受汉藏两种文化熏陶，因此他主持修建的新官寨既保留了嘉绒藏族传统建筑风格，又大胆借鉴吸收汉族建筑精华。

1. 官寨选址

由于卓克基土司自元朝开始便受汉文化的影响，其官寨选址亦遵从中原的风水理论，即枕山、环水。官寨选址于马尔康至成都和马尔康至小金的两条公路的交叉口、梭磨河和纳足河交汇的台地上，梭磨河将其与马尔康至成都的路相分离，成为一道天然的"护城河"，官寨坐东北朝西南，与纳足河相望，左前为二加珠山，右前方为柯基多山，东北面为磨洛山。

2. 官寨建筑空间布局

官寨采用汉式中轴线对称的四合院形式，与藏族村寨中民居依山就势、自由布局的风格迥然不同，内有天井，面积约 1400 平方米，是官寨的中心领域，一层靠天井建有环廊。天井显示了官寨的内向中心性，象征了土司家族的向心力。除了抽象的象征意义外，天井也有重要的实用价值，它是官寨内的民俗活动场所，在庆祝传统节日时，众人会聚于此跳锅庄舞。

官寨南楼为两层，可由底层的正中大门入内，建有围廊。第二层为会客厅，中部一连三间，内悬挂字画和名人照片，其余摆设亦均为汉式风格，为接待汉族官商的专门场所，两侧为汉式客房。顶为平顶，既可沐浴阳光、观赏景色，又可陈兵列炮，用以防御。

北楼为宗教建筑，共五层，一、二、三层用作库房、客房、厨房、茶房等；第四、五层为红教、黄教活动场所，正中为大教堂，上下贯通四、五层，高大宽敞；另有红、黄教小经堂各两个，于四、五两层对称排列在大经堂两侧，其中第四层经堂墙外有悬桃的木质转经回廊，其内置有牛皮包裹的木质经筒数个；小经堂两侧为和尚、喇嘛的住宅。

东、西两楼各四层，为土司及其家眷的住房、书房、厨房、库房及管家、杂役的住房。两楼左边各有阶梯式木质楼梯直通顶层，各楼靠天井一侧建有木质回廊作为同层各楼间往来的通道。

此外，官寨西南方还建有刑场，刑具包括木桩、石板、脚铐等拷打犯人的工具。牢房共有三间，最外一间为藏兵的值班室，中间关押轻刑犯，最里一间关押重刑犯。在官寨的后方，现存碉楼一座，该碉楼为四角碉，保存较完整。

3. 官寨建筑装饰

官寨外部装饰以石块、片石为主，其天然成色古朴、凝重；四面墙体正中镶嵌石刻彩绘的天王像一尊，用以辟邪驱魔；墙体四角上方安置有木雕龙头，龙头上各系一铜质风铃。

外窗装饰为藏式风格，窗楣上有三层短椽，上下两层为藏红色，中间一层为深红色，短椽面部均做彩绘装饰，图案多为莲花，每两层短椽之间有叠板，厚2至3厘米；窗木过梁为蓝色，绘有白色图案，窗框以藏红色为主，没有窗套，过梁上嵌有片石，出挑过梁20厘米左右，可以遮风挡雨；窗扇有单扇和双扇，多为网格状，除土司及其夫人的居室为大窗外，其余皆为小窗。

官寨正门为汉式垂花门，融入一部分藏式装饰符号。围廊栏板均是风轮式图案，有的镂空，有的则附以实木板。东西两面围廊栏板是网格状的窗户，有的能活动开启，有的则固定不动，网格组成八宝吉祥图案，其颜色有黄、白、绿；窗户上挂有窗帘，颜色为黄色和蓝色。

官寨梁柱多为简单的方木或圆木，没有装饰，只有大经堂的梁柱及雀替上饰有木雕、彩绘。梁上绘有花卉、藏文、龙等图案；雀替分为两层，上为长弓，下为短弓，长弓中心绘有头像，两边绘有花卉，长弓形状为祥云状。官寨正门前有一影壁，一面绘虎，一面绘麒麟。

（三）直波碉楼遗址

直波西碉楼，位于今马尔康市松岗镇直波村，碉楼选址临水靠山，地势险要，坐北朝南，视野开阔。直波西碉为八角十六面星形重力式叠砌中空偏心筒式石碉，第一层底部占地面积37.9平方米，顶层面积17.8平方米，一层碉楼边长1.47至2.03米，碉楼地面以上高40.575米，内部划分为13层，整体由下往上渐渐收成锥体，碉顶双层叠涩收边，顶外沿凸出碉身 0.1 米左右，开口露天。

西碉楼内部一至四层为偏心中空，中空部位近似四分之一的荷叶状，在平面上呈风叶状，中部垒砌扶壁式石墙为直线，走向为北偏西 30 度，由下至上 85 度收分，厚 75 厘米。第五层以上中空部位消失，因收分上部叠砌为实心，东侧长方形状中空部位实砌，整座碉楼自五层以上为类圆状空心。

二、巴底土司遗址

（一）巴底土司历史沿革

巴底，又称"布拉克底"或"巴拉斯底"，该地区原为部落酋长制，清朝康熙四十一年（1702 年），部落酋长绰布木棱归诚，授封为安抚司，即为巴底土司之祖。绰布木棱有二子，以长子囊索承袭土司职，驻牧巴旺①，次子旺查尔出任土舍，分防巴底。乾隆三十九年（1775 年），清政府第二次用兵金川，旺查尔之子阿多尔积极响应、征战有功，皇帝封授阿多尔"宣慰使职"，从三品。清宣统年间下令通知缴印归流，但未能施行，仍以土司制世袭，巴底土司传袭至解放。1950 年康定地区解放后，党开始着手制定废除土司制度、推进民主改革的大政方针，最初在该地的一切工作都是在不触动土司制度的基础上开展的，但也对土司头人的统治特权进行了一定的限制。1956 年，经过与各族各界人士的充分协商，开始在丹巴县和康定县的鱼通、孔玉两地进行民主改革，并逐步在全州分期、分批开展，直至 1959 年，康区的民主改革任务才全面完成，结束了统治康区人民数百年的土司制度，对土司本人也坚持团结教育的政策，吸收他们进入各种公职单位，末代巴底土司王寿昌就曾历任州、县人民代表、州政协副主席等职。

（二）巴底土司官寨遗址

巴底土司官寨位于丹巴县城北 25 千米的巴底乡邛山村，官寨建于邛山之巅的平地上，四面群山环绕，其东南是狮子山、西南是木拉山、东北为凤

---

① 巴底土司和巴旺土司源出于同一家族，乾隆三十九年（1775 年），巴旺土司囊索之子罗布藏那木札尔被授宣抚司印信号纸，驻牧巴旺。

凰山，两峰相对形成天然门阙。官寨坐北朝南，采用四合院式平面布局，占地面积约 2000 多平方米，建筑材质多为石木。2006 年，巴底土司官寨被选为四川省文物保护单位，其保护范围为外墙外延 2 米，控制建设地带向东外延 50 米，向南外延 20 米，向西外延 4 米，向北外延 3 米。

1. 官寨布局与形制

官寨主体是碉房连建式建筑，中间碉楼高九层，两边副楼高六层，使得整座建筑呈现出"山"字形。每层碉楼留有射击孔，现存碉楼入口已被封死，其内部结构暂不明。碉楼与生活区相连，一旦发生战争，寨内官兵可以从通道迅速进入碉楼进行防御，通道现已坍塌。

东面房屋高五层，每层楼约高两米，楼层之间通过房间里的楼梯相连。底层除两间牢房外，其余全是佣人的住房；第二层为头人的居住区；第三层为土司的活动区；第四层为土司卧室及佛堂；第五层房间已坍塌，只剩右边一堵墙体。

官寨南面设有大门，是两层建筑，多作为生活杂用。东、南的建筑材质都为石木结合，墙体为石质，房梁、房柱、走廊、门窗等为木质。官寨屋顶是覆以土并夯实的平顶结构，登上屋顶可将整个村落尽收眼底。

2. 官寨建筑装饰

细观整座建筑，其房梁上依稀可见刻有祥云、莲花等浮雕，寓意吉祥如意。官寨大门顶部有一四方形帽形顶层，被称作"拉吾则"，是嘉绒牦牛图腾崇拜的象征，其四角呈月牙形，四角角顶除了安放有白石外，还插有各色玛尼旗。官寨大门上还有一对鳌头木雕，其上刻花形象生动，据说为辟邪之用。

三、沃日土司遗址

（一）沃日土司历史沿革

沃日土司，又称"鄂克什"（满语）土司。"沃日"一词为藏语，有"领地"之意，后遂以"沃日"之名封授土司衔。其始祖据传原为当地据有崇高威望的本波教巫师，经过长期发展，其家族逐渐成为地方首领。

清顺治十五年（1658 年），沃日土司后裔巴碧太归附，因其出身于神职人员门第，善行巫术，故册封其为"沃日贯顶净慈妙智国师"，并颁发印信号纸。

乾隆二十年（1755 年），清政府以沃日土司在"一征金川"之役中供粮助战有功，晋封土司色拉达"安抚司"职衔，更其地名为"鄂克什"，后"沃日"与"鄂克什"二名往往并用。

乾隆二十九年（1764 年），沃日土司家族与小金川土司家族矛盾激化，双方通过诵经作法来诅咒对方，适逢小金川土司泽旺之孙夭亡，疑以为沃日土司作法所致，故发兵威胁、抢寨夺地，企图消灭其家族。清王朝见小金川土司势力逐渐壮大，恐其日后内通汉区成都、西连卫藏，若不趁此机会消灭，日后必成难治之患，故以调解为名，暗中调兵遣将进行征讨。又因大、小金川土司为宗亲门第，两股势力遂结合在一起对抗清王朝，最终第二次"征剿"金川之役爆发。沃日土司作为此次战争的受益者，战后以随征有功赏二品顶戴，其管辖领地据嘉庆《四川通志》载："东至一百四十里交汶川县属加喝瓦寺土司，南至一百一十里交恩竹山与天全州属穆坪土司界，西至六十五里交格日河边懋功屯属地界，北至三十五里交乌山纳噶别思满及抚边屯属地界，四至共三百一十里，所管十七寨，番民户口共三百零四户。"

进入民国后，为加强对边疆地区的统治，国民党开始进行"改土归流"，实行编户保甲，但迫于当时形势，国民政府的改革终究是鞭长莫及，土司制度仍然变相地保留下来。

解放之初，末代土司杨春普曾参与国民党匪特组织的"靖懋叛乱"，叛乱平息后经教育最终改过自新。

（二）沃日土司官寨遗址

沃日土司官寨遗址位于小金县城东 18 千米的沃日镇官寨村，坐落于沃日河畔。官寨建造于乾隆十五年（1750 年），重修于民国初年，整体上属石木结构，汉藏风格相结合，后为响应"破旧立新"的口号，大量建筑遭到拆除，现仅存的南经楼和碉楼，1989 年被列为"州级文物保护单位"，2006 年被列为"省级文物保护单位"，2013 年被列为国家级文物保护单位，目前当地政府为发展旅游业，正在按照官寨原貌进行复原建造。

经楼原为南北两座，北经楼于 1958 年被当地人拆除。现存南经楼坐西向东，呈长方形，为五层三重檐、四角攒尖顶单体建筑，占地面积约为 79.5 平方米。经楼门面上绘制有神兽、祥云、花瓣等图案。经楼墙体厚达 3 米，十分稳固厚实。建有盘旋楼梯，可由此进入经堂，堂内现并无陈设，墙面上绘有佛教壁画，其面积约 80 平方米，内容主要为佛像和佛教故事，也有部分历史传说和神话故事。每层楼的走道上装有镂空窗框，其上皆有雕刻、绘画等装饰。

碉楼为四角形木石结构，整体呈台锥形，高约 19 米，坐西向东，外部保存完整，内部木架已无存。碉楼东面建有一道高出地表约 4 米的门，其下半部分是用石材垒筑实心体，稳定性极强，是抵挡来犯之敌的重要屏障。楼内建有良好的供水系统，水源地网环环相通，储存空间很大。此外，碉楼上还有清晰可见的弹孔炮痕，应为当年金川战役中留下的。

四、汶川瓦寺土司遗址

（一）瓦寺宣慰司历史沿革①

1. "瓦寺宣慰司"的设置

"瓦寺"之名，一种说法是民间献瓦所建的寺庙，据传旧时曾有僧人在此居住，土民捐瓦为其修建寺庙；另一种说法是指"瓦寺祖籍乌斯藏，居惟土房，寺独以瓦，故名"。

瓦寺土司先祖琼布六本·桑郎纳思霸，原为西藏加渴地区的土司首领。明宣德元年（1426 年）入京觐见，献上大量土产及珍贵典籍，皇帝给予厚赏，赐给蟒衣、朝帽、鸾带等，命其"永绥南荒"。琼布六本回藏后，组织起一支武装力量，调停各部落纠纷，对维护当地的安定起到了积极的作用。明正统六年（1441 年），岷江沿岸发生多起部落间的武装械斗事件，明政府镇压不力，官兵伤亡严重，为应对紧张的形势，明廷采取"以番治番"的政策，命琼布思六本率兵征剿，但此时琼已年迈多病，不能征战，其弟雍忠罗

---

① 雀丹：《瓦寺土司历史沿革简介》，《中国藏学》1994 年第 4 期，第 120—125 页。

洛思率兵卒三千余人远征，历经一月多抵达汶川，最终历时半年之久，终于平息岷江流域各处叛乱，皇帝对此大加赞赏，并敕令其率本部兵马长期驻守此地。自此以后，雍忠罗洛思一行人便留驻于今汶川县涂禹山一带，为保障其军队的生计问题，官府将板桥（今玉龙乡板桥村桥山组）、碉头（今棉虒镇白土坝村）、克约（今棉虒镇克约村克约村民组）、六荡（今棉虒镇克约村六荡、三倒拐村民组）、大坪、小坪（今棉虒镇克约村大、小坪村民组）等处山林划归雍忠所部屯垦驻牧，又将涂禹山以下的白土坝（又名白土坎，今棉虒镇白土坝村）、河坪（今棉虒镇和平村）、高东、低纳等寨划给其耕种。同时，为保证土司权力传袭的稳定，朝廷授予雍忠罗洛思宣慰司银印一方，颁发敕书诰命，准其世袭，其他赏赐亦不计其数。此即为瓦寺第一代土司，下辖七寨，各寨置寨首进行管理。

2. 瓦寺土司的沿袭情况及主要功绩

根据民国年间汶川县县长祝世德编纂的瓦寺土司世系谱《世代忠贞之瓦寺土司传》等资料，自明代受封以来至解放时为止，瓦寺土司共传二十余代，其世系如下：

第一代：雍忠罗洛思（1441年封）

第二代：克罗俄坚灿

第三代：直巴答什

第四代：满葛喇

第五代：舍那容中

第六代：占叫加

第七代：喃葛

第八代：亦舍雍中

第九代：甲思巴

第十代：南吉儿贾思巴

第十一代：南吉二朋

第十二代：舍躬

第十三代：山查儿巴

第十四代：曲沃太

第十五代：曲翊伸（归附清政府）

第十六代：坦明吉卜

第十七代：桑朗温凯

第十八代：桑朗雍中

第十九代：桑朗荣宗（乾隆皇帝赐姓名叫索诺木荣宗）

第二十代：索衍传

第二十一代：索世藩

第二十二代：索代兴（字怀仁）

第二十三代：索代庚（字季皋、代兴之弟）

第二十四代：索观云（字海飘）

第二十五代：索国光（桑朗旺吉，曾任汶川县政协副主席）

瓦寺宣慰司的设立，对于边疆稳定、促进民族间经济文化交流起到了重要的作用。

明隆庆二年（1568年），第十一代土司南吉二朋执政时，草坡（今草坡乡）等地部落作乱，大肆劫掠，戕害巡检高茂林及无辜民众百余人，南吉闻报，迅速率本部截击，平息叛乱。第十二代土司舍躬在任期间，草坡等地部落再度叛乱，十二寨酋长相互争杀，后殃及无辜民众，事态逐渐严重，土司立即率兵进剿，处死作乱酋长八人，另外四名酋长因主动投诚而得以免死。此役之后，朝廷将草坡十二寨划归瓦寺土司管辖。

明末，第十五任土司曲翊伸率军在百花滩战役中大败张献忠的起义军。

清顺治九年（1652年），清军攻打四川，曲翊伸率所部人马归附。顺治十一年（1654年），清军进驻省城，调瓦寺土司驻房灌口。顺治十五年（1658年），清政府以曲翊伸归诚及早、军功卓著，授安抚司安抚使职衔。同年十月，颁给"加渴瓦寺安抚使司安抚使"印信。顺治十八年（1661年），郝承裔反叛，以雅州（今四川雅安地区）为根基与清军对峙，瓦寺土司奉檄出兵，直抄其后方，大败郝军。雅州叛乱平息后，威州境内隆山等寨又发生叛乱，曲翊伸又会同官军平息之。康熙元年（1661年），西沟十五寨酋长联合作乱，曲率兵征剿，使十五寨归顺。康熙二年（1662年），杂谷酋长阿明生叛，曲率精兵两千平息叛乱，皇帝赐其匾额一道，曰"绩著安边"。康熙十二年（1673 年），吴三桂叛乱，曲率兵赴成都协防，期间突遇肘腋之变，守城文武官员皆叛，曲翊伸只得率亲兵二十余人逃出，领余部退守堡茶关，又调兵遣将把守各处关隘。后成都平复，曲翊伸因"忠不从逆"得到嘉奖。

康熙二十四年（1685 年），茂州北路巴猪、力角等寨相继作乱，瓦寺第十六代土司坦明吉卜奉调征讨，叛乱平息后，朝廷颁给"恪顺奏功"匾额一道。后又有汶川通山五寨长期拒缴税粮、龙溪等寨劫害无辜百姓，瓦寺土司悉数法办。康熙三十九年（1700 年），瓦寺土司平定炉霍等地叛乱，康熙帝下诏"赏还穆坪案内革去职衔"，仍授安抚使职（此前瓦寺土司因边界纠纷问题遭到革职处分）。康熙四十七年（1708 年）四月，保县孟董沟突发洪水，道路桥梁悉数被冲毁，瓦寺土司率兵前往抗洪修路。此后，瓦寺兵又多次随清军征藏，屡立战功，受到嘉奖。

雍正二年（1724 年），第十七代土司桑朗温凯领兵七百，随征青海，以军功授宣抚使同知职衔，全军将士均受赏赐。总督岳钟琪赠其"恪勤尽职"匾额一道。雍正四年（1726 年），平建昌"倮夷蛮"叛乱。雍正六年（1728 年），随征雷波、乌蒙等地。雍正七年（1729 年），平理塘、瞻对等地。雍正十二年（1734 年）八月，皇帝颁布御旨，瓦寺土司以军功加授宣慰使职衔。

乾隆九年（1744 年），第十八任瓦寺土司法办"巨奸"何如章，加封指挥使衔。乾隆十四年（1749 年），会同官军征讨叛乱土司班滚。

乾隆四十四年（1779 年），兵部颁给瓦寺第十九任土司桑朗荣宗"加渴瓦寺安抚司"号纸一道、印信一方。次年，瓦寺土司赴京觐见，赏二品顶戴。乾隆五十年（1785 年）、五十五年（1790 年）两次进京朝觐后，乾隆帝赐名"索诺木荣宗"，自此，瓦寺土司定其姓为"索"。

近代以来，瓦寺土司亦在反抗外来侵略斗争中立下赫赫战功。清道光二十年（1840 年），英军相继攻陷舟山、宁波等重镇，瓦寺第二十任土司索衍传调精兵数千驰援，在宁波与英军激战，受赏顶戴花翎。

清末，处于新旧社会交替时代的瓦寺第二十二代土司索代兴顺应历史潮流，开展反清斗争。辛亥革命中，四川总督赵尔丰调松潘巡防军驰援成都以镇压革命军，索代兴占据岷江天险要地，将清军阻截于茂州白水寨。

清亡后，瓦寺土司被委任为屯土统领。索代兴死后，其弟索代庚袭任，后加入保路同志会。民国十九年（1930年），代庚在黑水、理县等地作战时战死，其子索观沄袭职，邓锡侯委任其为"松理茂汶清乡军第一大队长"，驻守卧龙关，后考入第28军军官教育团，毕业后被任命为屯殖督办署警卫大队长，后改为屯殖军第二营营长。民国二十四年（1935年），中国工农红军开始长征，索观沄受蒋介石召见，令其堵截红军，索立即电告各地加强戒备，自身坚守卧龙关不出。

（二）瓦寺宣慰司官寨遗址①

瓦寺土司官寨始建于明代中期，其遗址位于今汶川县玉龙乡禹山村内，长征时期曾作为"汶川县苏维埃政府"办公之所，中华人民共和国成立后又被用作人民公社的学校和仓库。官寨选址于岷江西岸海拔2000多米的山脊突出部之上，山下岷江呈现出回带状，从军事角度来看，此处三面陡坡，与地面高差达一千多米，易守难攻；从农业生产角度来看，其左右延展的部分形成天然的耕地、牧场，背后森林又可以起到涵养水源的作用，为土司官寨提供了生产生活的基本条件；从宗教角度来看，其坐西向东的建筑布局，也契合了羌、藏同胞建筑选址面迎太阳的虔诚心理。凡此种种，足以体现官寨选址之慎重与沿革。

官寨由衙署、民居、碉楼和经楼四部分组成，占地总面积约11025平方米，四周围以城墙，东面建有砖石结构的圆拱门，形成了官寨与村寨一体式封闭结构。

衙署始建于明代，为木构体系，采用四合院式布局，由台基、正堂、后堂、门厅、厢房等部分组成，占地总面积约850平方米。素面台基高2米，建有9级石阶踏道。正堂建于清代，为单檐悬山木构屋顶，明间为泰梁式梁架，次间为穿斗式梁架，面阔5间16.5米，进深5间16米，通高8米。后堂为重檐悬山顶，穿斗式梁架，面阔3间13米，进深5间13.5米，通高9米。门厅建于明代，为单檐歇山式屋顶，抬梁式梁架，面阔6间19.5米，进

---

① 鲁炜中，梁茵，潘昱州，等：《羌族官寨建筑景观的文化解构》，《西南科技大学学报》2018年第3期，第76—79页。

深 2 间 6.2 米。左右厢房为清代建筑,采用单檐悬山顶,穿斗式梁架,面阔 2 间 6 米,进深 2 间 5.8 米,通高 7.5 米。整座官寨前后寨门相距约 400 米,有主干道相连,民居位于下半部分。经楼有四座,高约 12 米,底边为方形,宽 6 米,其上为歇山式屋顶。碉楼位于官寨衙署内,今已毁坏,相传原高 9 丈 9 尺,合围 30 米左右。此外,官寨内还建有发达的供水系统,水渠延伸长达数里,与道路平行,贯穿全寨。

五、甘孜白利土司遗址

(一)白利土司历史沿革①

此处所讲白利土司,专指"霍尔白利长官司",② 霍尔七部之一。据传明代时,青海和硕特部首领固始可汗征服康藏地区,灭亡白利顿月杰家族,尽收其地,并将甘孜北部地区封给其七子,在此基础上演化为七个土司家族:霍尔孔萨、霍尔麻书、霍尔朱倭、霍尔章谷安抚司、霍尔咱、霍尔白利、霍尔东科。其中,霍尔白利部于清雍正六年(1728 年)归附,授其长官司职,治所位于今甘孜生康,管理辖区民 315 户,每年征银 18 两,清宣统年间改土归流。民国时期,白利土司后裔登巴冶玛、邓德木、邓珠翁分别担任过民兵营长、总保及土兵营长,于是土司统治制度又以这种形式在康区死灰复燃,直至中华人民共和国成立后民主改革完成,土司制度才彻底结束。

(二)白利土司官寨遗址③

白利土司官寨建于明代,其遗址位于今甘孜县生康乡境内,坐落于雅砻

---

① 李志英:《康区"白利土司"考》,《藏学学刊》2015 年第 2 期,第 107—122,286 页。
　　林俊华:《淹没在藏文化汪洋中的康北霍尔部落》,《康定民族师范高等专科学校学报》2004 年第 4 期,第 15—18 页。

② 康区原有另一土司家族也名"白利土司",为东氏族下的十二分支之一,始祖名为"白利杂崩",后为固始汗所灭。其家族消亡后,康区出现了另外一个以"白利"为名的土司家族,其为固始汗的后代所创,来自霍尔家族,为与之区别,故称"霍尔白利"。清朝雍正年间,曾于康北地区设置七个土司机构:霍尔孔萨安抚司、霍尔麻书安抚司、霍尔朱倭安抚司、霍尔章谷安抚司、霍尔咱安抚司、霍尔白利长官司、霍尔东科长官司。

③ 四川省第三次全国文物普查领导小组办公室:《四川省第三次全国文物普查重要新发现》,成都:四川文艺出版社,2012 年,第 40 页。

江南岸的山头上，毗邻 G317 国道。整座官寨占地面积约 5000 平方米，寨址整体长 100 米，宽 50 米，现仅存四周和内部的部分土墙，墙体最高处约有两三层楼左右，其上还有不少梁洞。此外，寨墙上有建造过防御工事的痕迹，这说明白利土司官寨也兼具一定的军事防御功能。

六、金川土司遗址

（一）绰斯甲土司历史沿革

1. 绰斯甲土司的来源

"绰斯甲"，嘉绒藏语，又作"绰甲"或"卓甲布"，原为部落首领的名字，意为"广大民众"，后随着该部族逐渐统一周边各部，人们便以其作为该部行政区域和土司的名号。绰斯甲地区古时曾为东女国所在，后被吐蕃王朝派去镇守唐、吐边境的将领所取代。唐王朝和吐蕃战争时期，吐蕃部分军队驻扎于四川的松潘、南坪、汶川、雅安等地。9 世纪时，西藏王室赞普朗达玛被杀，吐蕃王朝群龙无首，其前线最高军事长官以报仇为名，调动部分边防军回藏，吐蕃原宰相得知后，坚决反对，最终因双方意见不合而大动干戈，征战数十年之久。因为吐蕃王朝的崩溃，原来镇守边疆的各处军事长官皆呈割据之势，绰甲布家族也占地扩势，形成一个统一的部落盟体。

2. 绰斯甲土司世系

据其世袭家谱记载，自第一代土司克罗斯甲布迁入起，至解放时期止，共传四十一代，如下：

第一代：克罗斯甲布

第二代：绰斯甲

第三代：琼帕克武

第四代：阿尔世

第五代：木赖克

第六代：尔克什

第七代：斯道克拉

第八代：克武钵

第九代：阿葛尔底

第十代：美旺攸曲

第十一代：加葛尔

第十二代：班氏日加尔

第十三代：绰武日加尔

第十四代：旺普

第十五代：斯达曾日加尔

第十六代：杂可穆纳尔武

第十七代：葛拉伯

第十八代：雍中钵

第十九代：斯丹增纳尔武

第二十代：葛尔纳尔武

第二十一代：滋格拉穆

第二十二代：南木卡斯丹增

第二十三代：葛拉西日加尔

第二十四代：思纳莫雍仲

第二十五代：纳武日加尔

第二十六代：南木卡日加尔

第二十七代：雍仲斯丹增

第二十八代：执喀日加尔

第二十九代：拉旺斯丹增

第三十代：南木卡旺执克

第三十一代：思纳穆斯加布

第三十二代：鄂松

第三十三代：资立

第三十四代：此日丹卜麦尔

第三十五代：雍仲旺尔吉

第三十六代：纳尔乌斯丹增［康熙三十九年（1700 年）投诚，康熙四十一年（1700 年）颁给安抚司印信号纸。乾隆三十七年（1772 年）随征金

225

川，受赏二品顶戴花翎，四十一年（1776年）颁给宣抚司印信号纸]

第三十七代：贡嘎旺尔吉

第三十八代：苍旺南木卡

第三十九代：斯葛绒木加尔

第四十代：拉旺纳尔武

第四十一代：斯葛绒甲穆参（又名纳坚赞）

1950年12月，绰斯甲地区得到和平解放，经过民主改革后，1956年彻底废除了土司制度，后又经过一系列行政区划的调整，绰斯甲地区被分解，其名也不再沿用。

（二）绰斯甲土司官寨经堂遗址

据《金川文史》记载，绰斯甲土司统治期间先后建造有多处官寨，其中最著名的有三处，分别称为虎宫、狮宫、龙宫。

虎宫又称虎官寨，全称为"穆赤达姆宫"（"穆赤"又作"木尺""木赤"），位于撒瓦脚乡木赤村，据传为第二任土司绰斯甲所建，现存一高42米的四角形石雕。

狮宫又称"八奈森格官寨"，位于金川县卡拉脚乡玛目都村，建造时间不详，现仅存官寨大门残墙，及一幢经房。

龙宫，即周山官寨，全称为"周山朱姆宫"，位于金川县城北27千米的集沐乡周山村，占地面积4227平方米，围墙呈阶梯形，寨门上有浮雕青龙，门头有浮雕琼鸟，官寨主体部分已经被毁，仅剩经堂和石碉。1989年，阿坝州政府将其公布为州级文物保护单位。官碉为木石结构，碉体为六边形，故周山官寨又被称作"周山南杰宗"，意为"胜利的六角形城"，石碉内部为圆形，共13层，通高39米。经堂坐北朝南，石木结构，单檐悬山式顶铺青石板，横梁平置边墙上，中心用两柱支撑，面阔三间8.20米，进深三间8.70米，通高8.70米，石墙厚0.60米。门厅进深2米，面阔8.70米，台基高2.15米，纳足踏道11级。门厅柱一半采用装饰性兽面翼形拱，呈半圆形，一半由墙体外伸方形木坊连接，柱间穿套澜额，下部有栏杆、地袱。经堂门为三层须弥式门楣，门为双扇木门。第一层门楣上有雷纹，第二层上采用递减法雕刻几何形方块塔形图案，第三层上有彩绘莲花。门额绘双龙戏珠浮雕，门上右边彩绘虎，左边为一僧人牵似马之偶蹄类动物。门厅内墙彩绘四大天王像和佛经故事。经堂内彩绘佛经故事和绰斯甲土司来源传说，壁画绘制精美，传说故事有较高史料价值。

七、昭觉科且土司遗址

（一）科且土司历史沿革

元朝时期，凉山一代曾设罗罗宣慰司，以利利兹莫担任宣慰使，世袭罔替，其家族后取汉姓"安"，治所位于今四川西昌，又因其辖区广阔，为便于治理，还于利美甲谷的利利呷处设有一分衙门。[①] 明初，土司安配率众归附，并协助明政府平息元朝残余势力叛乱，朝廷设建昌卫军民指挥使司，命安氏任指挥使，世袭其职。安氏掌权后，将原利美甲谷衙署迁于地势开阔、人口集中的昭觉县蒿姑坝（即今昭觉县大坝乡科且村）。明中叶以后，安土司遭到属下黑彝家支的联合进攻，土司战败，衙门被烧毁，土地、财产、奴隶被瓜分。随着黑彝势力日渐强大，曾经辉煌一时的利利土司逐渐走向没落，并随着封建王朝的倒台而土崩瓦解，最终彻底退出历史舞台。

（二）科且土司衙门遗址

科且土司衙门始建于明代早期，其遗址位于四川凉山彝族自治州昭觉县大坝乡科且村的山间盆地内，四面环山，周围均系农田。北距科且村民房200米，南距大坝乡政府驻地300米，东南距昭（觉）—布（拖）公路仅30米。

该衙门在明末的黑彝叛乱中被焚毁，其遗址南北长120米，东西宽100米，占地面积为12000平方米。

遗址内除大量石条、瓦片等建筑材料外，还残存有四根较为完整的石柱，青砂石质，呈长方形排列，高1.52米，边宽0.4米，底部占地面积约5平方米。柱身方形素面，其上有四个榫眼，顶端还有狮子等动物浮雕，雕刻

---

① 马长寿：《凉山美姑九口乡社会历史调查》，北京：民族出版社，2008年，第75页。（利利呷在今美姑县城西南半里左右。）

精美，形象生动，具有典型的彝族文化特点。

八、重庆酉阳土司遗址

（一）酉阳土司历史沿革

1. 酉阳土司族属①

关于酉阳冉氏的族属问题，学术界说法不一，或认为是汉族，或以为是土家族。其中认为冉氏源出于汉族的学者以冉光大为代表，他认为来自中原的冉氏家族取代了酉阳地区的土著冉氏"高梁冉""仡佬冉"，《冉氏族谱·总谱》亦称河南冉氏南迁，经湖北入巴东，其家族在酉阳、夔州等地发展壮大。部分学者则认为冉氏为土家族，龚萌在其《中国土司制度》一书中称"宣慰使冉氏，土家族"，田敏在《土家族土司兴亡史》一书称"传东南地区最大的土家族土著势力当在酉阳"，邹明星在《酉阳土司》一书中言"夔州人冉守忠，乃巴人豪门望族"，此处之"巴人"即土家族的前身。

尽管学术界众说纷纭，莫衷一是，然民族作为特定历史地理条件下的产物，除去血统因素外，亦需从经济生活、语言等方面进行全面分析。就语言来说，即使冉氏源出于中原汉族，但在长达数百年的治理过程中，冉氏家族已逐渐熟悉并完全采用了当地土著语言；就地域而言，冉氏土司的发展壮大是和当地土民在同一地域内完成的；就其经济生活方面来说，冉氏的财富积累均来源于当地，其生存发展的经济基础与当地土民密不可分；就文化心理而言，冉氏已经接受了当地土民的宗教信仰和道德伦理，拥有了共同的文化心理品质，即"汉民变苗"，由此观之，将冉氏家族归为土家族应当更为科学。

2. 酉阳土司沿袭情况②

冉氏家族自南宋建炎三年（1129 年）入主酉阳起，传袭至清雍正十三年

---

① 彭福荣：《酉阳冉氏土司的沿革、族属与民族关系》，《长江师范学院学报》2011 年第 1 期，第 21—26 页。

② 土司传袭情况参见中国人民政治协商会议四川省酉阳县委员会文酉阳县县志编修委员会：《酉阳文史资料选辑第 1 辑》，1983 年，第 15—30 页。冉氏统治史分期采用彭福荣《酉阳冉氏土司的沿革、族属与民族关系》一文中所分的三阶段。

（1735年），统治长达六百余年，共传二十八代，以其治所变动为节点，大体上可将冉氏的家族统治史分为三期：李溪官坝草创期、铜鼓潭拓展期、忠孝坝全盛期。

草创期，治所设于李溪官坝感坪里（今李溪镇官坝村），先后历经7任土司：冉守忠—冉文炳—冉世昌—冉胜宗—冉为义—冉贵迁—冉思通。酉阳地处偏隅，历来为少数民族栖居之地。南宋建炎三年（1129年），冉氏土司草创者冉守忠①因助剿王辟领导的苗民起义，以军功受封武略将军、御前兵马指挥使，仍镇守酉阳寨诸寨，后为便于管理，改寨为州，守忠升任酉阳州知州，世袭罔替，辖地包括今酉阳县李溪、南腰界、小河、丁市，以及贵州沿河县大龙、小井和松桃县的麻兔、瓦溪等地。冉文炳，守忠长子，《冉氏家谱·文炳公传》（以下均简称"家谱"）载："（文炳）初从入酉，屡战悉有功。酉阳平，公被命镇石堤，扼黔楚思夷之路。"守忠死后袭其职，在任期间恩信远播，土民畏服。冉世昌，文炳长子，袭知州职，在任期间平定思州金头和尚②领导的苗民起义，授西路巡防、殿前都指挥使。世昌卒，其子冉胜宗袭职。冉为义③，胜宗长子，袭父职，在任期间平定淳熙四年（1177年）境内苗民起义。为义死后，其长子冉贵迁④袭任。冉思通，贵迁长子，南宋宁宗二年（1196年）以平苗军功袭职，在任期间于铜鼓潭击败敌对的何氏土司，后将治所迁于此地。

拓展期，此时正值宋元鼎革之际，地处偏隅的官坝之地已经无法适应冉氏发展的需要了，故将治所迁至铜鼓潭（今铜鼓潭镇），此阶段先后历经5世土司：冉万友—冉载朝—冉如彪—冉应仁—冉兴邦。元世祖至元初年，冉万友向元朝称臣，仍授酉阳知州及武略将军衔，隶属于怀德府。至元八年

① 《冉氏家谱·守忠公传》载："公讳守忠，名万要。"建炎三年（1129年）随田祐恭征讨王辟，叛乱平息后，上嘉其忠勇，赐名"守忠"，令世守其地。

② 《续修酉阳州志稿》载："其先有冉守忠者，宋建炎三年，叛贼金头和尚流劫思南及涪渝等州县。"又据《冉氏家谱》载为第三任土司冉世昌时期发生的事。《思南府志》又载为元朝至正年间之事。关于此次叛乱众说不一，难以详考。

③ 《冉氏家谱》载酉阳改寨为州是冉为义在任期间的事，《酉阳州总志》称冉胜宗之时已袭父知州职，《续修酉阳州志稿》又载土司冉守忠平定苗民叛乱后，镇守诸寨，为便宜行事，改寨为州，命世守其地。

④ 《冉氏家谱》载"光宗绍熙间改授酉阳安抚使司安抚使"。

（1271 年），思南安抚使田慎引兵来犯，万友率土兵与其战于酉阳小河五堆。冉载朝，万友长子，袭知州职，延祐七年（1320 年）进京觐见，授宣武将军，改授酉阳等处军民宣威司宣慰使职。① 冉如彪，载朝长子，元末，明玉珍领导的农民起义军入蜀，僭国号"大夏"，并遣使者招降各处土司势力，如彪因兵少将寡，不敢拒之，故被迫接受明氏政权所封的"酉阳沿边溪洞军民宣慰司"之职。洪武四年（1371 年），明太祖遣汤和、傅友德西征明氏，如彪遣弟冉如豹之子冉应显领兵助战，次年又遣弟冉如喜进京朝贡，帝敕令授奉训大夫，洪武八年（1375 年），改授酉阳州为宣抚司，授宣抚使职，统领石耶、邑梅、平茶和麻兔等处长官司，冉氏家族势力范围扩展至秀山等地。冉应仁，如彪长子，袭宣抚司职，洪武二十七年（1394 年），妥善处理了平茶长官司杨氏的承袭之争，彰显了冉氏对于秀山土司的控制能力。② 冉兴邦，应仁长子，洪武二十七（1394 年）年袭职，其统治期间在文治武功方面都获得了辉煌的成就。武功方面，基本上确定了酉阳土司的势力范围，冉兴邦一方面举兵向散毛等地扩张，直抵八面山下，与永顺彭氏土司接界；另一方面彻底击败劲敌何氏土司，占领黔江之马喇、两河等地。文治方面，大力兴学，《明史·土司传》载："（永乐）五年兴邦遣部长龚俊贡方物，并谢立儒学恩。"因为领地的扩展，冉兴邦最终于洪武二十七年（1394 年）决定将其治所迁往酉阳忠孝坝地区。

全盛时期，司治位于酉阳忠孝坝（今钟多镇），是酉阳土司重要的经济、政治、文化中心，此阶段内冉氏传十余代：冉兴邦—冉琛—冉瑄—冉廷辅—冉云—冉舜臣—冉仪—冉元—冉维翰—冉维屏—冉御龙—冉跃龙—冉天麟—冉天育—冉奇镳—冉永沛。酉阳土司的频繁扩张引起了中央的警觉，永乐八年（1410 年），明政府将原隶属于酉阳土司下的平茶、梅邑长官司改为直隶重庆，以麻兔长官司隶松桃厅，冉兴邦对此不满，借机杀害梅邑长官司长官杨通贤家九十余口，明王朝迅速将其缉拿进京治罪。兴邦被治罪而死后，其

---

① 《家谱》载："延祐七年正月，帝崩，皇太子立，公率大小石堤诸酋目入贡，具表贺即为，上以远道纳贡，忠荩可嘉，敕授宣武将军、酉阳等处军民宣慰使宣慰司。"

② 彭福荣：《酉阳冉氏土司的沿革、族属与民族关系》，《长江师范学院学报》2011 年第 1 期，第 21—26 页。

次子冉琛、第三子冉瑄相继袭任宣抚使职，最终在佥事冉应良的辅佐下酉阳政局才逐渐稳定下来。冉廷辅，冉瑄长子，袭职后多次平息土民起义，据其《家谱》载，冉廷辅统治期间：于景泰二年（1451年）冬，参与平定广西蒙能叛乱；天顺元年（1457年），助剿贵州东苗叛乱；成化二年（1466年），会同官兵平定四川叙州府戎县山都掌各寨土民叛乱。廷辅之子冉云袭职后，自成化十一年（1475年）起，先后征讨祸乱荆湘的刘通叛乱、石全州之乱。此后历代土司亦在维护地方秩序、镇压农民起义、平定土司叛乱中立下赫赫战功。至明朝后期，酉阳土司亦成了明廷平定北方及东南沿海倭寇的重要力量。土司冉跃龙袭父职后，奉调遣子率土司兵援辽，经浑河之战失利后死伤惨重，其子冉见龙杀身殉国，明政府以酉阳土司援辽有功，授冉跃龙宣慰使职，仍准其世袭。跃龙死后，其嫡子冉天麟尚且年幼，故其庶长子、天麟之庶兄冉天育辅政，年龄稍长后，天麟对其兄又有所猜忌，故天育告退，不再干预司政。崇祯十四年（1641年），冉天麟在奉调出征时因粮饷供应不济，部众哗变，为部下冉良光所杀，又因其无子，故众人推举冉天育袭任。清顺治十五年（1658年），冉天育之子冉奇镳归诚，清政府于康熙三年（1664年）敕令授予原职，准其世袭。冉氏统治末期，末代土司冉元龄万年卧病不能理政，其子开始争夺世袭权力，雍正十三年（1735年），四川巡抚鄂昌奏请对酉阳地区进行改土归流，革除其宣慰使职，徙居浙江，其辖地设流官进行治理，历经二十四世，传二十八人，冉氏长达六百多年的统治自此结束。

（二）酉阳土司衙署遗址

1. 铜鼓潭土司衙残院[1]

酉阳土司治所本有三处，今仅存铜鼓潭镇土司衙署部分建筑遗址。据《冉氏家谱》"宗谱"记载，铜鼓潭衙院分为主体建筑和附属建筑两部分，主体建筑又可分为上衙、下衙两部分，上衙为早期修建的办公场所，下衙则是后期扩建的。现存残院为九间青瓦房舍组成的独立院落，窗花上是寓意吉祥

---

[1] 王静：《酉阳土司文化遗产构成、现状与保护》，《黑龙江史志》2009年第6期，第24—25页。

的图案，此外还残存有部分磉墩与地基石，这些残存遗迹隐约透露着当年土司衙署的威严与气派。

2. "飞来峰"土司别墅①

飞来峰假山，园林式建筑，又名"雪洞""蟾窟"，明弘治年间土司冉舜臣建。据传他曾梦游"广寒宫"，有感而发，适逢当地居民苦于"虎患"，积攒了大量用于防虎的石块，土司即招来能工巧匠用这些石块垒成天梯，幻想神威能够从天外飞来，故名"飞来峰"。主峰上建有一楼一阁的亭台，全木质结构，长12米，宽7米，高13米，采用六脊六坡水重檐。正中屋檐下挂有沙金匾"来薰阁"。

飞来峰土司别墅主要用作娱乐场所，每逢节日，土司携带家人及仆从来到此处宴饮享乐。清雍正十三年（1735年）改土归流以后，此处别墅成为汉、土家、苗人民共同的游览胜地。清末民初，飞来峰内曾设模范小学，后又改为民众教育馆，后遭到破坏，1978年后县人民政府拨款对其进行修缮，并纳入县级重点文物保护行列，2009年被纳入重庆市文物保护单位。

九、甘肃永登鲁土司遗址

（一）鲁土司历史沿革

鲁土司是西北地区影响力较大的土司家族，其始祖脱欢为元太祖成吉思汗之子阔烈坚四世孙。元仁宗皇庆二年（1313年）被封安定王。元至正二十八年（1368年），朱元璋攻打大都，元顺帝出逃，脱欢率残部流亡河西。洪武三年（1370年），朱元璋派大将徐达西征，脱欢率部族投降，明政府令其统帅原部，镇守河西边疆，治所即今永登连城。其孙失伽袭任后，因屡立战功，明帝以"成王封周公于鲁"之故事，赐姓为鲁，即改名鲁贤，此后历代仍以鲁为姓。

---

① 中国人民政治协商会议四川省酉阳县委员会文酉阳县县志编修委员会：《酉阳文史资料选辑第6辑》，1985年，第6—7页。

　　自脱欢投明起，至民国二十一年（1932 年）废除土司制度①为止，鲁氏土司共传十九代，统治时间长达五百六十年之久，其世系如下：②

表1

姓名	世袭关系	世袭代数	袭职时间	官职	卒年
脱欢	—	一世	洪武三年（1370 年）	归明治第连城	洪武九年（1376 年）
巩卜世杰	父子	二世	洪武十一年（1378 年）	庄浪卫百户	永乐八年（1410 年）
鲁贤	父子	三世	永乐八年（1410 年）	都指挥使	正统十一年（1447 年）
鲁鉴	父子	四世	正统十二年（1447 年）	都指挥使	弘治十五年（1502 年）
鲁麟	父子	五世	成化二十年（1484 年）	都指挥使	正德元年（1506 年）
鲁经	父子	六世	弘治十四年（1501 年）	都指挥使	嘉靖三十五年（1556 年）
鲁瞻	父子	七世（一）	嘉靖六年（1527 年）	指挥金事	嘉靖二十二年（1543 年）
鲁振武	父子	七世（二）	嘉靖二十二年（1543 年）	指挥使	嘉靖三十六年（1557 年）
鲁东	鲁经次子	七世（三）	嘉靖三十九年（1560 年）	指挥使	万历十一年（1583 年）
鲁光先	父子	八世（一）	万历六年（1578 年）	指挥使	万历七年（1579 年）
鲁光祖	兄弟	八世（二）	万历七年（1579 年）	指挥使	万历三十五年（1607 年）

① 末代土司鲁承基曾奔走四方，欲以行贿的方式延续其封建统治，最终国民政府仅给予其虚衔。1940 年，鲁将其衙门、土地等产业卖出，随后栖身于今永登大有乡，土司制度彻底终结。

② 表1引自赵秀文《永登连城鲁土司历史文化资源及其旅游开发》一文，据文中介绍，该表为连城鲁土司衙门文物管理所据《鲁氏世谱》《重修鲁氏家谱》等资料制定而成。赵秀文：《永登连城鲁土司历史文化资源及其旅游开发》，西北师范大学硕士论文，2007 年。

续 表

姓名	世袭关系	世袭代数	袭职时间	官职	卒年
鲁允昌	父子	九世	万历三十四年（1606 年）	指挥使	崇祯十七年（1644 年）
鲁宏	父子	十世	顺治十六年（1659 年）	指挥使	康熙十二年（1673 年）
鲁帝臣	父子	十一世（一）	康熙二十五年（1686 年）	指挥使	康熙二十七年（1688 年）
鲁帝心	兄弟	十一世（二）	康熙三十一年（1692 年）	指挥使	雍正十二年（1735 年）
鲁华龄	父子	十二世	康熙五十七年（1718 年）	指挥使	雍正二十一年（1756 年）
鲁凤翯	父子	十三世	乾隆九年（1744 年）	指挥使	乾隆二十七年（1762 年）
鲁璠	父子	十四世	乾隆二十九年（1764 年）	指挥使	乾隆五十三年（1788 年）
鲁纪勋	父子	十五世	乾隆五十七年（1792 年）	指挥使	道光三十年（1850 年）
鲁如皋	孙子	十七世	道光三十年（1850 年）	指挥使	光绪十九年（1893 年）
鲁焘	父子	十八世	光绪二十一年（1895 年）	指挥使	光绪三十一年（1905 年）
鲁承基	父子	十九世	民国十五年（1926 年）	指挥使	1951 年被镇压

除了在封地内世袭掌印外，鲁氏土司如立有战功，亦会被派遣到外地担任流官。例如：第四世土司鲁鉴于成化十九年（1433 年）晋升左副总兵，协防甘肃，成化二十二年（1486 年），封靖虏副将军，授将军印，任延绥总兵官；八世土司鲁祖光于万历二十年（1592 年）转守凉州，二十六年（1598年），又调其镇守洮岷，二十八年（1600 年）擢授南京大教场总理提督管右府事；十二世土司鲁华龄于雍正九年（1731 年）升参将署西宁镇标左营游击，乾隆元年（1736 年），补授西安督标火器营参将，后又调往甘州任守营参将，四年（1740 年）升永昌副将、凉州总兵官等。土司死后，中央也会根

据其生前功绩，追赠一定爵位，如第一世土司脱欢死后追赠"一品光禄大夫"；十四世土司鲁璠死后追"赠武功大夫"。①

（二）鲁土司衙门遗址②

连城镇鲁土司衙门遗址位于今甘肃省永登县连城镇，始建于明洪武年间，此后数百年中亦不断进行扩建。现存建筑分为三部分：中轴线上的土司衙门，东侧住宅，西侧粮仓、马号和中军院。此外，鲁土司既信奉藏传佛教，也兼信道教，其治所周边曾先后修建多座寺庙作为其家族属寺。

1. 土司衙门主体建筑

鲁土司衙门主要由照壁、牌楼、仪门、提督军门、大堂、如意门、燕喜堂和祖先堂等建筑构成，皆位于南北向的中轴线上，所有建筑的中门如若敞开，可一眼望到尽头，从牌楼起至祖先堂，共计五个四合院，各院之间留有空地隔开，以便于防火。

（1）照壁。位于衙署门口对面，砖石结构，长 20.3 米，高 6.3 米，建筑面积约 35.5 平方米，其旁边原有两根高 20 米的桅杆，现已经拆除。

（2）牌坊。位于衙门最前方，其下台基高 0.8 米，木质结构。正楼高 12 米，次楼高 9.5 米，正楼中间有匾额，其上为"世笃忠诚"四字，据传明时本为"世笃忠贞"，清朝初年改"贞"为"诚"。东西两头各建有两桩一间的小木楼，用作通行门。

（3）仪门。亦称六扇门，建在高约 1 米的台基上，硬山顶式建筑，中间挂有"世袭指挥使府"纵向匾额。两侧为砖砌墙体，分别开有两个门，东边的为"生门"，普通人通行之门，西边为"绝门"，死囚犯通行之门。仪门台基前原有一对石狮子，现已不存。门外为广场，东西两侧原建有钟鼓楼，现已拆除。

---

① 李向德：《连城鲁土司述略》，《青海民族研究》，1995 年第 1 期，第 66—71 页。

② 土司衙门建筑概况主要参考自中国人民政治协商会议兰州市委员会文史资料委员会：《兰州文史资料选辑·第七辑·兰州风物集》，1988 年，第 64—66 页；尹成轩：《鲁土司衙门的现状及保护对策》，西北师范大学硕士学位论文，2013 年。土司衙门属寺概况，参见罗文华，文明：《甘肃永登连城鲁土司属寺考察报告》，《故宫博物院院刊》，2010 年第 1 期，第 60—84，158 页；娘毛先：《甘肃永登鲁土司家庙妙因寺的艺术特点》，西北民族大学硕士学位论文，2021 年。

（4）提督军门。位于仪门正北，明万历年间为了纪念南京大校场总理提督而建造。两侧建有五间厢房，用于断案讯问以及储存军备。

（5）大堂。位于提督军门北，其平面呈凸字型，面积约356米，悬山式屋顶，中三间。前眉有卷棚式檐廊，两次间独立称室。大堂内有木制台墀，上边摆有案桌、刑签等。台墀左边摆鼓，右边置磬，两侧陈列半幅鸾架，是土司发布政令、举行典礼和审理案件的地方。大堂东西两侧各有5间厢房，厢房北部各建有大门，由东门可进入住宅区，西门可进入中军院。

（6）如意门。穿过大堂，正面即为如意门，硬山顶式建筑。门外侧是砖雕院墙，东西两侧墙各有一个砖雕小门，由东可进入住宅区，西可抵达妙音寺，三个门和砖雕墙体构成如意头和如意柄，故称如意门。

（7）燕喜堂。穿过如意门，院子正北即为燕喜堂，建于高约1米的台基上，硬山顶式建筑，正中间曾挂有陕甘总督那彦成所书的"燕喜堂"匾额。内有长桌、棕床、屏风，是土司接待客人的场所。大堂两端有两间小卧室，室内各有土炕一个。此外，燕喜堂走廊的台地上设有一处坑穴，冬天在坑内点火，热温可由通道直达室内土炕及墙内纵横的火道，从而起到取暖作用。

（8）祖先堂。位于燕喜堂正北，穿过堂后的朝阳门即可进入，建于明洪武年间，清时曾进行过重修，为二层木质楼房，共计七间，其下台基地高约两米。据《鲁氏家谱》记载，该楼原名"效忠楼"，为纪念鲁氏祖先脱欢之妻马夫人而建。楼上供奉成吉思汗画像，楼下室内陈列着历代土司画像、牌位及家谱，中间挂有民国五年（1916年）蒋毓麟题字的"谯国英杰"匾额。祖先堂院内东西两侧各有三间两层木屋，东边用作书房，西边用于存放祭器。

2. 土司衙门附属建筑

（1）寝院，位于土司衙门东侧，由书房院、二堂、寝院、灶房等建筑组成。书房院，位于最前方，有北房五间，南房五间，均进深三架，卷棚式顶盖布瓦，明间开四扇隔扇门，次间施两合支摘窗。二堂，向北穿过书院便可进入，为土司休息和处理一般事务的场所，硬山顶式建筑。向北穿过二堂，为前后两院间的过厅，东西又有两个小院。过厅以北便是土司寝院，正北部有上房三间，进深三架，上房两侧为佣人房。上房后为灶房院，正北三间，东西亦各有三间，卷棚式顶。

（2）粮仓、马号、花园

土司衙门西侧靠前的为粮仓，其后则是马号，现为连城镇派出所。花园位于土司衙门东侧，原建筑面积约15000平方米，其约三分之一的部分现已改作连城镇医院和幼儿园。花园中原有大量奇花异草及参天古树，后被马步芳大量移走，园中还有一座绿照亭和五间园门房。

3. 土司衙门属寺

（1）妙因寺

妙因寺位于土司衙门西侧，与鲁土司衙门仅一墙之隔。妙因寺本名"西大通寺"，明洪武三年（1371年），第三世土司鲁贤为祈福消灾而建，宣德年间改名"妙因寺"，正统七年又赐名"大通寺"，清末又改回"妙因寺"之名，并沿用至今。初建时规模很小，此后历代土司多次进行扩建。寺院占地面积约3500平方米，建筑面积约2200平方米，现存建筑有鹰王殿、科拉殿、万岁殿、古隆官殿、塔尔殿、多吉羌殿、禅僧殿、大经堂等。

大经堂，建于清代，重檐歇山式屋顶，是僧侣念经和集会的地方，其内供奉宗喀巴大师的佛像，堂中设有活佛讲经法台，还有18根象征罗汉的通天柱，南北跨度15米，东西跨度12米。大经堂外围建有回廊式转经道。

多吉羌殿，建于明成化七年（1471年），是妙因寺的主佛堂。整座建筑坐北朝南，总面积约200平方米，其下台基地高约1米。外墙上有精细的砖雕，殿内上塑金刚持菩萨，下塑三世佛和十八供养菩萨，墙壁塑七十二尊佛像。大殿正脊上排列有道教八仙，还有部分刻有太极图案的砖雕。此外，殿内还藏有经典五百余部，皆用黄布包裹，外层用木板夹装，再以宽带捆紧。

万岁殿，建于明宣德二年（1427年），殿内正中间为释迦牟尼佛、文殊菩萨及普贤菩萨像，殿后座塑有四臂倒坐观音像，左右山墙上绘有十方佛。殿内部的暗廊内彩绘着释迦牟尼降生、成佛到涅槃的故事。

禅僧殿，建于清雍正年间，与大经堂相对，是举行小型佛事、讲经学习的场所。殿内有大量彩绘，正面绘有药师佛（曼拉），其余彩绘为贡布（怙主）、曲佳（护法）等。正中设有活佛法台，两侧为喇嘛诵经座位，并布设有供桌。

塔尔殿，建于清代，殿内有大量关于佛教的彩绘。正中心位置原有一座高 2 米的空心木塔，现改为砖塔，故称其为塔尔殿。

古隆官殿，又名"护法殿"，清朝咸丰年间，十七世土司鲁如皋增修。殿内设有龛，其内供奉护法神，左右山墙外嵌有汉藏文石碑各一方。

科拉殿，亦称天王殿，建于明代，供奉四大天王像，中间有一个两米高的大转轮，故科拉殿亦称"转经殿"。

鹰王殿，又名金刚殿，建于明代，其下台基地高 0.5 米，建筑面积约 52.8 平方米，原挂有敕赐匾额及"不二门中云结彩，三千界里雨飞花"的对联。鹰王殿供奉雷公像。殿内两侧有泥塑"哼哈二将"，正中间立有一块高 2 米、宽 12 米的"教赐大通寺"石碑，现已不存。

（2）显教寺

寺庙位于土司衙门东南方向，与其隔街相望。据《鲁氏家谱》载，显教寺始建于明永乐九年（1411 年），成化年间曾对其进行扩建，此后建筑格局及规制大致定型。成化十八年（1482 年）明帝赐名"显教寺"。寺庙原占地面积约 1325 平方米，沿中轴线由北向南曾依次建有山门、金刚殿、大雄宝殿及东西厢房十余间，现仅存大雄宝殿及部分僧房。

大雄宝殿坐北朝南，建筑面积约 177 平方米。建筑平面为方形，单檐歇山顶，面阔五间，进深五间，殿外有开放式回廊一周。殿内藻井天花保存完整，部分藻井为天井样式，正方形，其正中绘制着密集的金刚种子字曼陀罗，周围还分布着一圈曼陀罗，共 12 块。大殿内外共有 108 幅拱眼壁画，殿内 32 幅，殿外 76 幅，是显教寺的重要文化遗存。此外，大雄宝殿内还出土过一批重要的唐卡，共计 99 幅。

（3）感恩寺

感恩寺又名"大佛寺"，位于永登县城东南约 34 千米的红城镇永安村，始建于明弘治五年（1492 年），竣工于弘治八年（1495 年）。据《鲁氏家谱》载，其为明孝宗为表彰长期镇守西北地区的鲁土司而敕令建造的，清朝咸丰年间曾经进行过简单的修缮，并增修牌楼山门。

寺院坐北朝南，南北长 133 米，东西宽 19.3 米，占地面积约 2700 平方米，建筑面积约 500 平方米。现存建筑有牌楼山门、碑亭、垂花门、哼哈二

将殿、天王殿、地藏殿、玉佛殿、护法殿、菩萨殿、大雄宝殿及厢房。其中
山门和垂花门为清咸丰年间增修，地藏殿和玉佛殿为20世纪90年代新修，
其余建筑均为明代中期修建。1982年以来，甘肃省文物局陆续对院内建筑进
行过修缮。现存建筑保存较为完整，后世在维修时对其改动幅度也较小，仍
保留了原来的风格和样式。

（5）雷　坛

雷坛位于鲁土司衙门建筑群西北，距衙门后墙约80米，为六世土司鲁
经及其子鲁东于明嘉靖三十四年（1555年）修建，用以供奉道教龙门派雷部
尊神。原有山门、过殿、大殿和厢房等建筑，现仅存过殿和大殿两座建筑。

过殿面阔三间，进深一间，硬山卷棚顶。大殿为单檐歇山式屋顶，面阔
三间4.75米，进深一间5.58米，建筑面积约28平方米。由于进深大于面
宽，为避免正脊过短而戗脊过长，影响视觉效果，故将山花加厚约0.77米。
殿内原有36尊雷部尊神塑像，后于1958年被毁，现仅存门楣上部的七尊木
胎泥塑立像，均着明代汉式服装。大殿保存有大量拱眼壁画，内、外壁各18
幅，其中外部壁画均为雷部诸神，内部壁画为各种姿态的凤凰。此外，大殿
内梁枋上保存有官式彩画，其形象多为龙、莲花等，始绘于明代，少部分为
清代重绘。

参考文献

（一）古籍文献

［1］（西汉）司马迁：《史记》，北京：中华书局，1963 年标点本。

［2］（东汉）班固：《汉书》，北京：中华书局，1964 年标点本。

［3］（南朝）范晔：《后汉书》，北京：中华书局，1965 年标点本。

［4］（晋）陈寿等：《三国志》，北京：中华书局，1964 年标点本。

［5］（晋）常璩：《华阳国志》，济南：齐鲁书社，2000 年。

［6］（唐）房玄龄等：《晋书》，北京：中华书局，1974 年标点本。

［7］（唐）魏征等：《隋书》，北京：中华书局，1982 年标点本。

［8］（宋）欧阳修等：《新唐书》，北京：中华书局，1975 年标点本。

［9］（元）脱脱等：《宋史》，北京：中华书局，1977 年标点本。

［10］（元）陶宗仪：《南村辍耕录》，北京：中华书局，2004 年。

［11］（明）宋濂等：《元史》，北京：中华书局，1976 年标点本。

［12］（明）李贤：《大明一统志》，西安：三秦出版社，1990 年。

［13］（清）张廷玉等：《明史》，北京：中华书局，1974 年标点本。

［14］（清）《嘉庆重修大清一统志》，嘉庆二十五年刻本。

［15］（清）《光绪大清会典事例》，光绪二十五年重修本。

［16］（清）《清朝文献通考》，杭州：浙江古籍出版社，1988 年影印本。

［17］（清）《清朝续文献通考》，杭州：浙江古籍出版社，1988 年影印本。

［18］（清）《清实录》，北京：中华书局，1986 年影印本。

［19］（清）魏源：《圣武记》，北京：中华书局，1984 年标点本。

［20］（清）严如熤：《苗防备览》，长沙：岳麓书社，2021 年标点本。

［21］（清）顾彩著，吴柏森校注：《容美纪游》，武汉：湖北人民出版社，1998 年。

［22］（乾隆）《永顺府志》，乾隆二十八年刻本。

［23］（同治）《桑植县志》，中国地方志集成湖南府县志辑 70，南京：江苏古籍出版社，2002 年。

［24］（道光）《贵阳府志》，中国地方志集成贵州府县志辑 13，成都：巴蜀书社，2016 年。

［25］（道光）《遵义府志》，中国地方志集成贵州府县志辑 32，成都：巴蜀书社，2016 年。

［26］（民国）《开阳县志稿》，中国地方志集成贵州府县志辑 38，成都：巴蜀书社，2016 年。

［27］（民国）《永顺县志》，中国地方志集成 湖南府县志辑 69，南京：江苏古籍出版社，2002 年。

［28］（道光）《广南府志》，中国地方志集成云南府县志辑 43，南京：凤凰出版社，2009 年。

［29］（民国）《咸丰县志》，民国三年铅印本。

［30］《永顺宣慰司志》，国家图书馆藏抄本。

［31］鲁卫东：《永顺土司金碌》，长沙：岳麓书社，2015 年。

（二）著　作

［1］王承尧：《土家族土司简史》，北京：中央民族学院出版社，1991 年。

［2］龚荫：《中国土司制度》，昆明：云南民族出版社，1992 年。

［3］李世愉：《清代土司制度论考》，北京：中国社会科学出版社，1998 年。

［4］方铁等：《西南通史》，郑州：中州古籍出版社，2003 年。

［5］邓辉：《土家族区域的考古文化》，北京：中央民族大学出版社，1999 年。

［6］湘西自治州文物管理处，永顺县文物局，永顺县老司城遗址管理处：《老司城遗址周边遗存调查报告》，长沙：岳麓书社，2013 年。

［7］湖北省文物考古研究所唐崖土司城考古队：《唐崖土司皇城遗址 2013 年考古工作汇报》。

［8］遵义市地方志编纂委员会：《遵义地区志·自然地理志》，贵阳：贵州人民出版社，1992 年。

［9］遵义市志编纂委员会：《遵义府志》，1986 年。

［10］韦廉舟：《贵阳文物志（第二辑）》，贵阳市文物管理委员会，1985 年。

［11］政协思南县委员会，文史资料研究委员会：《思南文史资料选辑（第 12 辑）》，1988 年。

［12］云南历史研究所：《云南土司发展史》，昆明：昆明理工大学出版社，2009 年。

［13］政协思南县委员会，文史资料研究委员会：《思南文史资料选辑（第 12 辑）》，1988 年。

［14］酉阳县志编修委员会：《酉阳文史资料选辑·第一辑·酉阳土司志辑略》，1983。

［15］德宏年鉴编辑部：《德宏年鉴 2004》：芒市：德宏民族出版社，2004 年。

［16］《宣恩县文物普查资料》，1986 年。

［17］《来凤县文物普查资料》，1986 年。

［18］李德洙，胡绍华：《中国民族百科全书 15　傣族、佤族、景颇族、布朗族、阿昌族、德昂族、基诺族卷》，北京：世界图书出版公司，2016 年。

［19］德宏州政协文史和学习委员会：《德宏州文史资料选辑：第十一辑》，芒市：德宏民族出版社，1988 年。

［20］楚雄彝族自治州博物馆：《楚雄彝族自治州文物志》，昆明：云南民族出版社，2008 年。

［21］邱宣充，张瑛华：《云南文物古迹大全》，昆明：云南人民出版社，1992 年。

［22］红河彝族辞典编纂委员会：《红河彝族辞典》，昆明：云南民族出版社，2002年。

［23］潘其旭，覃乃昌：《壮族百科辞典》，南宁：广西人民出版社，1993年。

［24］四川省第三次全国文物普查领导小组办公室：《四川省第三次全国文物普查重要新发现》，成都：四川文艺出版社，2012年。

［25］马长寿：《凉山美姑九口乡社会历史调查》，北京：民族出版社，2008年。

［26］中国人民政治协商会议四川省酉阳县委员会文酉阳县县志编修委员会：《酉阳文史资料选辑第1辑》，1983年。

［27］中国人民政治协商会议四川省酉阳县委员会文酉阳县县志编修委员会：《酉阳文史资料选辑第6辑》，1985年。

［28］中国人民政治协商会议兰州市委员会文史资料委员会：《兰州文史资料选辑·第七辑·兰州风物集》，1988。

（三）学术论文

［1］徐杰舜：《关于中国民族政策史的若干问题》，《黑龙江民族丛刊》1998年第2期。

［2］李敏，王敏，傅晶，等：《土司系列遗产的国内外同类遗产对比分析》，《中国文化遗产》2014年第6期。

［3］罗中，罗维庆：《土司遗址：历史封存与文化传承》，《三峡论坛》2016年第3期。

［4］王焕林：《永顺彭氏土司司治研究》，《吉首大学学报》2013年第6期。

［5］罗维庆：《桑植土司文化遗产的利用与开发》，《民族论坛》2011年第3期。

［6］王希辉，杨杰：《鄂西唐崖土司覃氏世系及其征调述略》，《三峡大学学报（人文社会科学版）》2009年第6期。

［7］赵宜聪：《由真安州建城窥明代对播州的改土归流》，《郑州航空工

业管理学院学报（社会科学版）》2016 年第 4 期。

[8] 邓辉：《恩施发现的几枚土司印章》，《江汉考古》1983 年第 4 期。

[9] 彭福荣：《酉阳冉氏土司的沿革、族属与民族关系》，《长江师范学院学报》2011 年第 1 期。

[10] 黄文斯，史德勇，翟磊，等：《湖北容美土司爵府遗址发掘报告》，《江汉考古》2017 年第 6 期。

[11] 王晓宁：《容美土司平山爵府遗迹调查》，《中南民族学院学报（哲学社会科学版）》，1989 年第 5 期。

[12] 王兴骥：《播州杨氏族属探研》，《贵州文史丛刊》1990 年第 4 期。

[13] 陈季君，徐国红：《"海龙屯"地名的历史地理研究》，《遵义师范学院学报》2012 年第 6 期。

[14] 黄明标：《明朝女英雄瓦氏夫人的历史考察》，《百色学院学报》2021 年第 2 期。

[15] 谭其骧：《播州杨保考》，《贵州民族学院学报（社会科学版）》1982 年第 1 期。

[16] 孙华：《羊马城与一字城》，《考古与文物》2011 年第 1 期。

[17] 李飞：《海龙囤关隘考》，《贵州社会科学》2014 年第 1 期。

[18] 周必素，张兴龙，韦松恒：《贵州遵义市团溪明代播州土司杨辉墓》，《考古》2015 年第 11 期。

[19] 李飞，周必素，彭万：《贵州遵义市新蒲播州杨氏土司墓地》，《考古》2015 年第 7 期。

[20] 贵州省博物馆：《遵义高坪"播州土司"杨文等四座墓葬发掘记》，《文物》1974 年第 1 期。

[21] 李飞：《家事与国事：关于贵州遵义出土〈杨文神道碑〉的几个问题》，《四川文物》2021 年第 3 期。

[22] 欧阳大霖：《清初贵州水西土司叛乱史实考辨》，《作家》2010 年第 16 期。

[23] 张柏惠：《生存政治与边区历史——明代以降盖西土目孟氏研究》，《西南边疆民族研究》2018 年第 3 期。

[24] 白耀天：《上林长官司岑氏土官与岑毓英的"土司后"》，《广西民族研究》1997 年第 1 期。

[25] 崔丹：《瓦寺土司历史沿革简介》，《中国藏学》1994 年第 4 期。

[26] 李志英：《康区"白利土司"考》，《藏学学刊》2015 年第 2 期。

[27] 王静：《酉阳土司文化遗产构成、现状与保护》，《黑龙江史志》2009 年第 6 期。

[28] 林俊华：《淹没在藏文化汪洋中的康北霍尔部落》，《康定民族师范高等专科学校学报》2004 年第 4 期。

[29] 李向德：《连城鲁土司述略》，《青海民族研究》1995 年第 1 期。

[30] 鲁炜中，梁茵，潘昱州，等：《羌族官寨建筑景观的文化解构》，《西南科技大学学报》2018 年第 3 期。

[31] 罗文华：《甘肃永登连城鲁土司属寺考察报告》，《故宫博物院院刊》2010 年第 1 期。

[32] 吉毛仔：《元朝在贵州水西地区的统治研究》，中南民族大学硕士学位论文，2011 年。

[33] 林建筑：《明代水西彝族及其与中央政权的关系》，内蒙古大学硕士学位论文，2005 年。

[34] 银晓琼：《明清时期壮族地区土司建筑研究》，广西大学硕士学位论文，2018 年。

[35] 姬刚：《云南土司司署建筑形制及其文化内涵研究——以南甸和孟连宣抚司署为例》，昆明理工大学硕士学位论文，2013 年。

[36] 郝占鹏：《川西北土司官寨建筑研究》，西南交通大学硕士学位论文，2005 年。

[37] 赵秀文：《永登连城鲁土司历史文化资源及其旅游开发》，西北师范大学硕士论文，2007 年。

[38] 尹成轩：《鲁土司衙门的现状及保护对策》，西北师范大学硕士学位论文，2013 年。

[39] 娘毛先：《甘肃永登鲁土司家庙妙因寺的艺术特点》，西北民族大学硕士学位论文，2021 年。